U0925940

国家的贫困与繁荣

POOR OR PROSPEROUS COUNTRY

陈兴杰◎著

浙江人民出版社

图书在版编目（CIP）数据

国家的贫困与繁荣 / 陈兴杰著. — 杭州 : 浙江人民出版社，2024.8
ISBN 978-7-213-11459-5

Ⅰ. ①国… Ⅱ. ①陈… Ⅲ. ①经济发展—研究—世界 Ⅳ. ①F113.4

中国国家版本馆 CIP 数据核字(2024)第082900号

国家的贫困与繁荣

GUOJIA DE PINKUN YU FANRONG

陈兴杰　著

出版发行：浙江人民出版社（杭州市环城北路 177 号　邮编　310006）
市场部电话：(0571) 85061682　85176516
责任编辑：潘海林
策划编辑：陈世明
营销编辑：顾　颖
责任校对：何培玉
责任印务：幸天骄
封面设计：异一设计
电脑制版：北京之江文化传媒有限公司
印　　刷：杭州丰源印刷有限公司
开　　本：710 毫米 × 1000 毫米　1/16　　印　　张：22
字　　数：242 千字　　插　　页：1
版　　次：2024 年 8 月第 1 版　　印　　次：2024 年 8 月第 1 次印刷
书　　号：ISBN 978-7-213-11459-5
定　　价：68.00 元

推荐序一
国家为什么繁荣，又为什么衰落？

说到国家的穷富之变，阿根廷绝对是一个典型案例。

20 世纪初，阿根廷是世界上最为富裕的国家之一。统计数据显示，1880—1905 年，阿根廷的 GDP（国内生产总值）以年均 8% 的速度增长，甚至在 1895—1896 年成为世界人均 GDP 最高的国家。此后，在相当长的一段时间，阿根廷人均 GDP 与英、美、法等发达国家接近，远高于加拿大和澳大利亚等新兴移民国家。当时，阿根廷对外国移民的影响力甚至可以与美国相提并论，据说当时的欧洲移民都在纠结一个问题：是去纽约还是去布宜诺斯艾利斯？

但遗憾的是，阿根廷的繁荣并没有持续下去。今天，它已经成为“中等收入陷阱”的典型代表。但从严格意义上说，阿根廷并非典型的“中等收入陷阱”国家，因为它是从高收入国家变成中等收入国家的。也正因为如此，经济史上将阿根廷的 100 年称为“失去的 100 年”。这 100 年的阿根廷到底有多失败呢？一个例子就足以说明，那就是自20世纪50年代以来，阿根廷的主权债务违约就发生过7次，其中有5次发生在80年代以后，而最近一次2020年的主权债务违约，金额涉及660亿美元。

经济学家对阿根廷“失去的100年”有过很多讨论，原因林林总总，不一而足。我咨询了ChatGPT，它的回答如下：

> 经济政策不稳定：阿根廷的经济政策经常变动，缺乏连贯性和预测性。不同政府采取了不同的经济模型，从自由市场到高度管制的经济政策都有尝试，这种不一致性给企业和投资者带来了不确定性。
>
> 政治不稳定和治理问题：频繁的政治变动和时常出现的腐败问题削弱了国家的治理结构，导致了政策执行和法治的不稳定。
>
> 停滞的产业多元化：在早期，阿根廷没有成功地从一个以农业为主导的经济体向一个具有多样化工业基础的经济体转变。随着全球市场的变化和竞争的加剧，阿根廷未能有效地建立更广泛的生产基础。
>
> 宏观经济不稳定：阿根廷历史上遭遇了多次严重的通货膨胀和经济危机，甚至有几次货币崩溃和高通胀。
>
> 对外债务的依赖：阿根廷政府长期以来依赖外债来融资其赤字，这导致了债务水平的持续上升，以及最终的主权债务违约和金融危机。
>
> 社会冲突和不平等：经济问题加剧了社会不平等和冲突，这反过来又影响了经济政策的制定和执行。

那么这么多的原因中，核心的因素是什么？ChatGPT 没有点明，当然，也很难说是哪个因素发挥了决定性作用，更像是多种因素结合在一起发挥作用的结果，导致了阿根廷经济的长期停滞和衰退。

陈兴杰先生的这本书讨论的就是国家的繁荣和衰退。凑巧的是，这本书也谈到了阿根廷的“美好时代”，阿根廷为什么能够以 6 %以上的经济增速繁荣 30 年？作者认为，这并非只是因为阿根廷有着良好的地理条件，更重要的是阿根廷政治家践行当时流行的“天赋人权、保护私产、自由贸易”等理念，并将其转化为制度实践，从而激发了市场活力，实现了繁荣。而阿根廷在 20 世纪 30 年代以后之所以没落，很重要的原因就是很多政策主张与这些理念相悖，来自民间的活力逐渐消失。

“幸福的家庭总是相似的，不幸的家庭各有各的不幸”，除了极少数资源依赖型国家，现代绝大多数发达国家的晋级之路莫不遵循这样的规律：自由贸易、私有产权、有限政府。失败国家则是各种花式折腾，而阿根廷在过去 100 多年则是把各种思潮折腾了个遍，所以称其为“失败的集大成者”也不为过。

好消息是，现在的阿根廷人民意识到了问题的弊病。2023 年的阿根廷大选，没有什么政治经验的哈维尔·米莱（Javier Milei）一鸣惊人，当选为新一任总统。他之所以能够在大选中脱颖而出，很大程度上是源于他的经济主张，包括但不限于：实施货币政策改革，主张建立一个稳健的货币政策，反对高通胀；强化财政责任，减少财政赤字和公共债务；减少政府干预经济活动，降低税收和废除管制措施；市场自由化，包括实施自由贸易和资本流动，私有化国企；改革税制，降低企业和个人所得税率，以此促进投资和增长。

金融市场也对米莱的政策主张予以积极回应。2023 年阿根廷股市指数涨了 360.06%；截至 2024 年 3 月 27 日，阿根廷股市指数较上一年最后一个交易日又上涨了 30.52%。人心思变，股市反映了投资者的预期。但是，米莱的主张最后能否给阿根廷人民一个更美好的未来，还要看其政策落地的能力。

有意思的是，米莱的这些主张在这本书中均有所提及。这些案例尽管发生在别国，但是我们在身边都能见到相关的影子。“他山之石，可以攻玉”，我想，这本书对他国经济沉浮的探析，并非只是让我们知道世界上曾经发生过什么，更重要的是要我们铭记那些产生繁荣的前提：自由、产权和市场。

傅蔚冈

上海金融与法律研究院院长

推荐序二
世事纷繁，仍可静心思考

最近 20 年，我们这一代媒体人经历了史上最剧烈的媒体嬗变。传统纸媒的影响力在 21 世纪初期达到顶点，随后网站媒体兴盛，社交媒体接踵而至，紧接着是自媒体的崛起。从记者编辑的专业主义，到泥沙俱下的大数据推送，眼见 ChatGPT 时代到来，媒体不知会变成什么模样。

不管媒体的载体如何，它所承载的东西不变：时新的新闻事件，以及每一事件背后蕴含的价值评判和社会观念。尤其后者，更是媒体人格外看重的东西。信息洪流滔滔，观念变化缓慢，它不会随技术更迭而自动进步——它时而狂飙突进，时而徘徊不前，甚至会发生倒退，变得肤浅、闭塞和非理性。这个问题在国内外均不同程度地存在。

这也是传统媒体人看似生产方式“落后”但仍有很强生命力的原因——深度报道承载思考，严肃写作传递观念，这在任何时代都是必需品。在短视频占据传播主流的当下，这尤其显得珍贵。幸而还有一大批媒体人，在以“笨拙”的方式，做着传统媒体的工作。

陈兴杰曾在媒体行业工作过，后来转型进入互联网公司，但仍以专栏写作的方式参与着媒体工作。我曾在纸媒和网媒工作多年，算是老媒体人。陈兴杰希望我从媒体人的视角分享读这本书的感受。

这本书的第一个特点是，有鲜明的问题意识。这本书关注各大洲不同国家，从税收到货币，从管制到发展，从现代思潮到古典思想，视野广泛。这种宏观视野不是为了猎奇，而是带着核心问题意识——到底是什么因素使不同国家呈现出繁荣和贫困的分野。这些国家的经验或教训，不仅能给本国发展提供借鉴，而且对我们的日常生活也有启发。

比如货币问题。现代人关注货币发行，大多缘于它对资产配置的影响。经过长期的房市教育，很多人逐步理解，房价涨落长期看人口，中期看土地，短期看金融——货币正是金融的基础要素。货币宽松将带动资产价格上涨，至于它的运行过程，很多人不甚了然。

这本书介绍了多个国家的货币发行，哪些集团在此过程中是获益的，哪些是受损的。至于通货膨胀的后果，作者给出了严厉警告。不管读者是否赞成他的观点，这些不同国家的问题和我们每个人的切身利益，都形成了映射。即使最淡漠的新闻阅读者对别国的民众生活起落并不关心，相关议题也会牵引他的关注，这正是问题意识的穿透力。

这本书的第二个特点是，有清晰的框架方法。严格保护私有产权，让市场在资源配置中起决定性作用，并约束政府任意干预市场的权力。这一套观念是当代社会繁荣的保障，基本做到了深入人心。

在具体事项中，人们还是经常忽略市场的作用，求助于政府的力量。这时候就需要借助经济学知识，对“无形之手”的作用做出解释，并呈现不当干预的后果。

自我认识陈兴杰起，就知道他是坚定的自由市场主义者。他的文章基于奥地利学派经济学理论，对纷繁复杂的经济现象做出解释，并给出自己的见解。这个学派以“极端市场派”闻名于世，也许很多人不赞成其中的观点，但读完这本书会意识到：这些观点和解释背后有一套自洽的知识框架。知识方法如同树干，沿着它的延展方向，复杂信息的树叶才会显得层次分明、井然有序。我们置身于碎片信息洪流时代，这一点非常重要。

这本书的第三个特点是，充满好奇心。当下，获取信息前所未有地便利，由于人的惰性、信息的大数据推送，我们不可避免地陷入舒适领域，需要时不时自省，以防进入“信息茧房”。阅读这本书的体验，则刚好相反，有时说到欧洲的瑞士和爱尔兰，有时提及非洲卢旺达和津巴布韦，有时还谈到我们的邻国日本和韩国。充满新奇地阅读，还不废思考，阅读体验很好。

以好奇心观察世界，感受世界的参差多样，发现人性和制度的普适性。养成这种习惯，有利于戒除虚骄自大之气，不做全球化时代的“井底蛙”，同时也能祛除民族和种族自卑心理，成为自信、平和的现代公民。从这个角度来说，这本书也是很好的读物。

我和陈兴杰曾共事两年，工作上我是他的上级，工作以外我们是朋友，我们会交流许多看法。过去几年，他一篇一篇地写专栏文章，给媒体提供自己的思考成果。即使工作承压，生活忙碌，他的写作习惯也没有荒废。这样的坚持和韧性，正是传统媒体人所需要的。

最后，祝贺陈兴杰出版新书，希望这本书能受到读者欢迎。也期待陈兴杰在以后的工作中，收获更大的成绩。

傅剑锋

腾讯社会价值战略传播负责人

浙江大学客座教授

目 录

contents

第二章 货币规则如何影响现代生活

第三章 自由贸易时代的发展机遇

第四章 福利主义诱惑，天下没有免费的午餐

第五章 国家兴起，在泥潭中看到微光和希望

第六章 当代流行思潮潜藏的陷阱

第七章 国家为何走向衰败和混乱

第八章 事关人类前景的新思考

第九章 塑造现代社会的思想力量

前言

2024年1月，瑞士达沃斯论坛召开，最受关注的演讲者当数阿根廷总统哈维尔·米莱。一个多月以前，米莱刚上任，就开启了一阵旋风式的改革：21个政府部门削减为9个，解雇大量公务人员，放开汇率管制，取消进口关税……这场带有鲜明自由市场色彩的改革，为20世纪八九十年代以来所罕有。在经济疲软和各国政府加强管制的当下，阿根廷改革无疑是异类。这是米莱当选总统后首次出国访问，无论是支持者还是反对者，都想听听他说些什么。

正如很多人预料的那样，甚至超出预期，米莱的演讲非常具有"爆炸性"。他抨击了当代社会的一种倾向：放弃自由经济的模式，寻求用权力解决问题。米莱认为，这种模式的前景非常糟糕，它将使社会丧失活力。米莱以自己的祖国阿根廷为例，100多年前，阿根廷实行自由经济制度，成为世界领先的大国，此后经历长期折腾，经济一路下滑到世界排名第140位。没有谁比阿根廷人更有资格证明，施行不同的经济制度将带来多大的发展差异。

我们暂且不说米莱观点的对错，只谈阿根廷本身。许多中国人对阿根廷十分陌生，阿根廷是地球上离中国最遥远的国家，很多中国人对它的了解差不多仅限于足球。阿根廷曾是发达国家，如今经济糟糕，难道不是因为“资源陷阱”“拉美陷阱”“中等收入陷阱”等等？很多人对阿根廷的了解，恐怕脱不开这些标签，至于这些“陷阱”的含义，更没有几个人能说得清楚。

以“资源陷阱”为例，大致解释是：阿根廷的自然条件十分优越，早年大量出口牛肉和矿产，富得流油。民众躺平吃福利，经济陷入停滞。这个解释听起来像那么回事，可明明有条件继续过好日子，阿根廷人为何拒绝？倘若自然资源丰富是陷阱，为何其他国家（比如澳大利亚）没掉进去？一定有某些原因导致阿根廷的丰富资源无法带来福利，这才是最重要的。

此外，“拉美陷阱”倘若存在，智利何以能成功避开？智利曾是拉美最贫困的国家之一。20 世纪 80 年代以后，这个国家高速发展，迈过各种陷阱，进入发达国家行列。当代很多国家发展停滞，有些是落后国家，有些是发达国家，有些恰好是中等收入国家。任何阶段都有陷阱，如果“中等收入陷阱”只能解释个别现象，不具有普遍解释力，那么这样的理论就不能随意用来圈定某类问题。

相比而言，米莱的演讲更具有解释力。他以经济学家的姿态给观众上了一堂课：人类社会绝大多数时间的经济总量几乎未有增长，直到 1800 年以后，基于私有产权和自由贸易的自由经济体系不断扩展到全世界，普遍饥饿和绝对贫困被大面积消灭，人类财富才得以爆发性增长。当代实行自由市场的地区，人们迎来前所未有的自由、和平与繁荣。

在主流舆论下，这种经济体系备受谴责。企业家被认为是贪婪的，大企业被视为邪恶的，市场则充满各种缺陷。人们呼吁政府对企业征收重税，严格监管市场运行，以求矫正市场的缺陷。各国基于错误的经济学模型，采用印钞、债务、补贴、控制利率、价格控制等工具纠正所谓的市场失灵，却导致生产破坏、经济停滞。在所有国家类型里，这样的规律全都适用。

阿根廷只是一个例子。虽然这个南美国家拥有天赐的资源、众多熟练技术人员和受过良好教育的人口，也享受过繁荣，但它仍不可避免地走向贫困。米莱正是看到这一点，想做出改变。从中央银行、行政机构到关税部门等政府部门，阿根廷官僚体系正面临着改革挑战。

米莱的诊断和药方是否正确呢？这是见仁见智的话题。无可否认的是，米莱的逻辑是自洽的，它符合经济学解释，有先例可循。至于改革成功与否，经济政策固然重要，政治手腕也不可忽视。对阿根廷这样沉疴积弊的国家，改革无疑能起到激醒作用。理解了这些道理的话，阿根廷这个数万里以外的国家正在发生的变化，就不再只是喧闹和谈资，而是值得各国观察的改革经验。

像阿根廷这样从发达国家转身下滑再没爬起来的国家，堪称绝无仅有。像米莱这样以网红姿态登场，上台以后就进行“掀桌子式的改革”，也非常少见。绝大多数国家的贫困和繁荣，以及经济政策的出台和变更，并没有那么戏剧性。变化是缓慢的，各种因素交织，时常自相矛盾。它们总体反映了国家的发展水平，尤其是民众的观念水位。

落后国家面临的最大问题，通常是战争与仇恨。无论战争起于何种原因，都意味着财富摧毁、贸易阻断、军阀横行和民不聊生。战争还极易导致经济管制和民族仇恨阶层对立，这几项副作用将为新的动荡积蓄负能量，战后的混乱惯性会绵延很长时间。落后国家想爬出泥坑，首要任务是恢复和平、消除仇恨，继而发展市场，实行开放政策，以此医治战争创伤。

举两个国家为例。越南和缅甸是第二次世界大战后最后一批走出战争的亚洲国家。最初的情形是，缅甸经济基础稍好，越南由于战乱和实行管制经济更加贫困。20 世纪 90 年代后，越南革新开放渐入佳境，经济快速发展，很快进入中等收入国家行列，将仍陷于动荡的缅甸甩在身后。道理看似简单，现实中能长久维持和平的落后国家却不多见。

落后国家的问题是，民众只有较低的知识水平，极易被虚幻利益和仇恨迷惑，轻信政客军阀“战争能一劳永逸解决问题”的许诺。要想克服贪婪短视下的战争冲动，所需条件很多：组建权力受约束的政府，抑制野心家的企图；实行市场经济，提高民众生活水平；开展自由贸易，从外部世界吸取开放与发展的保障……要做到这些事情的任何一项都很困难，保持和平则是最基本的前提。

发达国家之所以繁荣，制度条件通常相似，比如稳定的政局、较完备的产权制度和开放的市场环境。这些制度配置决定了发展的下限。当代发达国家在这些方面做得并不完善，经济干预仍十分严重。比如：重税主义导致政府拿走太多，企业和个人无力积累和创造；福利主义制造了一堆国家抚养机构，滋养懒人，抑制市场活力；管制主义大大抑制了企业的创新精神。

还有一些打着革新旗号的干预政策，比如在环保、动物保护、平权等思潮影响下，国家出台细密的干预政策，增加企业经营成本，削弱其竞争力。通过教育和舆论渗透，这些思潮抑制了批评和反省的声音。此类政策常被视为爱心泛滥的产物，其根本还是太多人将权力视作“有效解决手段”。权力边界模糊，法律成为政治工具，以实现道德愿望。这是发达国家经济与言论环境逼仄、社会危机重重的重要原因。

中国作为新兴发展中国家，介于落后国家和发达国家之间。一方面，中国结束长期战争困扰，实现国内长久和平。尤其最近 40 年，中国摆脱计划经济束缚，建立起市场经济体制，并融入全球经济体系。中国经济崛起有诸多有利因素，但旧式计划经济的因素依然残留。西方国家遭遇的发展陷阱，中国也会面临。通过分析各国发展得失，也能为我们认识本国经济提供一些启示。

这本书源于过去多年我在媒体上发表的专栏文章，基于奥地利学派、芝加哥学派和制度经济学派的知识框架，分析各国具体政策在经济发展过程中的得与失。在写这些文章时，我倒没有“启蒙”心态，只是认真写作，老实交稿，完成工作。几年下来，文章累积了 300 余篇。浙江人民出版社督促我，择其要者重作编辑，于是有了这一本小书。

多年前，我聚焦自由市场的专栏写作，曾有小小愿望：以深入浅出的文字，阐述正确的经济学知识，传递市场经济的理念。看的人不需太多，只要有人产生兴趣，深入探索，知识进一步传递，这件事情对我来说就算没白做。正如我和身边观念相近的朋友，都是受前辈启发，从对经济观念的懵懂无知，到走向自觉学习和传播经济学的道路。

希望越来越多的人学习经济学，理解市场经济，参与讨论经济议题而不是盲从。这亦是对我们当下生活的捍卫。我在整理这本书时想起初心，羞愧于近年来的倦怠。这也促使我更加谨慎和认真地完成这项工作。感谢陈世明老师为本书出版做出的指导和帮助。由于本人能力有限，如有内容错误，一切都是我的责任。

最后感谢家人小婉。工作之外的专栏写作占用了很多陪伴家人的时间，对此我深感愧疚。没有家人的支持，我无法完成这些工作，也难以继续前行。

第一章

助推还是陷阱？发达国家的税收和产业政策

瑞士为何是欧洲之光

轻税促进繁荣，这条简洁的经济学道理，值得所有人铭记。

“高税收、高福利”，是很多人对发达国家的总体印象，并能举出一大堆例子来佐证。例如，西欧有很多这样的国家，北欧国家更加典型，亚洲的日本似乎也如此，好像“高税收、高福利”是发达国家的标配，甚至是通往发达国家的必由之路。

这样的认识当然是错误的，既违反朴素的经济学道理，也和事情真相不符。

轻税促进繁荣，轻税比重税对经济发展更有利。这个结论可以通过经济学规律获得：在其他条件不变的情况下，轻税意味着国家攫取减少，企业和个人留下丰厚利润，用于消费和再生产。他们从生产中获得激励，有利于创业精神的发挥。而在重税制度下，这些往往化为泡影。

现实中，虽然我们确实能看到“重税国家也繁荣”的对应现象，但往往是其他优势条件在起作用。更多的情形是，轻税作为制度优势的一环，起到了关键性作用。同样是发达国家，美国综合税率比欧洲多数国家低得多，但美国经济水平高出欧洲一截，差距有逐渐拉大的趋势。

在美国本土，轻税州的经济普遍好于重税州，对于美国企业和人口迁徙来说，大多也是从后者往前者流动。这种情况在欧洲也存在。欧洲典型的轻税国家是瑞士，其崛起固然有“中立国”之类的政治因素在起作用，但其制度方面的优势被更多人忽略了。

瑞士的国土面积不大，约为41284平方公里，相当于中国甘肃省的十分之一；其人口只有800多万人，国内多山，号称“山地之国”。这样一个发展经济先天条件不足的国家，人均GDP约10万美元，在欧洲独领风骚，甚至比美国还要高。瑞士是很多跨国公司在欧洲的总部聚集地，吸引了宝洁、通用、惠普、IBM（国际商业机器公司）等大公司常驻。

瑞士是如何做到的呢？综合方面的原因有很多，但非常关键的一条还是轻税。

以企业所得税为例。瑞士的联邦税率为8.5%，州和市镇当局确定各自的税率。总体而言，瑞士的企业所得税率不超过25%，低于欧盟。瑞士各州为了争夺纳税大户，往往开出税收优惠政策，使企业所得税的实际税负比名义上的低得多。

以瑞士最富裕的楚格州为例，为吸引科技企业入驻，该州的企业综合所得税率降至不到12%。不足12万人口的楚格州，吸引了全世界数以万计的企业前来注册，它们绝大多数是跨国公司。因为这些公司的大部分收入可免税，实际的税率更低。

在个人所得税方面，瑞士各州的税率差别很大，总体的税负都不重。家庭年收入为15万美元以下者，基本没有税负；年收入为三四十万美元者，税率最高的州的税率也不会超过30%。

瑞士还规定，如果个人所得税的缴税额达到一定上限，就不再采用累进税率，而只缴纳最高的限额。这项政策对超级富豪有很大的吸引力。瑞士的邻国法国，其个人所得税的最高累进税率达到40%，这已经相当高了，还有政客主张将其提得更高。2013年，法国总统弗朗索瓦·奥朗德（François Hollande）就推出高达75%税率的超级富人税。一时之间，不少法国富豪纷纷移民瑞士。

瑞士的低税政策如此惹眼，以致欧洲其他大国非常不满。多年来，它们一直批评瑞士采取“不公平”的政策，“诱使”很多公司逃往瑞士，造成欧盟国家“税源损失”，这是一种不公平竞争。“发达国家俱乐部”经济发展与合作组织曾把瑞士列入“避税天堂”的黑名单，敦促其提高税率。

这些国家征收重税，不仅把本国企业赶跑，还反过来说别国“不公平竞争”，天底下就是有很多这样大行其道的歪理。瑞士政府一边反击批评，一边做出让步，例如签订税收协定，帮助外国追缴漏税，提高奢侈品和富豪税的税率。这是瑞士迫于政治压力的无奈之举。

最近几年，经济合作与发展组织推行全球税改，对一些逃至税收洼地的公司追加征税。初步的方案是，在低税国享受不足15%所得税率的公司，还需要在其他国家补缴。对这项税改抵触最强烈的是瑞士各州，它们深知，一旦瑞士的低税优势消失，大企业就会离开。

其他低税国家也在极力抵制这项全球税改。在欧洲，税制能与瑞士媲美的国家，大概只有爱尔兰和东欧的一些后起之秀，这些国家都希望借助制度优势，实现对老牌发达国家的超车。

在税收以外的领域，瑞士沾染了一些管制主义气息。比如，2020 年后瑞士各州开始实行最低工资法。这是一项画蛇添足的政策，此前瑞士没有最低工资法，本地最低工时收入早就超过了欧洲各国。那些不断提高最低工资的国家，实际上只是做样子，就像一个人坐在火车上表演往前推，让人以为火车真的是他在驱动。

尽管略有瑕疵，瑞士依然是世界上最自由的经济体之一，它在低税制上的坚持称得上是“欧洲之光”，这个优势远胜于它常被称道的自由金融体系。由于国际形势变化，瑞士政府逐渐偏离严守中立的立场，加强了对银行业的审查和干预，这损害了它的形象。

2013 年，中国和瑞士签订自由贸易协定，大量商品关税降至零。截至 2022 年，两国贸易额超过 570 亿美元，大部分商品为中国进口瑞士高精尖的机电仪器、医疗设备和贵金属。中国每年还有上百万人到瑞士旅游观光，这带动了瑞士的旅游消费业。希望中、瑞两国贸易往来之中流动的不只是商品和服务，还有一条被反复验证的观念：轻税促进繁荣。这条简洁的经济学道理，值得所有人铭记。

拒绝补税的爱尔兰

爱尔兰政府知道，宰杀一只会下蛋的鹅意味着什么。

征税是政府的天职，很难想象一个政府会拒绝送上门的税款，然而，这样的事情确实发生过。这个国家就是爱尔兰，这笔税款高达 130 亿欧元，时间是 2016 年。这是怎么一回事呢？事情要从苹果公司说起。

2010 年，苹果公司推出 iPhone 4，开启了智能手机新时代。自此苹果公司的营收一路狂涨，它成为美国最大的科技公司。2012 年 9 月，苹果公司推出 iPhone 5，产品再次获得热烈追捧，当年营收突破 1500 亿美元，利润突破 400 亿美元。2022 年，苹果公司的利润达到了 998 亿美元。

苹果公司的总部在美国加州，很自然地，美国政府是最大的税收受益者。据苹果公司 2013 年初的一份声明称，整个 2012 财年，苹果公司总计缴纳 60 亿美元税金——约占美国企业缴税总额的 2.5%，是名副其实的“纳税大户”。可正是这样的“纳税大户”，还是被指责纳税并不多，甚至被指为“逃税大户”。为什么会这样呢？这和美国的税制漏洞有很大关系。

早些年，为了鼓励企业在海外扩张，美国政府在税法上做出宽松规定：只要美国公司的海外利润用于海外再投资，这部分利润就可免于缴税。在唐纳德·特朗普（Donald Trump）当选美国总统以前，美国人很少担忧资本外流的问题，鼓励美国企业赴海外投资，从而扩展影响力，这样的政策很好理解。

当时，美国本土的企业所得税率为35%，和各国相比，这算是较高的税率。美国本土市场很大，利润也相当可观，然而政府收上来的税收却不多。调查机构认为，苹果公司通过复杂的会计操作，将一部分美国市场的利润做成海外利润，从而将大量资金隐匿在海外，逃避美国税法的监管。据说，逃掉的税额高达数百亿美元。

这些避税手段大部分在爱尔兰完成。爱尔兰是苹果公司的欧洲总部所在地，也是欧洲税收最低的国家之一。欧洲各国的企业所得税率普遍在20%至30%之间，而爱尔兰的企业所得税率是12.5%，这能够为企业减掉不少税。但真正起巨大作用的，是当地额外的豁免性条款。

爱尔兰法律规定，如果母公司在国外，那么注册在爱尔兰的子公司也算外国公司，只需缴纳少量所得税，销售相关税收一概免缴。于是，苹果公司在英属维尔京设立了一个空壳公司，将其作为爱尔兰“苹果国际运营”子公司。这家公司自然也是空壳子，负责接收整个欧洲的苹果公司收入。

通过一系列眼花缭乱的操作，苹果公司在欧洲的税率低到惊人的0.005%。这个说法出自欧盟官员之口，而苹果公司则对此矢口否认。不管真实税率如何，苹果公司在整个欧洲的税率远低于12.5%，这是没有任何疑义的。苹果公司在美国境内的利润，则流到爱尔兰。一番运作下来，到底少缴了多少税，只有苹果公司自己知道。

大公司在各国之间避税，基本是钻各国税法的空子。爱尔兰则刻意为之，大张旗鼓，用超低的税率吸引投资，还主动给公司提供避税指南。爱尔兰的税率确实不高，当大量资金涌入时，即使税率再低，总额也相当可观。征税之外，爱尔兰获得的更多。

爱尔兰位居西欧边陲，纬度高，气候湿冷，人口又少，曾是欧洲最贫困的国家之一，19世纪更发生过著名的“土豆饥荒”。直到几十年前，爱尔兰仍是经济弱国，财政紧张，名列“欧猪五国”[①]之内。穷则思变，20世纪80年代后，爱尔兰大搞“开放招商”，吸引外国投资，经济才有所起色。

1980年，史蒂夫·乔布斯（Steve Jobs）在欧洲开展苹果公司的业务，寻找销售据点，最后选了税率较低的爱尔兰。这是最早落户于爱尔兰的海外科技公司。据蒂姆·库克（Tim Cook）叙述，早期爱尔兰科克郡的经济并不好，失业率高，缺少投资。唯一的优势，大概只有当地政府欢迎苹果这家新兴企业前来。

苹果公司的入驻改变了当地的一切。如今的爱尔兰，光苹果的销售子公司就有5家，雇用人数超过6000人——想想看，科克郡只是一个拥有12万人口的小城市。时至今日，苹果公司是爱尔兰最大

① 自20世纪90年代起，葡萄牙、意大利、爱尔兰、希腊和西班牙这五个国家长期陷入财政危机，因其英文国名首字母组合“PIIGS”类似英文单词“pigs”（猪），故得名。

的跨国公司，爱尔兰则是苹果公司最大的海外销售中心。两者互惠互利，互相成就。

像苹果这样的公司并不少，例如谷歌、微软、亚马逊、脸书，你能想到的很多科技巨头，都把欧洲总部放在爱尔兰，或将其作为重要基地。爱尔兰之所以能吸引美国企业，不仅是因为有语言优势，最重要的原因是政策。2015 年，爱尔兰 GDP 突然增长 26%，这让很多人大吃一惊。一个重要原因是，2014 年有很多大公司集体“落户”爱尔兰，壮大了这个国家的经济体量。

这一切让欧盟很不爽，欧盟认为爱尔兰“偷走”了属于它们的企业和税收。欧盟官僚花了两年多的时间，盘查苹果公司过去十几年在欧洲的税务。最终，负责此案的欧盟竞争委员会认定，苹果公司在爱尔兰获得了“不正当税收特权”，要求苹果公司补缴约 130 亿欧元的税款。这还是以爱尔兰 12.5% 的税率为准线的，若按照欧盟的税率水平，处罚恐怕要翻倍。

欧盟要求苹果公司将 130 亿欧元上缴给爱尔兰，是想拉爱尔兰“下水”，填平西欧最大的“税收洼地”。对 400 多万人口的爱尔兰来说，130 亿欧元不算少，据说可以解决 10 万个家庭的住房问题，对政客颇有诱惑力。幸好爱尔兰政府富有远见，知道宰杀一只会下蛋的鹅意味着什么。

要是苹果公司被迫补缴税款，爱尔兰多年来苦心经营的“低税亲商”的形象就会完全破碎。苹果公司可能会撤离爱尔兰，搬到瑞士、波罗的海沿岸或其他低税国家。时任爱尔兰财政部部长迈克尔·努南（Michael Noonan）说：“一旦开了这个口，就好像吃了土豆的种子[①]，会蔓延开来，这起官司的失败将打击爱尔兰未来好几代的经济发展。”

为呼吁政府和民众支持苹果公司，迈克尔·努南极力强调，过去三十几年，苹果公司雇用了数千名员工，而这家公司的雇员数还在增长。倘若向苹果公司征税，繁荣将化为泡影。一个负责征税的爱尔兰官员，居然鼓动民众帮助公司“抗税”，这件事还挺有戏剧性的。

对于“苹果税案”整件事，“最丑陋”的莫过于欧盟。这个臃肿庞大的组织，成了欧洲经济之敌。它厉行管制，打击竞争，惩罚企业。从苹果到雅虎、微软、谷歌、优步，美国科技巨头基本都受过欧盟的敲诈。欧盟管理手段糟糕至极，以致英国实在无法忍受，选择“分手”（脱离欧盟）。

拖延多年的“苹果税案”，一直到 2020 年才宣告结束。这一年，欧盟法院裁定，苹果公司无须向爱尔兰补缴 130 亿欧元。苹果公司和爱尔兰财政部对此表示支持，唯独欧盟愤愤不平。不管是纳税方和征税方，都拒绝这一税款，旁边的第三者却坚持要收税，这在人类历史上大概是头一回吧。

---

① 意为竭泽而渔的短视行为。

美国个人所得税简史

美国个人所得税的发展，是美国联邦政府权力一步步扩张的缩影。

如今，在美国政府的财务收入中，个人所得税占到税收总额的50% 以上，这称得上举足轻重。不过，在美国建国初期，人们完全看不到个人所得税的影子。美国个人所得税的发展，可以视为美国联邦政府权力一步步扩张的缩影。

美国建国之初，联邦政府可征的税目非常少，仅有关税和少量消费税。当时，联邦政府不能直接对居民征税。美国宪法第一条规定，联邦直接税的税额，要根据各州人口比例分配。换句话说，联邦政府想对各州居民征税，得先把要征的税派到各州头上，各州再分配税额。

这项制度设计旨在限制联邦的征税权，防止联邦政府权力变大，真是煞费苦心。然而，再好的制度也架不住政府扩权的冲动，尤其是战争时期，美国政府如同抖擞筋骨的蛮牛，随时准备挣脱束缚。

18 世纪末，美国和法国交恶，为筹措军费，美国联邦政府开始对居民的土地、财产和奴隶征收直接税。1802 年，美国和法国的关系恢复正常，这几项税收随之取消。在十几年后的英美战争时期，美国的直接税又恢复了，时任美国财政部部长的亚历山大·达拉斯（Alexander Dallas）提议，加征个人所得税。幸而提案还没通过，战争便结束了，战争期间加征的直接财产税也宣告取消。美国政府回到靠关税维持的老日子。

战争时期筹措军费，向民众直接征税，仗一打完，税即废除，这种情形在欧洲很常见。个人所得税和其他类似税种一样，被视为“战争税”——不是太平时节该征的税。那时的联邦政府规模太小了，小到民众几乎感受不到其存在，这是如今生活在“联邦巨兽”下的民众很难想象的。

1862 年，林肯政府首开个人所得税的“魔盒”。征税之目的，还是应付战争。起征点定在家庭年收入 600 美元，家庭年收入 600—10000 美元者征收 3%，家庭年收入 10000 美元以上者征收 5%，最高税率为 10%。当时美国家庭年收入普遍不足 600 美元，只有 1.3% 的家庭需要缴纳个人所得税。

联邦政府直接征收个人所得税不是违反宪法吗？战争危急，美国北方征这个税，美国南方也在征，先把仗打赢再说。作为战争税，缴纳个人所得税在当时被视为具有爱国情怀。“零售大王”A.T. 斯图尔特（A. T. Stewart）是当时美国的首富，年收入达到 400 万美元，一次缴税高达 40 万美元，这在当时是一笔不得了的巨款。缴纳个人所得税，维护国家统一，是了不起的英雄壮举，这时候谁会拿宪法来斤斤计较呢？

美国南北战争结束后，个人所得税被保留下来。开始征税容易，停征难。这是联邦政府多大的财源啊，官员怎舍得放下碗中肥肉。另一位富豪（同时是当时的新首富），也就是房地产商威廉·阿斯特（William Astor）实在看不下去，愤而起诉联邦政府，要求判定这项法律违宪。1872 年，征收十年的联邦个人所得税正式停征。

19 世纪末，欧洲革命浪潮风起云涌，美国进步主义大行其道。很多人要求将税收作为工具，以调节社会的贫富差距。1894 年，美国国会出台法律，再次征收个人所得税，很快被法院裁定违宪。美国各州没有联邦宪法的阻碍，很快掀起一股征收个人所得税的浪潮。当时，美国有 48 个州，其中 35 个州出台了个人所得税法案。

既然美国宪法不让联邦政府征收个人所得税，那就修改宪法。大势如此，什么都拦不住。1913 年，美国宪法第十六条修正案通过：国会有权对任何来源的收入做出有缴税义务的规定并征收所得税，无须在各州按比例进行分配，也无须考虑任何人口普查或人口统计数据。

美国联邦政府征收个人所得税，既受到进步主义思潮的影响，也受到关税削减的影响，政府需要补充收入。总而言之，这行短短的文字，扳开了美国联邦政府扩权的重要一闸，改写了美国联邦政府的财政史。谁也没想到，最初仅仅作为补充的个人所得税，后来会变得如此厉害。

最早的美国联邦个人所得税法案规定：个人年收入超过 3000 美元、夫妇年收入超过 4000 美元，征收 1% 所得税；年收入 2 万—5 万美元者，征收 2% 所得税；年收入超过 50 万美元者，征收 6% 所得税。

1913 年，美国人均国民收入约为 350 美元。缴纳个人所得税的资格，相当于美国人均收入的 9 倍多。这项税收是名副其实的富人税。年收入达 5 万美元者，算超级富豪了，税率也只有 6%，好像没什么了不起的。当时，美国有将近 1 亿人口，仅 36 万人需缴纳个人所得税，约占总人口的 0.36%。

这项税收受到当时几乎所有美国人的欢迎。他们认为，个人所得税太美妙了，并且它看起来和绝大多数人无关，还能“敲富人竹杠”，尤其是天价片酬的好莱坞明星，简直大快人心。《纽约时报》公开地幸灾乐祸：“演员们对他们的收入，将不会像以前那么炫耀了。”

一项政策一旦获得广泛认同，就难以拔除。战争期间，借着爱国主义的声势，美国个人所得税的最高边际税率达到 73%，放在美国建国之初，这种征税方式和暴政没多少区别。民意如此，也就没有人站出来抗议。大富豪可以通过信托基金免税，也乐于表演“痛恨贫富分化”，为征收个人所得税叫好。

美国的个人所得税达到登峰造极，是在 1944 年到 1945 年。起征点从年收入 4000 美元降到年收入 2000 美元，税率从最早的 1% 一路涨到 23%；最高阶的征税级从 50 万美元降到 20 万美元，一下子覆盖了许多富豪；最高边际税率达到惊人的 94%，大量“过多财富”被没收。

第二次世界大战期间，罗斯福的威望达到顶点，这项背离美国传统的“恶政”竟然被通过了。美国的建国先贤若看到这一幕，不知会作何感想。罗斯福任期内，美国个人所得税的征税范围大幅扩张，覆盖全美 74% 的人口。自此以后，个人所得税成为美国联邦政府第一大税收来源，并持续到今天。

一个年收入 6 万美元的美国家庭，联邦政府要拿走约 10% 的收入，州政府再拿走一部分，扣除社保和缴费，到手 4 万多美元。从前的富豪税，现在成为工薪税，税率比当年超级富豪的税率还高。高收入者更不用说，净收入往往不及毛收入的一半。今夕何夕，让人感慨。

有加税也会有减税，减税的项目很复杂，要花时间、精力才搞得清。每年 4 月 15 日是美国报税日，也是美国人最感沮丧的一天。两个星期后，许多人会转忧而喜。因为美国国税局会把一些豁免款项退回来。很多人拿到这笔钱，大吃大喝，像得了意外之财。这笔钱原本就是他们的，政府退回一些，却变成恩赐一般。税收制度对人的心理奴役，真是潜移默化。

20 世纪初的两代美国人，以平均主义为名，放弃对大政府的警惕，一步步陷入仇富狂热。他们的子孙为此付出了惨重代价。很多人说，税收增加是政府规模变大的后果。政府规模变大，税收一定会增加，即使没有个人所得税，也会有其他名目的税收。这个见解只说对了一半。很多时候，往往是人们因为各种目的主动要求增税。恶龙被唤醒以后，才需要给它找点事情做。

发达国家逐步废除遗产税

遗产税是当代所有税种里最反道德、反经济、反社会的一种税。

2023 年 5 月，一个英国保守党团体发动了一项废除遗产税的运动。他们发动民众在社交媒体讲述身受遗产税之苦的事情，联名多位保守党高层向英国财政部陈情，要求在议会讨论废除事宜。英国遗产税的最高税率为 40%，免缴额只有 32.5 万英镑，即使普通家庭也能达到这一额度。难怪运动发起之后，哭诉遗产税之苦的英国民众，绝大多数是中产。

英、美、日、韩是典型的遗产税国家，因此很多人有一个刻板印象：遗产税是发达国家的标配。事实并非如此。很多发达国家没有或废除了遗产税，例如加拿大、澳大利亚、新西兰、瑞典、新加坡、意大利等。这几个国家中，除加拿大是在 20 世纪 70 年代废除遗产税的，其他都是近 20 年才实行的。

2016 年，特朗普当选美国总统，“废除遗产税”是其减税计划的一部分。经过博弈，美国遗产税的个人免征额从 560 万美元提高至 1120 万美元，夫妻免征额从 1120 万美元提高至 2240 万美元。大多数美国家庭摆脱了遗产税威胁。倘若此番英国“废除遗产税”运动成功，势必带动更多国家加入。遗产税已经式微，正逐步退出舞台，这是真正的潮流。

遗产税流布于世，原因很好理解：减少贫富分化，防止造成社会“不公平”。嫉妒是流行的大众心理，均贫富是很多人的隐秘想法，只要有机会，相关政策就很容易出台。

遗产税最大的问题是：它在道德上站不住脚。个人和家庭努力创造财富，节制消费，留下财富传诸子孙亲人，既符合人性，也完全正当。社会生活的多数安排，像生产、发明、法律、制度等，都是寄希望于长远，而像家庭事务的子女教育、言传身教等，都是希望下一代过得更好。

否定财富传承的正当性，实际上是反人性的。倘若具有血缘关系的父子继承都没有正当性，那么没有血缘关系的外人享用死者遗产，能有什么正当性呢？遗产税的实质，是以“反对遗产传给子孙”为理由，对他人身后财产的剥夺。这也是遗产税自出现后，一直遭遇抵抗的原因。

遗产税的现实危害是，它破坏财富积累，造成资本流失。此项危害的原因同样根植于人性。

人类积累财富的重要动因，是希望将财富传承给子孙。一旦这种激励被破坏，人们就会倾向于放开消费，及时行乐。原本可以储蓄下来，并转换成生产资本的财富，就会在日常大手大脚的消费中耗竭。孩子无法从父母的财富积累中受益，亲属关系淡薄，这些对人口出生率也将是打击。

有人会提出，遗产税有免征额，继承者还是能获得一笔遗产的，又不是将遗产剥夺干净，哪有那么严重？此种观点忽略了政策的边际后果。人们在知道死后财产将被抄没后，会倾向于晚年挥霍，临死前把钱花完。只是罚掉一半，行事逻辑并不变。储蓄激励消减，消费得到鼓励，“赤条条来去无牵挂”成为流行的观念。

当代日本的遗产税率是世界最高的，免征额是 3000 万日元加每个继承人 600 万日元。剩下部分按照 10% 的税率起征，1 亿日元遗产的税率为 40%，6 亿日元遗产的税率高达 55%。

日本普通人一辈子积累的财富，至少有几千万日元。很多小企业主和工厂主，面临家长一去世、家庭财富缩水一半的窘境。这也是很多日本作坊式小企业不愿做大的原因。

和个人所得税相同，遗产税起初只针对富商巨贾，延续数十年，城市中产和小企业主逐渐成为负税主力。经济发展、通货膨胀，导致免征额覆盖范围缩小，这固然是重要原因。大富豪在财产安排上有更多自由度，同样不能忽视。

富豪本人和孩子可以轻松换国籍，主要财产在境外，不必受遗产税羁绊。新加坡聚集了亚洲和欧美很多富豪，其主要优势就是没有遗产税，个人所得税税率也很低。

遗产税在发达国家实行的几十年间，还造成了很多混乱。几乎所有遗产税在出台的时候，都会有配套规定，亲属间赠予要受管制。将大额钱财赠予子女，要划定一个免税额；同样，隔代赠予要设免税额，防止以“爷爷送孙子礼物”的形式间接让子女继承。

现代社会财富形式多样，除了房产、存款、汽车之外，还可以有珠宝、古董、股票、企业股权、保险受益单等。日本人在继承家族企业的时候，会雇用会计人员为土地和企业估值，以核定税额。继承人会拉高企业成本，减少利润，甚至不惜将企业做成亏损，也要降低企业估值。

这些为避税而做的无谓的折腾，显然不能创造财富。民间避税手段多样，熟知家族真实财产状况的往往是家族成员，一旦家族财产分配有分歧，灰色地带的操作就很容易被告发。在遗产税的介入下，家庭财产分配的私事演变成亲属之间也要防范的公事，这无疑破坏了人伦关系。

英国保守党团体要求废除遗产税，还提到一个真实案例。一个英国人继承了母亲的遗产，其中大部分是股票。政府部门核定税额后，股价暴跌，即便把股票全卖掉，也不足以缴税。这个英国人刚刚失去母亲，还未摆脱悲伤，遗产税又给了他沉重一击。对于爱讲冷笑话的英国人来说，这样的故事过于冷酷。

这也是发达国家征收几十年遗产税后，又纷纷废除的原因。有些富豪一边鼓吹征收遗产税，另一边设置避税的信托基金，显露出其两面性。

纽约人赶走了亚马逊

民粹主义抬头，企业遁走，纽约被少数人绑架，错失了一次发展良机。

亚马逊是世界最大的电子商务巨头，它的总部位于美国西雅图。随着业务扩大，2017 年，这家公司决定建设“第二总部”，选址还在美国。亚马逊对外公开承诺，将投资 50 亿美元建设新总部，并将新增 5 万个就业岗位。条件是，当地政府要提供足够的补助条件。

一时之间，北美有 200 多座城市参与角逐。用媒体的话说，它们像等待相亲一样，等待杰夫·贝索斯（Jeff Bezos）挑选。为了赢得这桩“婚姻”，各个城市自带嫁妆，说尽好话。纽约宣布 30 亿美元减税计划，市长和州长一起站台。州长开玩笑说，如果亚马逊愿意来，我愿意跟它姓。

贝索斯最终选中纽约皇后区及弗吉尼亚的阿灵顿。纽约既是美国第一大城市，也是美国的消费中心，有充足的人才储备。阿灵顿虽然是小城市，但离华盛顿非常近，适合亚马逊这种经常和政府打交道的巨头落户。也有人说，这场“相亲”只是噱头，贝索斯早就心有所属。2018 年 11 月，贝索斯宣布，位于这两座城市的“第二总部”同时开建，两地各分一半利益。

然而，没过多久，在 2019 年 2 月的情人节，亚马逊宣布和纽约“分手”，并将全部好处转手给阿灵顿。为什么会有这样的变故呢？问题出在纽约皇后区的民意上。

自贝索斯宣布亚马逊将落户纽约开始，当地人就强烈抗议。愤怒的声音主要来自底层：市长和州长不经议会讨论和批准，就给亚马逊开条件，是不是收了好处？亚马逊这样的大公司，把西雅图祸害得不够惨吗，现在又来祸害纽约？这里面充满了现代中国人无法理解的逻辑。

按照中国人的理解，官员招商引资，造福一方，是好事啊！亚马逊这样的大公司落户本地，应该吹唢呐、放鞭炮欢迎，为什么要抵制？抵制者的理由，其实很简单：亚马逊来了，带来大量高薪就业机会，有钱人一多，城市翻新升级，皇后区将不再适合穷人居住。“凭什么你们一来，就要把我们挤走？”于是，大量纽约底层民众鸣鼓而攻之。

一些知识分子同情底层民众，于是大造理论。他们把大公司主导的城市翻新升级称为“士绅化”。一旦摩天大楼和商业区建立起来，城市将变得呆板冷酷，缺乏人情味；社区消失，摊贩没有了，原来各家各异的咖啡馆、小餐馆，将被千篇一律的星巴克和麦当劳取代。

在这些知识分子看来，“士绅化”的本质是将城市改造成有钱人上班和逛街的地方，且不再适合穷人生存。他们认为，城市改造这样的事情，怎么能由资本家说了算，让穷人没有活路呢？大量底层纽约人听信了此种说法，联合起来，抵制亚马逊入驻。纽约有大量政府建设的公屋，租客比例特高，这些人齐声怒吼，俨然成为这座城市的主流声音。

亚马逊一开始还想妥协。公司总部入驻，给当地带来2.5万名员工，确实会带来一些交通压力。于是，亚马逊宣布，会给当地增加公交路线。不是说穷人找不到工作吗？亚马逊出资500万美元，在当地建设职业培训中心，专为低收入、低教育人群提供职业培训。

退让只能换来贪婪："亚马逊这样有钱的大公司，居然只花500万美元打发穷人？你们带来平均年薪15万美元的高薪人士，拉高当地工资水平和物价，损害穷人的利益。你们在纽约落户，居然还搞'面向全球招聘'，不专门给本地人留出就业名额，这不是歧视是什么？"

炙手可热的民主党政治新星亚历山德里娅·奥卡西奥－科尔特斯（Alexandria Ocasio-Cortez），正是来自纽约州选区。科尔特斯公开站出来谴责，说亚马逊落户纽约会让老百姓流离失所，因此亚马逊一定要滚出纽约。于是，亚马逊很快就发表声明，决定从纽约州撤离。

亚马逊出走，一时间让市长和州长大为尴尬，他们一边安抚抗议者，一边谴责亚马逊的离开是在"滥用企业权力"，对劳动者构成了伤害。在民主党横行的纽约州，企业不管坐着还是躺着，都能挨一通批评。可不管怎么说，亚马逊去意已决。时至今日，亚马逊的"第二总部"只有阿灵顿。这个原本以国家公墓闻名的小城市，现在有了一个新地标。

对于这样的结果，有些知识分子可能会赞赏：这是美式“博弈”的胜利。大公司入驻不能忽视穷人利益，要让穷人发声，要让穷人参与博弈，结果不管怎样都是好的。可从经济学视角来看，这完全是一出闹剧。民粹主义抬头，企业遁走，纽约被少数人“道德绑架”，错失了一次发展良机。

大公司入驻，可以提升本地生产力水平，增加就业岗位，提高工人工资水平。高薪岗位会刺激消费，带动本地就业。低教育者虽然无法直接进入亚马逊工作，却可能承接大公司外溢的工作机会。如果就业率提高，城市就会更有活力，对谁都有好处。

再来说说争议点：房租上涨，有些穷人租不起房。正常的市场反应是：增加住房供给，好容纳更多的人。为什么不通过发展的思路来解决问题呢？因为纽约是美国租房管制最严格的地区，新建房子不容易，房租被管控没法涨，没有新增房源，那么有钱人一来，穷人只好搬走。

驱逐亚马逊，表面上租客赢了，实际上房主权益被剥夺，物业价值得不到提升，他们倾向于不维护房子。在这场零和博弈中，纽约这座城市才是最大的输家。

亚马逊入驻纽约，也会有受益者，为何不见有人站出来支持亚马逊呢？因为搭便车心态在作祟。亚马逊有许多沉默的同情者，他们认为，既然亚马逊落户纽约，有人愿意闹，且让他们闹去。倘若亚马逊让步，在当地建设住房，增加交通线路，增加雇佣名额，他们不也获益吗？这些人同情和支持企业，不是出于感恩，而是想着寄生，只想多薅羊毛而不是捍卫企业利益。没想到亚马逊不吃这一套，直接甩甩袖子走人。

当科尔特斯还在打算盘时，亚马逊宣布离场，大大出乎很多人意料。这下子轮到纽约人后悔了。民调显示：67% 的纽约人反对亚马逊离开，科尔特斯的支持率下跌；38% 的受访者认为，科尔特斯在这一事件中扮演了“恶棍”角色；只有 12% 的人认为她是“英雄”。

受纽约驱逐亚马逊风波的影响，阿灵顿官方对亚马逊入驻的欢迎，显得格外热情。2019 年 3 月 19 日，也就是情人节后的一个多月，阿灵顿当地议会审议通过，给予亚马逊 5000 多万美元税收优惠。那时候长舒一口气的，不只是亚马逊，大概也包括很多阿灵顿人。

美国反垄断法往事

在《谢尔曼反托拉斯法》眼中，大企业是有原罪的。

南北战争后，美国进入“镀金时代”，工业爆发式增长，铁路、石油、钢铁等行业诞生了很多巨无霸企业。这些行业有一个特点：前期所需的投入巨大，需要有足够大的市场份额做支撑。倘若一家企业的市场份额太小，每一份产出的单位成本都会高得吓人。

在这样的行业特点下，企业需要不断扩张，只有使单位产出的边际成本极低，才会有可观的正向现金流。源源不断的收入，再用于提升技术，从而降低成本和提高效率，行业才会发展。在这种行业里，小企业很难赚到钱，而大企业效率更高，它们是行业发展的发动机。从早期石油工业的发展历程来看，这一切非常清楚。

19 世纪下半叶，早期的石油工业在美国兴起。当时，石油勘探和开采的成本非常高，还伴随巨额亏损的风险。一旦油井设备搭好，规模性采油差不多就没风险了。炼油和敷设管网的投入固然很大，但基本是一次性的，单位产出成本低、收益大。

这个行业特性决定了只要石油产能够大，建设更多炼油厂，铺设更多管道，赚钱就是大概率的事情，而且是赚大钱。当然，这几个环节的投入都很大。

1870年，标准石油公司（Standard Oil）诞生，站在了炼油行业的浪尖上。它的创办者是大名鼎鼎的约翰·洛克菲勒（John Rockefeller）。洛克菲勒从19岁起就投身石油行业，开采过石油，建过炼油厂，在这一行当摸爬滚打超过20年。“标准石油”是洛克菲勒雄心勃勃的写照——他所生产的石油将成为行业的标准。

炼油居于石油行业中游，上承采掘，下连消费者，是市场扩大的关键。当时，美国炼油市场被数百家小企业分割，它们生产的煤油差别很大。劣质煤油极易引起火灾，这限制了人们使用煤油。洛克菲勒的做法是收购，他不断收购石油厂商和小炼油厂，并在新厂使用新技术。

过去，炼油行业的问题是单个企业规模小，运输成本很高。标准石油公司的竞争力，在很大程度上依赖当时扩张的铁路网。由于收购的炼油厂数量增多，洛克菲勒成为铁路巨头无法忽视的大客户。铁路大亨竞相开出优惠价格，希望标准石油公司使用他们的路线。因此，标准石油公司的运费价格比竞争对手低了40%。

科尼利尔斯·范德比尔特（Cornelius Vanderbilt）是当时美国的铁路大王，也是洛克菲勒早期的合作者。他在铁路行业大获全胜，取得垄断性地位后，就不再给洛克菲勒优惠了。洛克菲勒对此早有预料，他提前动用大笔资金，开始建设输油管道。

与此同时，洛克菲勒还兼并大量炼油公司。1872年2—3月，在不到40天的时间里，洛克菲勒一连串吞并他在克利夫兰的22个竞争对手。他曾在 48 小时之内一口气买下了 6 家炼油厂，一时之间震惊了全美石油行业。

洛克菲勒想要改造美国分散低效的石油行业。他的思路很简单：提升产能，降低成本，赚更多钱，实现更大规模的扩张，进而继续降低成本，形成无可匹敌的优势。到 1910 年，标准石油公司占据美国 95% 的炼油市场、90% 的输油市场和 25% 的原油生产市场。

洛克菲勒成为美国的“石油大王”，也成为公众的敌人。美国建国后一直以农业立国，社会阶层和财富分布相对平均。小农场和小企业之间的收购合并，是美国社会一贯的做法；跨国、跨州的大企业，则被视为怪兽般的存在；“大鱼吃小鱼”，更被视为资本家贪婪无耻的表现。

在这样的社会环境下，针对标准石油公司的指责铺天盖地。一个具体的指控是：大公司以超出寻常的低价提供商品，却不追求短期盈利，只追求市场份额，这种“掠夺性定价”居心叵测。等到竞争对手被扫清后，它们就会提高定价，获得超额的垄断收益。

洛克菲勒反对此类指控。他认为，自己并没有以低于成本的价格驱逐竞争对手，而是以低于行业成本的价格提供石油。标准石油公司一直在赚钱，这是其源源不断的现金流的来源。

洛克菲勒还认为，消费者利益没有受损，他们享受了实实在在的好处，证据是过去十多年，在标准石油公司的带动下，煤油价格下跌 80%。标准石油公司没有追求垄断，因为大量石油还没被开采出来，其他石油公司还有机会——只要它们做得更好，随时可以打败标准石油公司。

“我给美国人带来光明，创造了数以万计的就业。我带来了繁荣，你们说这是垄断，我说这是企业的自由行为。”面对美国政府的指控，洛克菲勒这样申辩。100 多年前，老派企业家在面对无端指控时，会理直气壮地做出回应。

在这场诉讼中，很多被“吞并”的小石油公司和炼油厂老板站在洛克菲勒这边。所谓“靠暴力和敲诈收购企业”只是市井的流言。真实情况是，被收购的小老板们不是获得一笔钱，就是进入标准石油公司管理层。在多数情况下，竞争者往往主动找上门来，希望被洛克菲勒收购。

在整个石油行业，洛克菲勒是广受尊重的英雄。尽管如此，洛克菲勒和标准石油公司还是挡不住滔滔民意。1911 年，标准石油公司被《谢尔曼反托拉斯法》(Sherman Antitrust Act) 拆分。这部法律在 1890 年就制定出来了，因立法粗糙、语义不明，一直为企业界所耻笑。在老罗斯福总统的施压下，这部法律终于显现出它的威力。

在《谢尔曼反托拉斯法》眼中，大企业是有原罪的。大企业之间强强联合，就是希望控制市场；大企业收购小企业，是有独占嫌疑的；大企业定价高了，是谋求垄断利益；大企业定价低了，则涉嫌掠夺性定价。每一个反垄断案例，都伴随着巨大争议。美国反垄断法立法虽早，也出过很多有影响力的大案，但实际执法的次数并不多。

之所以重提反垄断法的起源和背景，是因为它有巨大的借鉴价值。面对当代互联网大企业，公众也有浓厚的反垄断情绪。

前些年，互联网烽烟四起，巨头们经过一系列眼花缭乱的并购操作，使得市场变得集中。大企业似乎拥有垄断的能力。事实上真的这样吗？在中国，就在人们以为 BAT (百度、阿里巴巴、腾讯)

三巨头瓜分了互联网时，字节跳动、美团、京东、滴滴等大型企业拔地而起，塑造了新的互联网生态。

和洛克菲勒的石油帝国相似，互联网也高度依赖规模效应。圈用户、拉下载、让更多人使用，这是比短期盈利更重要的事情。一家公司连续几年“烧钱”，这在行业中比比皆是。公司收购的目的是通过产品将流量变现，用规模效应降低单位成本。

不同的企业有不同的优势。有些拥有流量，有些技术强大，有些运营能力突出。企业间合并重组，是为了优化资源，更好地创造价值——但并非每次都能成功。市场不会因为并购激烈而丧失活力。相反，频繁的收购使互联网行业充满了吸引力。新人不断涌入，员工下海创业。企业要么想被巨头收购，要么想自己成为巨头。

我们不需要担心互联网公司太大的问题。越长越大的巨无霸是竞争的胜利者，应当获得赞美。至于它会不会变得臃肿低效，竞争力减弱，这是企业家该考虑的事情。

英国的《红旗法案》

19世纪末，英国汽车产业的发展陷入停滞，始作俑者就是《红旗法案》。

19 世纪的英国是工业革命的先驱，以蒸汽机为标志，英国人在机器发明的各个领域，都领先于欧洲其他各国。面对前殖民地美国，英国人封锁技术，对于胆敢泄露技术者，动辄罚款蹲监。当时英国工业整体之先进，所达的领先优势远超今天发达国家，这也是英国傲慢的底气。

不过，先驱也有走错路的时候，不是技术犯错，而是踏入制度陷阱。

蒸汽机在普及后应用到交通领域，很快带来了一些烦恼。早期的蒸汽汽车很简陋，与其说是汽车，不如说是行走的锅炉：把立式锅炉装在后车座，一个人往炉门里添煤，另一人小心翼翼地驾驶。马路上出现喷着烟、噪声大的“怪物”，居然有人将其当成交通工具，这也太奇怪了。

当时，虽然英国已经进入工业时代，但城市交通的面貌和中世纪差不多。到处都是奔跑的马车，路上随处可见马粪，以至于拾粪工是一份相当重要的工作。蒸汽汽车完全不被重视，它的第一批爱好者在当时人眼中，大约就是当代工业极客给人的印象吧。

早期的蒸汽汽车看起来古怪，也不受欢迎，不过优势还是相当明显的。蒸汽汽车不像牲畜需要饲养和休息，它能近乎不间断地奔跑。汽车运力很大，并且几乎不影响速度。马车速度的天花板很低，机器改良提升的空间很大。1825 年通车的蒸汽火车，时速 8 英里（约 12.87 千米），此后不断加速，没过多少年，就跑出上百千米的惊人时速——当然，这已经是后话。

蒸汽汽车这项超酷的发明引起了人们的不安。汽车行驶时，喷吐烟尘，隆隆而过，人们很不习惯。其中最不爽的是马车夫，汽车跑起来时，马匹经常受到惊吓，这让他们很困扰。一旦厌恶形成，其他毛病就不难挑出。比如，司机一身烟尘，像锅炉工一样，这怎么能和优雅的马车夫相比呢？蒸汽汽车不仅吓人，偶尔还发生车祸——其实马车也偶有失控，但人们习以为常，倒是难以容忍蒸汽汽车的任何危险。对新事物的危险，人们的眼光总是过于苛刻。

1865 年，英国议会制定了第一部机动车道路安全法律。它规定，蒸汽汽车的时速不得超过 4 英里（约 6.44 千米），经过城镇村庄时，时速不得超过 2 英里（约 3.22 千米）。车辆至少由 3 人驾驶，其中一人在车辆 50 米之外，一边步行，一边摇动红旗，为机动车开道。这就是著名的《红旗法案》。很多人会觉得不可思议，英国人怎会制定如此荒唐的法律呢？但在支持者看来，《红旗法案》还颇有道理。

早期蒸汽汽车最少有两人驾驶，一人添煤，另一人开车，行业惯例一直如此——若是司机一边开车一边加煤，那岂不是太危险？摇旗者通常是有钱人家的奴仆，这一点辛苦在当时的人看来并不算什么。摇旗者在前方行走，提醒过往马车和行人，减少了纠纷，这也是贡献。当时，美国一些城市和州也出台了类似规定。

用当今管制主义者的话来说：《红旗法案》减少了马路冲突，保障了马车行业利益，对汽车业也没有一棒子打死；这项法律对新兴的蒸汽汽车行业提出了“规范化、标准化”要求，也是为了保障行业健康发展；政府允许蒸汽汽车上路，而不是一禁了之，已经够宽容了。

此后，英国汽车行业的发展陷入停滞，始作俑者就是《红旗法案》。在汽车行业起步阶段，《红旗法案》带来的第一个负面效果是，汽车的优势无法释放出来。汽车不能跑得太快，甚至比马车跑得还慢，为什么需要这个慢腾腾的东西呢？蒸汽汽车只是工业极客的玩具，它的商业价值被抑制了。

发明家不再深入研究汽车，不再思考如何提高性能和加快速度。他们认为，提高车速没意义，英国街道遍布马车，官员还在解决马粪问题。很多人认为，马车就很不错，谁需要又脏又慢的汽车呢？工业革命的重要成果是能源和动力的进步，英国人在汽车工业无所作为，直接导致他们错过了内燃机革命。

德国人发明并推广内燃机是从改进汽车开始的。他们接过第二次工业革命的接力棒。德国人卡尔·本茨（Karl Benz）制造出现代意义上的第一辆汽车——内燃机汽车。法国人和美国人在早期汽车产业上都领先于英国人。

在内燃汽车发明10年后，英国人还在执行《红旗法案》。1896

年，英国一位车主因超速行驶被罚款（限速 2 英里 / 时）。罚款虽然只有象征性的 1 先令，但还是激起了民众的不满。群情激愤下，过时的法案很快被废除，车迷们撕碎一面具有象征意义的红旗，举行了一场赛车比赛，想开多快就开多快——这项比赛也是如今英国一项古董车赛车比赛的起源。

英国人一直未能跻身汽车制造大国行列，有多方面原因，《红旗法案》造成的汽车工业起跑落后，是最让人印象深刻和不可思议的。在 19 世纪的英国，市场自由程度远逊今天，当时，政府为解决新事物诞生带来的麻烦出台法案，看起来不算过分。谁能想到，一项法案的出台，竟带来那么糟糕的恶果。由此可见，鼓吹政府严格监管的人，能否谨慎再谨慎？

新事物产生后，最优良的法律制度是保护产权，对创新带来的利益冲突保持宽容。对于市场能自发调节的，政府应尽量放开，只做一些基础的司法救济工作。糟糕一点的法律，是政府部门制定行业规则，划定条条框框。最坏的做法，是政府部门自以为是，对行业细节进行技术指导。

创新不能预判，不仅官员看不到未来，企业家也在摸索。创新是一连串的改善。阻断其中任何一环，我们都可能失去一个遥远的美好未来。幸好《红旗法案》只能管住英伦一隅，欧洲其他国家和美国汽车工业的发展并未受影响，否则汽车工业就没有现在这样繁荣了。

特朗普的“马桶新政”

抽水马桶在诞生100多年后，被赞美得太少，却受诋毁甚多。

特朗普在施政期间，频出怪招，外人看起来莫名其妙，而他本人却深思熟虑。典型的政策，如修建“墨西哥墙”和退出《巴黎协定》（The Paris Agreement），看似冒天下之大不韪，其实经过精心考虑，事后也得到相当多美国人的支持。相比起来，特朗普的“马桶新政”则少有人关注。这项政策虽不算宏大，却关系到美国千家万户。整个过程妙趣横生，值得深思。

2019 年 12 月，特朗普召集小企业主代表在白宫召开座谈会。会上，特朗普突然聊到一个话题，说现在美国人冲厕所的次数，有 10—15 次，而不是 1 次。因为水龙头流出的水太慢，洗手要等更长时间。特朗普现场表演：当你打开水龙头时，没有任何水……洗澡的水流是滴出来的，真是滴出来的，非常安静地滴出来……我们可以想象一下特朗普惯常的夸张语气。

网友在推特留下一堆“有味道”的评论：“白宫厕所是不是经常堵？”“他是不是把尿布也冲进去了？”（暗示总统是巨婴。）媒体报道此事时表示，不知道总统想说些什么。他们都在揣着明白装糊涂。虽然特朗普的表演很夸张，指向性却很明确：美国的用水管制，让普通家庭深受困扰，对此不能再无动于衷了。

过去多年，美国政府打着节能环保的名义，限制家庭用水量。抽水马桶的单次冲水量不能太多，淋浴花洒的尺寸不能过大，水龙头水压要限制在一定范围内。在一些州，给室外草坪浇水的软管被禁用——据说因为自由拖动的软管给浇水人更多舒适感，这样将耗费更多水资源。

美国民众对禁令感受不深，很重要的原因是：禁令不是直接向民众下达的，而是面向企业。美国政府制定一系列行业标准，美国本土的厂商要遵守，连从中国进口而来的马桶，也要符合美国的节能标准。很多美国人觉得产品不方便，最多只是抱怨，却不会想到原因是什么。

特朗普不知是因为生活经验，还是因为自己做了调研。他说，因为美国很多的水龙头出水缓慢，所以一些家庭习惯性开着水龙头，这反而造成浪费。低冲水马桶普及后，下水管道更容易堵住，卫生间常弥散着奇怪的味道。

2013 年，共和党人兰德尔·保罗（Randal Paul）在一次听证会上，也谴责美国的马桶水流量管制。他抨击奥巴马（Obama）政府推行家用器具的标准化：你们怎么就那么好管闲事，非教我们怎么活才活得好。兰德尔·保罗有理由愤怒，因为在奥巴马执政期间，美国能源部出台了 40 多个家用及商用产品的能效标准，具体到照明灯不应超过多少瓦，以及空调、冰箱不能超过多少能耗。

在马桶流量管制这个问题上，兰德尔·保罗还真错怪了奥巴马。始作俑者其实是共和党人。1992 年，老布什总统签署《能源政策法》，首次规定：住宅抽水马桶单次冲水量不得超过 1.6 加仑（约 6 升）。当时这项规定看起来合理，可一旦紧箍戴上，就越念越紧，头疼的日子开始了。

在随后的日子里，被环保主义者控制的美国环保署，不断发布敌视抽水马桶的报告。最著名的说法是："抽水马桶用水量占美国人生活用水量的 1/3。"节能标准不断提升，到奥巴马时代，抽水马桶的一次冲水量已变成 4.8 升。

抽水马桶是人类历史上最伟大的发明之一。有了抽水马桶和地下管道，城市变得整洁卫生，流行疾病发生概率降低。污水横流的时代过去，城市生活的品质第一次甩开乡村，成为令人向往的地方。抽水马桶在诞生 100 多年后，被赞美得太少，却受诋毁甚多。无论美国共和党还是民主党，都把它视为"家庭耗能大户"。一直到特朗普时代，这样的情势才见扭转。

本次"吐槽大会"之后，特朗普宣布，政府将放宽洁具的节水标准，包括马桶、淋浴和厨房洗涤设施等。这是他做的一件好事。现代社会中，通胀、税收和一般性管制最多带来资源错配、成本增加，而环保主义则敌视经济发展本身。在特朗普"给美国松绑"的措施中，很多人只知减税，而他对环保主义的痛击则很少有人知道。

特朗普上台后的第一份预算方案，是削减对美国科学与环境机构的资助，这些机构常年制造环境恐慌观念，以此获取资助。特朗普宣布退出《巴黎协定》，废除奥巴马的"气候行动计划"和"清洁能源计划”，是因为这些都旨在限制化石燃料的使用。

美国在本土恢复了石油的大规模开采。2018 年，美国原油产量一举超过俄罗斯和沙特，重回世界第一。所谓的能源危机，自动化解。2016 年，美国解除实行了 40 多年的“石油出口禁令”，大量满载美国原油的轮船开往中国、印度甚至非洲国家。对世界来说，这是一件好事。

特朗普还批评节能灯泡。他说这种节能灯泡强度不够，以致他的脸色看起来都是“橘黄”的。奥巴马政府对电灯设置的能效标准，也被取消。特朗普对很多环保项目“定向爆破”，看似怪诞奇葩，但其内在驱动力，正是美国保守主义者对激进环保政策的纠正。

亚马逊销毁了滞销品

亚马逊每年销毁无数的滞销商品，阻止了更多的浪费和滞销。

亚马逊是全球最大的电商平台，其在世界各地的仓储中心，每年都会销毁数百万件商品，从图书、尿布、服装、玩具到iPad（苹果平板电脑）、耳机等电子产品。这些显然还能用的商品，被打上“Destroy”（销毁）的标签，扔到垃圾箱，运往垃圾处理中心，再被填埋。一般人见此情景，都会心疼不已。

看起来这是一个“资本家倒牛奶”式的故事：资本家为谋求利润，挥霍商品，不顾世界上还有穷人。更有人指出：看！这就是资本主义的生产过剩，罪过啊。纪录片导演费尽心思暗访亚马逊的销毁仓库，拍摄触目惊心的画面，控诉这家电商巨头暴殄天物。

2019 年，法国政府颁布一项法令：禁止商家销毁滞销或退回的非食品类商品。商家应当回收利用，而不是付诸销毁，否则将处以高额罚款。可想而知，这样的法令获得了广泛欢迎。

抛开道德指控，很多问题值得追问。生产商品并不容易，销毁也需要成本，商家常年毁灭商品是出于何种考虑呢？

进一步观察，我们会发现一些有趣的点。销毁商品通常发生在潮流商品和廉价日用品上。潮流商品往往昂贵，甚至不乏奢侈品。潮流商品每年出新款，当新款无法成为经典时，过气奢侈品的归宿往往就是填埋场。日用品就更好理解了，像衣服、卫生用品、化妆品和廉价的电子产品，也会被定期销毁。这两种完全不搭边的商品，何以有相同的命运呢？很显然，这背后是深思熟虑的商业运作。

先说销毁潮流商品。和珠宝、名包这类奢侈品不同，潮流商品依靠制造稀缺和引领时尚来塑造品牌。博柏利（Burberry）是这类公司的典型，每年推出新款，一经售罄，想追潮流就得等到第二年——“快时尚”就是要追，过时不候。依靠这种策略，公司获得高额利润，不断投入资源，设计新品。从珠宝首饰、时装名鞋到高端电子产品，潮流商品塑造“引领时尚”的形象，拉动行业发展。

按理想情形来看，潮流商品不会有滞销品。可商业世界的创新意味着风险，商家判断失误、造成滞销，是常有的事情。这时，商家该怎么办呢？常见做法是：回收滞销商品，就地销毁。因为一旦商品滞销，市面打折出售，势必影响品牌价值。

在高端潮流商品领域，销毁滞销商品是维护稀缺性、保护品牌的一种手段。干预商家经营，会破坏其盈利体系，打击行业创新动力。总体上，这类商品销毁的规模很小，它们定价虽高，但大多是品牌溢价，真实成本不高，将其销毁的损失并没有很多人想的那么大。

再说销毁日用品，这也是亚马逊最受诟病之处。因为普通日用品穷人都能用，亚马逊不能将它们分给穷人吗？无数人怀着朴素的情感谴责亚马逊。

其实，亚马逊只是电商平台，只提供线下仓储服务，并不拥有这些商品。商品是商家的，商家向亚马逊缴纳仓储租金，一旦长期滞销，仓储成本就变得不可承受。商家委托亚马逊把滞销品集中处理。销毁正是他们认为划算的方法。

降价甩卖，确实是一个好办法，可惜并不总是奏效：有些东西即使低于成本价甩卖，还是卖不出去；不断拖延滞销，卖的钱甚至抵不上仓储服务费，还不如快速销毁。降价甩卖在欧洲通常是行不通的，原因我放在后面再讲。

有些人说，为何不将滞销商品退货，运回厂家？考虑到成本和效率，虽然日用品价格不贵，运费却很高。在亚马逊欧洲市场，一件商品要退回其亚洲厂商，每件需要付 100 多元退货费，而销毁成本只需 1 元。退货回厂，是对运力资源的低效使用。

另一种办法是做慈善。既然滞销商品不能卖，也不方便退，不如捐出去，何必销毁？这种观点是很多善良人士的普遍看法。但是，成本的问题仍然存在。打包成本和运输成本都不低，还需大量人力、物力支持。将大量资源耗费在低价值领域上，也是一种浪费。

综合各种方案考虑，销毁滞销商品，就是一个可以理解的选项。很多人厌恶亚马逊，认为亚马逊为了追求利润，极力压缩仓储成本，对滞销商品收取高额租金，迫使商家销毁商品，制造商品垃圾，造成了极大浪费，简直是在犯罪。

这些都是极大的误解。在没有电商的时代，商家生产和销售产品，预判市场的主要依据是历史销量和网点数据。对于产品来说，去年销量好，今年多生产，明年有可能滞销。这个过程很不精确，很大程度要靠预测。不要说渠道销量和压库存，就是商家自家仓库该有多少存货，他们也是半算半猜的。

传统商业的生产浪费、产品滞销现象，其实相当普遍。只不过，这种情形分散在世界各个角落，人们早就习惯了，将其视为商业的正常现象。亚马逊承接了大量商家仓储功能，用大数据追求“零仓储”。哪一种商品滞销，亚马逊就通知商家停止生产，采用的方式也很直接——涨仓储租金，迫使商家收缩生产。已在仓库且卖不出去的商品，只好处理掉。

依靠每年销毁大量滞销商品，亚马逊阻止了更多的浪费和滞销。作为电商平台，亚马逊极力控制仓储成本，极大地帮助了各行业减少生产浪费。亚马逊不是作恶，而是在行善。提高生产效率，才是最大的环保。

前面说道，企业在欧洲搞滞销商品大甩卖往往行不通，原因是政府的价格管制。商家被禁止以低于成本的价格销售商品（所谓掠夺性定价），那样被视为不正当竞争。

欧洲监管者对“不正常低价”格外警惕。廉价的外国商品输入，当地同业竞争者斥之为倾销；本地商家搞价格战，以极低的价格抢夺市场，也会被视为掠夺性定价。市场监管法规过于成熟，代价是商家的创新精神受到抑制。

亚马逊网站的廉价商品，大多来自亚洲，价格低到离谱。当地商家抗议，政府监管驱逐。亚马逊虽然带来极其廉价的商品，却常被反复指控掠夺性定价，因此宁愿销毁滞销商品，也不敢卖。这就不难理解，为何大量销毁日用品的现象也发生在法国。

价格低到匪夷所思，穷尽一切抢占市场，不惜给消费者补贴——中国的淘宝和拼多多模式，在欧洲监管者眼中都是居心叵测。和中国电商的野性相比，欧洲电商就很“乖”。商品如果滞销，那么退也不好退，卖也不敢卖，商家只好通过毁灭财富的方式草草解决。

作茧自缚的竞争陷阱

在环保主义大旗下，企业和监管部门都擅长表演。

企业并不总是欢迎自由竞争，经常一有机会就利用权力打击竞争对手。大企业指责闯入者扰乱市场秩序，小公司指控巨无霸垄断；工会要求提高最低工资，指责企业不顾低收入者死活；食品巨头推动严格的安全标准，恨不能将街边摊一扫而空。

企业积极引入政府管制，事态发展超出其控制，作茧者最终自缚，这样的事情在企业竞争史上并不鲜见。2015 年著名的大众汽车尾气检测作弊事件，就是一个生动的案例。

我先做一下简单的汽车技术科普。我们知道，汽车发动机在燃烧油料时，需要吸入空气助燃。围绕这个原理，汽车行业出现两派技术分歧：自然吸气发动机和涡轮增压发动机。自然吸气发动机是传统发动机的模式，利用油缸的真空效应，将空气自然吸入燃烧室。其优点是，做工方式简单，输出能量平稳，而且噪声较小，发动机易于保养。

自然吸气发动机的缺点，一般说法是燃烧效率低，动力不足，排放废气不够环保。这样的说法被其支持者驳斥。他们认为：自然吸气发动机提供的动力完全够用，而且更舒适；随着技术成熟，发动机内的燃烧效率已经非常高，所谓的“不够环保”只是因为标准太高了。

涡轮增压发动机的原理也不复杂，它在自然吸气发动机的基础上，增加了涡轮和叶轮，利用废气排放带动的惯性力，给输入的空气增压——相当于在人体之外安装呼吸机。油缸内的气压增大，燃料消耗充分，发动机动力更足。

涡轮增压发动机还有一项优点：排放的废气更干净。为了使这个优点更明显，使用涡轮增压发动机的汽车厂商，会在废气排放口安装尿素喷洒液，进一步去除有害气体。由于新增机械设备，涡轮增压发动机更易损坏，而且尿素喷液要定时添加。

喜欢自然吸气发动机的消费者，不太在意动力和环保问题；而喜欢涡轮增压发动机的消费者，可能喜欢它的强劲马力和环保追求。这原本只是汽车发展的技术分歧，消费者各有偏好，无可厚非。问题在于，大众汽车打着环保主义旗号，参与制定汽车行业的环保新标准，推广涡轮增压发动机，从而获得了优势。因此，欧盟的汽车排放和耗油标准越来越高，很多欧洲传统车厂跟不上，只能采用涡轮增压发动机。在这个领域，它们完全不是大众汽车的对手。

兰博基尼的总裁史蒂芬·温科尔曼（Stephan Winkelmann）就认为，“涡轮增压完全没必要，它是给那些无法达成环保预定目标者准备的方案”，而大众汽车恰恰喜欢这样的方案。多年来，大众汽车一直宣传自家汽车采用更先进、更环保的发动技术。

随着欧盟汽车环保标准不断提高，大众汽车发现，自己也力不从心，不得不采用作弊的方式蒙混过关。作弊的直接原因是，大众汽车发现，尿素喷液消耗过大，需要频繁更换，从而需要花更多钱。环保技术增加了成本，引起消费者不满，大众汽车想要解决这个问题。

作弊过程是这样的：大众汽车花费数千万美元，采购一套软件，连带着传感装置。这套系统可以自动识别汽车处于检测环境，并向发动机发送指令，开启尾气净化。当汽车正常行驶时，尾气净化系统关闭——整个过程神不知鬼不觉。车主也不知道发生了什么，只是感受到，尿素喷洒液的消耗没有那么快，可以节约一笔钱了。

至少自2007年起，大众汽车就通过这一系列操作，迎合环保主义，提高行业门槛，同时偷偷降低成本，讨好消费者，以此扩大汽车销量。大众汽车在销售高峰时期，几乎占到欧洲汽车市场的半壁江山。一直到2015年，这一伎俩才被美国环保署发现。这个一直以来高举环保主义旗帜的公司，其汽车排放的废气有害气体含量，超过了欧盟标准的40倍。

这样一个看似并不高明的骗术，为何能持续那么多年呢？这是令很多人疑惑的点。

事实上，汽车企业在接受环保测试时要诈、糊弄，不是什么新鲜事。早在1998年，福特公司就被曝出在货车上安装类似装置。2014年，韩国起亚和现代汽车也因操纵测试数据，被罚款1亿美元。这些只是曝光出来的作弊现象，真实情况如何，恐怕只有行业中的人才能说得清楚。

大众汽车的“检测系统”不是自己做的，而是从一家供应商博世公司采购的。这家公司的同类软件客户还包括通用和宝马。业内对此心知肚明，检测机构大概也知道怎么回事。只要事情不闹大，他们都虚与委蛇，罚点钱了事。

直到美国人发现秘密，这件事才变成大新闻。美国环保署严厉谴责欧洲同行，称其根本不把环保要求当回事，这是在包庇本土汽车产业。美国官僚机构真的关心欧洲空气质量吗？更大的可能性是，他们想借此打击欧洲汽车的声誉，为美国汽车行业撑大旗。欧洲官僚机构没办法，只能表态，要重罚大众等一干汽车企业。

在环保主义大旗下，企业和监管部门都擅长表演。大众汽车尾气检测作弊事件的结果是，该公司在全球多个国家被罚数十亿美元，同时召回数十万辆汽车，总计损失超过百亿美元。大众汽车咎由自取，不值得同情。可悲的是，这件事没有让汽车行业反思。汽车行业不敢质疑欧盟的汽车业环保标准，而是顺着既定轨迹，越滑越远，争相比赛谁更环保。

每隔几年都会有车企“疑似作弊”的新闻出现，罚一点钱，不了了之。“管制”就像一个撒满饵料的捕鸟器，所有企业都往里钻，就等环保部门一拉绳子，看哪个倒霉蛋被扣在里面。

建筑业绑架日本经济

日本正在失去活力，官僚体系是罪魁祸首。

日本拥有繁华的都市群，同时保持着良好的自然环境。原始的森林，宁静的湖泊，湍急的溪流，这些都是日本给外界留下的印象。不过真相可能让很多人失望，日本对自然的改造相当深刻。日本有109条河流，绝大部分经过人工改造，或用混凝土封闭河床，加工河岸，或者修筑堤坝，表面湍急的河流实际已被驯服。日本一半海岸被混凝土覆盖，使其免受海水侵蚀。看似精致的自然环境，都是人工干预的结果，真正粗朴原始的自然环境少之又少。

这篇文章主要谈日本社会的一个问题：建筑过度。这是一位美国学者阿列克斯·科尔（Alex Kerr）提出来的。科尔是美国人，从幼年起就随家人在日本居住，后来在耶鲁大学和牛津大学学习中国文化。科尔最感兴趣的国家是日本，他凭借自己的观察和思考，试图从一个独特角度揭示日本社会的弊病。日本经济经过40年高速发展，到20世纪90年代突然衰落下来。这是国际经济领域的热门话题，科尔本人非常感兴趣。

“画孰最难，犬马最难，鬼魅最易”，这是《韩非子》中的一句话。意思是说，画画这件事情，画具体的犬马困难，画虚无的鬼魅反而容易，因为画者可以随意发挥。2002年，科尔写了一本书谈日本经济，用的就是《犬与鬼》这个标题。

科尔认为，日本在追求现代化的过程中，陷入了某种困境。繁荣偏离了真实含义，幻觉主导了进程。主要的幻觉是，日本认为基础设施越多越好，基础设施建设没有止境。这个角度此前没人谈过，不过我们从书中所描述的情况来看，科尔批判的也许是真相。

科尔认为，日本的工程建设太多，很多根本没有必要。大量河流被U形混凝土化、堤坝化，名义是防止自然灾害，实际上山区没有多少人；修建良好的道路像蛛网一般，蜿蜒进入深山密林，那里却荒无人烟。大型水坝蓄满用不着的水，一些大桥连接着人迹罕至的岛屿。日本修建了太多铁路码头和高速公路，相对它的经济能力，日本的基础设施是超前和过剩的，很多甚至是无用的。

日本基础设施发达，给人的直观感受是：无论足迹到哪里，都很安全便利。可是很少有人追问：基础设施如此发达，真有这个必要吗？日本投入大量资金用于基础设施建设，何时能收回成本？

事实上，日本大量的基础设施建设，根本没有考虑收益问题，买单者是日本政府。

自20世纪50年代起，日本政府启动大规模基础设施建设。工程建设和其他经济建设一样，也有边际收益递减的规律。一旦建设饱和，收益就会递减，甚至根本没有收益。日本基础设施建设几十年，开支越来越大，却没有停下的迹象。日本总有修不完的路，也总有架不完的桥，很多需求是人为创造出来的。

20世纪90年代初，日本基础设施投资额占GDP总值的18.2%，同期英国为12.4%，美国为8.5%。2001年，日本的这个数字仍达到13%，在发达国家里很少见。日本在建筑领域的投资，超过当时美国的军事耗资。在日本政府每年的财政预算中，与公共事业相关的预算高达40%，总额是美国的近10倍。要知道，日本的国土面积不到美国的5%。

日本政府大规模投入，是日本建筑行业辉煌的根本原因。日本政府为什么要这么做呢？科尔认为有以下几方面的原因。

第一，迎合国民心理。日本是多灾害的国家，频繁的自然灾害对国民心理影响很大。20世纪中期，日本社会受环保主义思想的影响较少，"与自然作斗争"的传统观念大有市场。政客们抓住这个心理，在基础建设上投入巨额资金，意在打造"日式富足"的生活方式。

第二，由于长期承接政府工程，大型建筑私企和政府部门关系密切，建筑利益集团出现。大型工程多被大成、鹿岛等几个建筑商承包，它们建立起行业壁垒，排斥中小公司进入。建筑领域看似自由竞争，实则被财阀垄断。

日本政坛一向以廉洁著称，建筑却是腐败高发区，时不时爆出营私舞弊和贿赂事件。建筑工人、退休工人及其家属组成团体，作为建筑公司的后援。政府人员退休后，往往会加入这些团体，成为建筑公司的幕僚后盾。这就是在日本影响力很大的"特殊法人"，这些团体不仅受大公司供养，还能从政府那里拿到补贴，他们是日本建筑业扩张的一大推手。

建筑工程是日本最大的行业之一。据统计，1998 年日本建筑业的就业人口达 690 万人，占日本劳动力总数的 10.1%，相当于欧盟和美国人口的两倍。如果将公共工程派生的相关就业人口算进去，专家估计，这个数字估计还会增加一倍。有庞大的就业人口作为选民，那些好大喜功且热衷于大兴土木的政客就容易出头。

20 世纪 90 年代以后，日本经济萎靡不振，这也刺激了建筑业的发展。通过基础建设来“创造就业”“刺激需求”，是主流经济学界流行的思想。日本农林水产省、建设省（后并入国土交通省）都是执掌公共预算的大户，也在不遗余力地创造需求，好让本部门扩充权力。这实际是凯恩斯经济学在日本的应用。人为创造需求就像吸毒，只有加大剂量才能让各界满意，一旦戒断，将面临短期大量失业和经济萧条，这是政客所不愿看见的。

科尔认为，日本建筑行业的繁荣，实际已经脱离了经济需求。没有利润考核，需求形同鬼魅，变得膨胀而虚假。日本人当然可以追求更安全的国土环境，可成本是多少，谁将为此买单？这些都需要追问。然而，在政府资助的行业，考核指标失效，一切凭主观猜想和选民人数决定。

过度建设是有后果的。高企的民间储蓄经政府之手，输送到无效率的工程建设。建筑业高薪、稳定，吸引大量就业，而服务业和互联网行业的就业人口会减少。科尔写《犬与鬼》的时间是 2002 年，如果他看到如今日本互联网落后于邻国，我想他一定会将其归结于建筑业吸收了太多聪明的大脑。日本经济被建筑业绑架了，这个国家变得死板沉闷，缺乏活力。

这就是《犬与鬼》这本书谈的重点问题。科尔认为，这只是日本社会官僚体制化的一个表现。表面上看，日本是高度发达的资本主义国家，实际上官僚体制无处不在。日本的自然环境失去淳朴气息，变得矫揉造作，这只是国家官僚化的一个表现。

作为美国人，科尔对日本社会的了解有多深入？这确实值得怀疑。《犬与鬼》也被很多人批评为危言耸听、夸大其词。这本书重版几次，在日本也有争议。不过，科尔具有很多日本学者没有的品质，就是对官僚系统表示怀疑。科尔认为，日本正在失去活力，官僚体系是罪魁祸首。日本人应当反思官僚体制对国家的控制和吸取。这样的论断，显然比《菊与刀》这种剖析国民性的作品更具有警世意义。

最近几年，中国建筑公司的工程能力十分强大，甚至有“基建狂魔”之称。中国有强大的建设能力，这自然是好事。中国经济在发展过程中，对基础设施需求很大，无论是铺路架桥、发展高铁高速，还是建设码头、港口，似乎效益都不错。很多人因此产生幻觉，以为基础设施建设不应只算经济利益，还要考虑社会效益，永远划算。至于社会效益如何衡量，就是犬马难画的一本账。

浮夸大言容易，仔细算账最难。中国经济发展的形势在变，人口结构也在变，同样需要警惕利益集团绑架国家经济，也要戒除官僚和民众的浮夸心态。多虚心算账，总是有好处的。

充满争议的专利制度

专利权究竟是天然的财产权，还是政府创设的特权。

“专利”这个词，听起来专业、高级，熟悉的人却知道，这一行有很多啼笑皆非的事情，其中不乏一些相当有名的案子。

2012年8月，苹果公司在离总部不远的圣何塞法院赢得一场引人瞩目的专利官司。法院判决，三星侵犯了苹果公司相关产品的专利，赔偿10.5亿美元，相关产品也被禁售。三星侵犯了苹果哪些专利？细细盘点，不过细枝末节，比如双击放大文档功能、装饰性外观设计、App（应用程序）圆角图标。三星的支持者质疑：苹果连“矩形外观”都申请专利，将来手机要做成圆形？

这不是开玩笑。2010年，苹果和摩托罗拉为手机“滑动解锁”的专利打官司。“将带有圆边的白色长方形触摸拖至右边，它会平行滑动，将手机解锁”，对于这个“技术”，苹果、摩托罗拉、HTC、三星等巨头都在用。有网友称，古代中国人发明了门闩，“滑动解锁”根本不算独创。

不管是否存在争议，在现今专利制度下，拥有专利局颁发的牌照相当于手执利器，可以令对手背上“抄袭”恶名，令其产品下架，逼迫其采用高成本的“变通”方案。发动这些诉讼，绝大多数是为了打击竞争对手——至于侵权的真实损失有多大，谁知道呢？

公司专利在专利领域所占比重越来越大，专利申请越来越成为一种“圈地”——只需很小的创新和很少的注册费，就能获得很大的收益空间。很多技术公司为了自保和排挤对手，自一件产品诞生起就向专利局申请一大堆专利。据统计，一部智能手机包含的专利超过 2 万项。这些专利有多少价值，企业也不好估算。

更有些公司以此为武器，申请和收购专利狙击大公司，以获得暴利。也有一些公司纯粹是在撞运气。一个小小的技术成为某人的专利，大公司绕不过去，只能花大钱买下来。这种情况在知识产权的另一个领域——商标——早已泛滥成灾。

只要在网上搜索一下，我们就能找到一大堆“商标狂人”，他们不参与生产和交换，只要向商标注册机关递交简单的材料，交一点费用，就能抢注一大堆商标。凭借法律规定，他们就可以通过威胁和诉讼大发横财。商标贩子成了很多公司的噩梦。通过法律授权垄断就能获得发财机会，这样的例子在专利领域比比皆是。

回到“滑动解锁”这个简单的“门闩”专利。正当几大手机公司打得难分难解时，斜刺里突然杀出一家瑞典小公司 Neonode Inc.。这是一家名不见经传的触摸屏生产商，它声称自己做过手机，并对一款手机的“滑动解锁”拥有专利。

如果这家小公司的要求得到支持，那么这些大公司该付出多少专利费呢？这是一个巨大的数字。只要狙击成功，这家小公司就够吃一辈子的了，它显然也意识到了这一点。最近几年，这家小公司的主要业务，就是在全世界找各种大公司打官司。在智能手机领域，类似这样的“专利狙击”非常多。

原本用来鼓励创新和推动进步的专利制度，已经用来打击、阻止、下套、诋毁竞争对手。从专利制度获得的创新鼓励，和因为技术垄断而造成的浪费（包括无穷无尽的诉讼费用）相比，哪个花费更大一些，恐怕需要重新考量。专利是否被滥用和专利是否正当，都已经引起广泛讨论。

美国一些企业就在反思专利弊病。谷歌就建议，美国应该革新专利制度，提高专利门槛，清理低质量、专门被用来诉讼勒索的专利。推特也表示，它的专利只用来自保，决不用于“战争”。埃隆·马斯克（Elon Musk）更是激烈地指出，专利保护了弱者，阻碍了创新。真正的创新来源于开放，而不是专利保护。基于这样的理念，马斯克对外界开放了特斯拉所有的专利。

想要彻底推翻专利制度并非易事。美国宪法在制定之初，就将专利条款写入，这也成为美国专利制度的基石。专利制度尽管在200多年的历史里不乏争议，但在美国法律根基里还是非常稳固的。下面我介绍一些质疑专利的声音，方便读者了解为何专利制度会陷入尴尬的境地。

一般认为，财产权起源于人类生活的自发秩序，即使没有政府，财产权也以自然法而被承认。专利却被法律规定为财产权，它的起源十分短暂。人类文明数千年发明创造的事物无穷，而“独占垄断”是从近代才开始的。

专利制度起源于封建君主的“特许”，授权某些技艺工人垄断特权，鼓励他们发明创造。无论是第一部专利法《威尼斯专利法》，还是英国的《垄断法》，其产生背景都是相似的。尽管专利制度在全世界传播，但专利观念的核心——“通过授权垄断，以激励发明创造”，实际上发源并不算早。专利权究竟是天然财产权，还是政府创设的“特权”，值得商榷。

反对专利权的另一个理由是，人类任何创新都是建立在模仿之上的。任何模仿都不可能毫无二致地照抄照搬，任何创新都是对现有技术的模仿，两者的界限十分模糊。专利制度的条条框框，根本无法适应技术的发展，反而给了官僚和“专利流氓”敲诈盘剥的机会，阻碍了创新。

对专利制度提出有力质疑的学者是默里·罗斯巴德（Murray Rothbard），他在一系列著作里发表了富有启发性的看法。

罗斯巴德认为，人类产权形成的原因是稀缺，甲拥有一件物品则乙不能同时拥有，否则产生冲突，产权概念是在“定分止争”，解决稀缺性的问题，然而信息、知识等并不存在这样的问题。一个人制造知识传播出去，就进入每个人都能分享的领域。

其他人的使用分享，对发明创造人而言，并不构成侵害。知识发明者往往甘之如饴，希望有很多人分享自己的发明。如果阻止这一过程，反而对他人构成侵犯。在人类的历史上，知识从来无法作为一项权利得到维护——除非它是特权。

罗斯巴德对专利制度乃至整个知识产权体系，都提出了学理上的挑战，其发声非常孤独，几乎找不到强烈的回音。人们要想在观念上彻底颠覆专利制度，无异于和200多年来的观念为敌。

当代最富有创新力的市场的表现往往是：一项新产品的发明，

带动市场上的跟风浪潮，专利文书变成一纸空文，抄袭和创新混杂在一起，推动技术进步。这种现象在电视、相机、电脑、手机等领域非常普遍。技术爆炸究竟是专利制度的结果还是知识共享的结果，专利是鼓励创新还是阻碍创新，确实值得重新审视。

第二章

货币规则如何影响现代生活

日本经济的货币病

日本的经济问题，出在至关重要却不引人注意的货币政策上。

日本是老牌的资本主义发达国家。人们到日本旅游的时候，即使不喜欢这个国家，也必须承认这样的事实：日本是一个社会富足、环境整洁的国家。

当然，这只是表象，日本并非人间天堂。日本繁荣背后隐藏着深刻的危机，这一点可以从其经济发展的速度看出来。20多年来，日本的经济发展几乎停滞不前。

一个创造过经济奇迹的国家，在科技迅猛发展的最近二三十年，经济发展居然停滞了，至今仍然没有什么起色。这实在令人匪夷所思。

当然，日本科技发达、工业强大，可日本经济不复30年前之霸气，也是人所共知。曾以电子工业横行世界的日本人，没生产过一款有影响力的手机。在最需要创新精神的互联网和人工智能领域，日本也落后了。日本发达的工业是上一代强盛的留存，当代科技产业乏善可陈，这可不是好兆头。

日本经济为何会失去锐气呢？经济学家的解释是，过去 20 多年，日本一直在实行错误的经济学政策。这个说法可能让很多人吃惊。20 多年来，日本一直奉行市场经济政策，没有闭锁国门，没有国有化倒退，说日本经济政策出问题，从何谈起呢？首要问题，出在至关重要却不引人注意的货币政策上。日本一直是货币宽松政策的忠实执行者。

在落后国家，滥发钞票很容易引起崩溃式的恶性通胀；在发达国家，印钞同样不生产财富，只会让资源错配，从而产生内部危机。只要经济稍不景气，政府就实施宽松货币政策，企图刺激增长，这差不多成了近 30 年来日本的经济国策。

2001 年，日本时任首相小泉纯一郎开启自由化经济改革，他不惜以政治生命为赌注，也要推进邮政民营化改革。在货币领域，小泉却是不折不扣的通胀派。他多次要求日本央行放开货币闸口。“抗通缩”的货币政策，实际就是要求通胀，它使得小泉的改革后继乏力。除了做出一些私营化改革，小泉并没有给疲软的日本经济带来太多活力。

安倍晋三执政的 10 年中，通胀政策得到强化，形成所谓的“安倍经济学”。黑田东彦长期担任日本央行的行长，他也是坚定的通胀派。安倍之后，这一政策得到贯彻。通胀的特点，就是让经济短期之内起色，把真正的问题往后拖。此前一直没有解决的问题，越往后拖越大。

也许有人会质疑：近 20 年来，日本社会的物价上涨并不明显，谈得上通胀吗?

首先要明确，通胀不是以物价上涨来定义的。通胀的首要指标是货币供应量，这一点可以从日本央行的货币供应表看出来。如果货币供应量几乎每年都在上升，并且规模越来越大，这就是典型的通胀。

日本经济的货币池已经很庞大，要发生物价暴涨的大通胀，其实不太容易。但这不妨碍日本政府长年累月不断地“注水”。日本国民非常勤奋，工业生产力也很强大，还有大量海外资产，这些都极大地抵消了物价的上涨趋势。但通胀恶果并没有因此减少，只是以更隐蔽的方式呈现。

日本曾是民间储蓄率最高的国家，财富节余支撑着民众进一步投资，然而今非昔比，现在日本的民间储蓄率已经非常低，且大部分储蓄集中在老人手里，中年人并没有多少剩余财富。日本政府的负债率世界第一，这也使得减税变得非常困难。

表面看来，日本的国有企业很少，可如果大型私营企业“大到不能倒”，就不可避免沾上“国企病”，变得效率低下。自 20 世纪 90 年代以来，通过几次股市救市行动，政府养老基金不断进入股市，逐渐成为很多私营企业的大股东。“救市救成大股东”，这种事情在日本很常见。2016 年，日本股市主板 1/4 的上市企业的最大股东是公共养老基金。随着日本央行下场救市，2020 年，日本央行首次成为日本股市的最大持股者。

日本大企业的年功序列制盛行，老人占据高位，新人难以进阶，公司用人成本很高，这和大企业的僵化管理有很大关系。大企业之所以能够大而不倒，通胀是重要原因。通过救市渠道进入日本大企业的资金流，实际就是日元通胀的流入渠道。通胀的受益者是大企业，它们有资金方面的优势，即使不需要勤奋和创新，也能形成市场壁垒，从而减少小企业的机会。

大企业失去活力，工资增长乏力，小企业又没什么机会，日本人必须以极端的勤奋来维持生活水平。物价上涨不甚明显，这又引发政府的通缩恐惧。政府持续、温和、有节奏地推动量化宽松政策，往市场灌注货币。这是一个讽刺性的悲剧。也许只有一次海啸式的物价暴涨，才能引起日本政府反思。

老龄化严重，出生率极低，总人口持续萎缩，这是如今日本社会的最大问题，有识之士无法回避。但很少有人将这一局面和通胀联系在一起。日本政府包办国民养老，将养老基金作为通胀端口，这形成了老年人对年轻人的剥削。日本经济增长乏力，年轻人疲于奔命，其老年生活又不用发愁，为什么还要生孩子呢？可谁都知道，人口是经济增长最重要的资源，生育是一项重要的资本积累，当一个社会的生育率持续低下时，未来很难看到希望。

通胀并不必然表现出物价上涨。在一些生产力强劲、经济高速发展的地区，通胀催动物价上涨的势头往往会被抵消。增加货币不能创造财富，只会制造灾难，这在落后国家那里很容易看到，可在发达国家那里，它的危害性很难呈现。一些人只看物价指标，还在说“日本通缩”的痴话。安倍经济学早已破产，日本政府的通胀迷梦还没有清醒过来。

通胀如何释放破坏力

通货膨胀的字面意思就是真相：市面上的流通货币增加。

2022 年 7 月的某一天，我在读国际新闻时，看到一则《美国通货膨胀高达 9.1%，创 40 年新高》的新闻，不禁哑然失笑。我们看标题就能猜到大概的内容：美国物价大涨，创下历史新纪录，民众怨声载道……一看果然如此："今年 6 月，美国 CPI（消费者物价指数）同比大涨 9.1%，创下 1981 年以来的最高值。"可明明就是物价上涨，却被称为通货膨胀，这不是很荒唐吗？

"通货膨胀"是一个非常准确的词，同时也被误解得很深。通货膨胀的字面意思就是真相：市面上的流通货币增加。美联储往市场投放了大量货币，就让人们以为财富大规模增加。CPI 只是部分商品价格的参数，完全无法反映通货膨胀的真面目。

这一轮美国通货膨胀，早在 2019 年下半年从美联储宣布开启"量化宽松"就已经开始了。新冠疫情暴发后，情况便失控了。哪里还是量化宽松，简直就是货币洪水。

2020 年 3—10 月，美国狭义货币（M1）供应量同比上涨 40%。2021 年，美国加印 1 万多亿美元。短短两年里，地球上流通的美元数量增长了近一倍。如果这不是通货膨胀，什么才是呢？

根据奥地利学派的经济周期理论，通货膨胀是经济周期生成的根本原因，我们正在目睹和亲历它所产生的后果。

一开始，美联储向市场投放大量美元。这些钱四散流动：有些流向企业，有些流入居民账户，有些则流向金融机构。新冠疫情折磨着经济，大量劳动者歇业，但美国的消费没有丝毫疲软。2020 年，美国零售总额增长 6.9%，增速是往年的一倍。沃尔玛是美国最大的零售商，其电商销售额增加近 80%。亚马逊的销售额大涨 40%，利润增加 80%。

很疯狂吧？好像疫情越严重，经济越繁荣。是疫情促进了经济增长吗？很显然不是。

最早拿到钱的人，首先开启“买买买”的模式。消费只是货币流向的小部分，大部分钱用来购买资产。离钱近的金融机构首先获益，金钱潮水推高了金融行业的业绩。美国股市屡创新高，房地产火热起来，金钱涌动之处，需求推动着上游部门的物价上涨。

在下游需求刺激下，制造业的价格涨起来，大宗商品的价格也跟着涨。企业开足马力，加大生产规模，甚至不惜负债投入生产。整个生产链条都在变“贵”，似乎所有公司业绩都在涨，所有人都在赚钱。

这就是通货膨胀前半段的繁荣现象。真实的经济增长有那么迅猛吗？显然没有。这些只是货币现象，是不可持续的；否则，发展经济不就很简单，拼命印钞票不就行了吗？

美元是世界货币，流通范围极广，周期很长。一般性通货膨胀已经激不起什么浪花。可是这一轮美国投入大量货币，导致食品都在涨价，问题就很严重了。

通货膨胀不是用直升机漫天撒钱，不是每个人捡到的钱都差不多。真实情况是，离钱近的阶层获利最多，离钱远的工薪阶层获利最少。工薪阶层发现，几乎所有的物价都在涨，唯独工资没怎么涨。当食物也在涨价时，其他商品的价格得涨成什么样。

美国政府不会放任物价持续上涨。自 2022 年 3 月起，美联储连续加息，通过提高利率的方式减少市场上的货币。新一轮的加息周期开始了，经济周期进入下半场。

当投资的潮水退去，很多生意就不好做了，前期被繁荣遮掩的浮夸业绩也变得不好看了。痛苦开始蔓延：前期赚大钱的人没办法维持高消费，通过杠杆买房的人面临房价下跌的窘境。消费升级的需求在减少，高端消费行业首先迎来寒冬，继而蔓延到全部行业。

其中，最痛苦的是生产型企业。在通货膨胀前期，企业在错误判断和竞争压力之下，扩大生产，加大投入，甚至不惜扩张信贷规模。整体的生产成本大幅提高，等一切就绪，迎来的却是消费退潮。对于企业来说，利润减少，债务要还，并且利息还很高。企业只能收缩裁员，放弃项目。

到处都在裁员，到处都是停工的酒店、楼盘、工厂和矿山。大量财富在闲置中浪费，劳动者栖栖遑遑地找工作。这就是我们看到的经济不景气。叠加疫情之下美国政府的反生产措施，情况变得更坏，不景气演变成了长期萧条。

美国是全球市场的中心，情况并不算最坏。美国通过美元的优势大肆进口，享受了物美价廉的商品。在通货膨胀过程中，美国只需要忍受商品涨价——涨幅也不算很大，只有 9.1%。真正受到严重损害的，是很多处于生产上游环节的发展中国家。

利率陡升，美元回流，国际市场的需求急剧减少。制造商品和提供大宗商品的国家，陷入生产错误的困境。企业在繁荣时期赚到的钱，大多已投入再生产之中，企业甚至还承担着高额的负债。当市场出现变化时，企业利润大量减少，企业债务压力巨大，很多企业只能选择破产，到处都是劳动者失业和资源废置。

生产型国家在通货膨胀中受到的伤害，要比消费型国家严重得多。如果这个周期持续很长，那么很多国家会承受巨大伤害乃至破产。

表面上美国是通货膨胀的收割者，长期来看，也会受到内伤。在通货膨胀的反复折腾中，传统行业在美国本土不容易支撑下去，这给了其他国家替代机会，美国制造业渐次流失。通过通货膨胀赚钱太容易了，各行各业容易产生虚骄心态。不只是金融行业，就连美国的传统行业也在沾染。

最近，美国海运工人频繁罢工，其罢工的原因是，疫情和通胀使全世界商品涌入美国，港口来船太多，没有足够多的卡车卸货。海运部门坐地起价，不断敲竹杠，直至以罢工来威胁。当生产部门也在追逐通胀热钱的时候，它们还会提高效率吗？

美国大搞通胀，害人害己，幸好有人意识到问题所在。一旦物价大涨，美联储就会出手治理通胀。20 世纪 80 年代，美联储主席保罗·沃尔克（Paul Volcker）通过大幅提高联邦基准利率，严格控制货币供应，将美国从 20 世纪 70 年代的滞胀泥潭中带出来。这一次通胀如此厉害，很多人在呼唤“沃尔克时刻”。

美国掌握全球货币，如果发动通胀的话，几乎没法对其限制。通胀就像吸毒，它的好处太过诱人，想要克制的话，又非常难受，只能在一次次“量化宽松”和“加息周期”中折腾。大概要到全球货币秩序变革，美元的霸权地位松动，这种情况才能有所改观吧。就目前国际货币格局看，这一天还非常遥远。

现代社会焦虑的根源

通货膨胀对经济、社会、文化、道德都会造成潜移默化的损害。

对于通货膨胀的危害，经济学的研究已经非常深入。简而言之，通货膨胀使民众积攒的财富在无形中被掠走，市场遭到系统性破坏。在这个过程中，早得到投资的部门格外繁荣，它们对未来过于乐观的预判会造成错误投资，造成财富浪费。周期性的经济危机，就是通货膨胀的结果。

通货膨胀是系统性的破坏活动。这种破坏不限于经济，对社会、文化、道德都会造成潜移默化的损害。这种损害很难量化，不过我们可以用逻辑加以推导，不难得出正确的结论。

通货膨胀是传统美德的杀手。首要原因是，它无情嘲讽了勤俭节约，鼓励无节制的负债。

在市场经济中，任何资本品都源于对消费的节制。勤俭节约的观念把消费节余变成资本品，使之用于再生产，创造更多财富。世界上所有的经济发展，都是基于这一简单道理。无论哪种文明，传统美德都鼓励节俭和积累，鄙夷无节制的消费和负债。而在通货膨胀时代，这种美德受到挑战。法定货币的稀释将无情洗劫人们的财富积累。

有一则新闻：一个老人拿出几十年前的存折，里面只有几百元钱。放在 30 年前，这笔钱绝对算得上巨款，能养一家子人，现在只怕吃一顿大餐也不够。很多人耻笑老人“傻”，可他不偷不抢做错了什么呢？他的财富到哪里去了呢？他是通货膨胀的受害者。我们该谴责的是通货膨胀制造者。

在通货膨胀时代，不直接从事生产性活动，只靠借债周转，我们往往就能发大财。因为法定利率低，只要我们能借到钱，通过辗转腾挪，将借期拖得足够长，通货膨胀就会帮我们把债务压力减轻。欠债越多，通货膨胀帮我们还得就越多，这是在变相赚钱。

一些房地产投资者为此总结：通货膨胀时代，不要害怕负债，债务乃是优良的资产包。无论你怎么看待这种财务观念，事实证明，这在通货膨胀时代是明智的说法。很多中产阶级深刻明白了这个道理，因此宁愿背着债务过日子，也不愿财富被偷。

话说回来，长期负债，心灵总是不太舒展。这样的人多了，难免有倒霉者。2017 年，深圳某公司一位名叫欧建新的程序员从高楼一跃而下，结束了 42 岁的生命。欧建新的自杀和他背负沉重的房贷有关。在巨大压力之下，职场倾轧、家庭问题、财务危机，不知道哪一根稻草就压垮了他。大城市里，这样看似成功其实身心俱疲的中产家庭，并不少见。

当代中产阶级大多举债在身，不敢改善生活，多生一个孩子也要小心翼翼。可以想见，通货膨胀带来的危机感，是生育率提升的大敌，这也是经常被忽略的。

通货膨胀之下，从事生产经营的企业，赚钱辛苦，利润微薄；而获得金融牌照且高杠杆、负债经营的大企业，有低廉的资金成本，往往活得很滋润。通胀欺负贫弱，尤其是没有投资理财知识的老人。他们一般信奉勤俭节约、财务独立的观念。通胀狠狠地教训了他们，存款缩水让他们惊慌失措。为此，他们经常成为骗子下手的对象。

物价缓缓上涨，商家受迫于成本上涨，经常要上调产品售价。赚涨价的钱可比降价促销难受得多——上调售价意味着客户流失，还要承受客户怨气。一些商家采取“变相涨价”的形式应对。比如，减少商品分量，将原先售价产品下调等级，歧视顾客，等等，都是常见的做法。

美国家庭主妇经常抱怨，同一款饼干，同一种价格，奶油年年变少，商家还搞出各种镂空和图案，把分量越变越少。虽然她们抱怨商家狡猾，但商家也无奈。直接涨价太醒目，会让销售额急剧下跌，商家只好采取这种小把戏。商业社会原本是友好互利的，但通货膨胀毒化了商业氛围，让互利关系多了几分猜疑。与其抱怨世风浮薄、人心不古，我们还不如思考其背后的原因。

通货膨胀之下，财富分配不依赖于市场服务，而是体制。对受剥夺者而言，愤懑不平总是难免的，仇恨随之而生。最典型的是日本，日本是养老型社会，老人是通货膨胀的受益者。他们身居高位，握有资产，日元通货膨胀的管道是养老金系统，日本全社会的养老保障非常好。与此同时，日本年轻人背负沉重压力。在现实困境面前，尊老敬老的美德被侵蚀了，日本社会经常爆发虐待老人甚至杀死老人的事件。

通货膨胀对财富的侵蚀是无形的，对道德的腐化是慢性的，正因如此，温和通胀的后果常被忽略。现代社会，科技昌明，物质繁盛，人们却压力巨大。焦虑、不安和痛苦的情绪，笼罩着普通人的生活。多少人情冷漠，都源于安全感缺失。这些危害很难量化，但不宜低估。

“直升机撒钱”的妄想成真

温和通胀对投资和消费的扭曲同样存在。

我的一位朋友是奥地利学派的青年学者，他说过一句有趣的话：“经济学是一门倒霉的学科，专门吸引一些糊涂的头脑进来。”我在阅读经济学著作时，经常想起这句话，并为之叹服。对于数学和物理这样的学科，脑子糊涂的人坚持不了多久，而学力有限的人最多没成就，实在犯不了什么错。但经济学家就算犯错，也可能成名成家，流传于世，甚至成为一代宗师。

我读经济学著作时看到皱眉之处，比如凯恩斯的“埋钞票理论”，就会想起朋友的这句话。

凯恩斯说过：为了刺激就业和需求，政府可以将 100 万英镑塞进一些旧瓶子，埋在废弃煤矿的地下深处，再广而告之，说某处地下有 100 万英镑；通过招标，私营企业会花几千英镑雇人寻宝，失业问题就得到了解决；而拿到工钱的劳动者会消费，刺激经济增长；没寻到宝的私营企业，最后也会从经济增长中受益。

这听起来不可思议。可如果你听过凯恩斯的“挖坑”理论，你就不会惊讶，这绝对是一个经济学家脑子里的严肃想法。经济学家也是凡人，他们造出形形色色的错误理论，并用“有效需求不足”之类的话术把自己催眠。

美国著名经济学家米尔顿·弗里德曼（Milton Friedman），也犯过类似的错误。弗里德曼是货币供给学派的宗师、市场经济的旗手，曾获1976年诺贝尔经济学奖。弗里德曼对通货膨胀有独到而正确的见解。比如，他大声疾呼，通货膨胀无论何时何地都只是一种货币现象。这个看法比很多“成本提高导致通胀”的看法不知高到哪去。

但同时，弗里德曼也主张用“温和通胀”来刺激经济增长。为此，他提出过一个思想实验，即“直升机撒钱”。当市场发生“通缩”时，政府用直升机载着现金，在城市上空直接撒钱。民众捡到钱后，欣喜若狂，可以拿钱去消费，经济自然被刺激起来。这听起来像不像另一个天方夜谭？或许这只是戏言，但弗里德曼骨子里认同这种游戏背后的学理。

弗里德曼认为，政府对通胀的诱惑是难以抵御的。开动印钞机能够让政府收入直接增加，这可比征税省时、省力得多。民众要求政府解决就业问题，政府则通过印更多钱“创造”就业。因此，弗里德曼和货币供给学派一直以控制发钞数量、治理恶性通胀为使命。他们的思想在20世纪七八十年代占据主流，在英国、美国、智利等国取得了很大成果。

政府印钞的数量是多少才合适呢？弗里德曼提出一个设想，那就是放弃紧盯物价、利率、汇率等指标，公开宣布一个固定不变的货币供应增长率，可以是3%，也可以是5%，总之是一个大家能接受的较低货币供应增长率，给予市场稳定预期。弗里德曼认为，温和通胀能够引起名义工资增长，使企业名义收入增加，从而鼓舞人们努力工作，刺激经济增长。

弗里德曼真是用心良苦。但他没有意识到，即便温和通胀也存在问题。通胀使一部分人觉得“钱来得太容易”，从而刺激了他们的消费需求。这部分新增消费其实也在损耗资本储蓄，阻碍经济增长。其阻碍的程度到底有多大，和弗里德曼的“刺激经济”力度相比，大到实在难以估计。

温和通胀对投资和消费的扭曲同样存在。部分准备金体系具有放大货币的效果，100美元的新印货币在市场上往往能创造出数倍的新增货币。新增货币压低了市场利率。对普通人而言，微小的利率变化影响很小；而对经济体而言，这意味着巨大的成本和收益波动。

一个10亿美元的投资项目，利率降低1%，意味着成本减少1000万美元。原本不赚钱的项目可能变得合算。错误项目一旦上马，就会带动一批相关产业。

新拿到贷款的企业，一开始顺风顺水。因为银行利率低，企业手里有大笔资金，自然是踌躇满志，打算做长远投资。此时，市场上一派欣欣繁荣的气象。等这些企业把新拿到的钱花出去，就一层层提高商品价格。出于政治原因或民意压力，新增钞票总是有限的。温和通胀一旦结束，一些企业就会在资金链断裂、成本高涨和市场错误的压力下陷入困境。此时，市面就会迎来经济萧条。

这就是奥地利学派对经济周期的解释。温和通胀诱导错误投资，能够造成多大损失完全取决于这项政策的激烈程度。弗里德曼认为，温和通胀导致名义收入增加会刺激经济增长，其实忽略了长期的“看不见效果”。这是一种非理性的冲动。

回到弗里德曼的“直升机撒钱”实验，我们不妨假设，如果这个政策真的施行，效果会怎样？大批钞票像雪花般飘落，很多人捡到钱之后，开始不切实际地消费。人们对意外之财总是不那么珍惜，大量商品被挥霍浪费。

有人捡到钱之后，容易忘乎所以。有人按照自己的理想开个小咖啡馆，做点买卖，反正有钱嘛，物价又便宜（此时店租和咖啡豆都还没涨价），不妨尝试一下。等咖啡馆建好，咖啡豆价格已经上涨，房东也提出了涨店租的要求（可以理解，因为社会上的钱普遍增加了）。

虽然名义资本增加了，可经济和生产能力没有提高，有闲工夫泡咖啡馆的人也不会增加。为了建咖啡馆，有人需要向银行贷一笔款。刚开始，这笔款的利率很低（因为刚开始大家都不缺钱），后来银行恢复了利率水平……在各方面压力的夹逼下，咖啡馆的营生一日不如一日，最后干脆倒闭。看到这里，你还会觉得“直升机撒钱”是美妙的想象吗？

你也许会说：“咖啡馆缺钱，所有人都很困难，应该再来一次‘直升机撒钱’啊！反正又没人受害，对不对？”那么，“直升机撒钱”真的公平吗？哪怕换一架“线上直升机”，往每家每户均等地汇上一笔钱，这还是有问题的。因为很多人原来是有存款的，而政府慷慨地派发新钱，人们原来的存款就会被稀释。此前储蓄者的钱相当于被偷窃了，何来公平？

把“直升机撒钱”与温和通胀一对照，我们就会发现，这个想法绝非异想天开，很多国家早已施行。美联储前主席伯南克就曾多次拿“直升机撒钱”举例子、开玩笑，劝各国政府开闸放水，用通货膨胀来刺激经济增长。玩笑开着开着，就被当真了。

2016 年，日本持续推出“量化宽松”的货币政策，据说有一个方案就是，日本政府动用 10 万亿日元，往 5200 万个家庭寄出借记卡，每张借记卡有大约 19 万新发日元。这些钱要在 1 年内花完，否则余额清零。但是，这个方案后来没有施行。我有时也想，经济学真是一门无辜的学科，总有人借着它的名头提一些妄想。

国家废除垃圾钞票以后

超级通胀之下，合法掠夺每时每刻都在发生，商品交易根本无法进行。

2008年，非洲国家津巴布韦上演了人类历史上最疯狂的通胀实验。与两次世界大战前后的大通胀不同，津巴布韦大通胀发生在和平时期。这场通胀是一系列破坏性政策的顶点，使津巴布韦的经济倒退了好几年，当地民众回归到了“以物易物”的时代。要讲清楚津巴布韦的通胀故事，我们得从津巴布韦的经济改革讲起，其源头又要上溯到津巴布韦的独立。

第二次世界大战结束后，当时还叫罗德西亚的津巴布韦，还是非洲最富裕的国家之一。这里号称“非洲的面包篮子”，其首都哈拉雷是座可媲美南非约翰内斯堡的繁荣城市。像其他非洲国家一样，津巴布韦的独立运动此起彼伏，领导者正是后来著名的总统罗伯特·穆加贝（Robert Mugabe）。

早期的津巴布韦与南非很像，先是白人长期掌权，后来黑人发起独立运动。穆加贝被关在监狱里长达10年，出狱后成为革命领袖，成为非洲独立运动的一面旗帜。和南非总统曼德拉（Mandela）略有不同的是，穆加贝先是担任了7年总理，到1987年才担任总统。

1980年，津巴布韦独立，发行了第一套津巴布韦元。当时汇率是0.68津巴布韦元兑换1美元，此后有所贬值，但津巴布韦元仍然是非洲最坚挺的货币。穆加贝恪守与英国人签订的《兰开斯特宫协议》，承诺10年之内，不发动土地改革，不剥夺白人土地。英国人对此承诺买单，每年给予补贴，帮助黑人“赎买”白人土地。

当时，津巴布韦的白人占有多数土地，黑人缺少土地，英国人以“和平赎买”的形式帮助黑人获取土地，缓解社会矛盾，不能说有太大的问题。

1990年，10年之约已过，英国人无意继续买单，觉得他们给津巴布韦的“援助”已经够多了。在过去10年里，穆加贝干得还算不错，他此前的靠山苏联已经解体，难道他真的敢搞“土地改革”？

英国人对穆加贝抱有太多的幻想，以为穆加贝的百般威胁只是惯常的讹诈，即便置之不理，他也不会怎么样。由于长期得不到回应，穆加贝失去了耐心。2000年，津巴布韦施行新的土地改革法案，原本缓和的“赎买”政策变成激进的没收。

此举招来国际社会的制裁和封锁，津巴布韦的经济迅速恶化，农业产量大跌，饥荒出现。穆加贝政府不为所动，因为他有广大的黑人支持，有南非等国撑腰，手里还握有“武器”：货币。对于穆加贝政府来说，征税费时耗力，发动通胀却轻松多了。津巴布韦的有钱人多是白人，黑人身无分文。如果发动通胀，那么当地的白人首先会被抢，黑人没有什么痛感。

短短几年，津巴布韦元贬值几万倍。原本 1 美元换 0.68 津巴布韦元，到 2006 年，1 美元兑换 54000 津巴布韦元。2006 年 8 月，津巴布韦政府发行独立后的第二代货币，津巴布韦元再次贬值 60%。这只是大崩溃的开始。两年后的 2008 年，1 美元兑换 1000 亿津巴布韦元。到此，津巴布韦大通胀已经足够载入史册。此前的魏玛德国大通胀和 1948 年中国大通胀，在津巴布韦大通胀面前只是“小学生”。

疯狂还没有停止。2008 年 8 月 1 日，津巴布韦政府发行第三代津巴布韦元，货币贬值 1000 亿倍。人类历史上最大面值的钞票——100 万亿津巴布韦元诞生了。钞票上的 1 后面有 14 个 0，令人瞠目结舌。这张钞票在发行时相当于 25 美元，很快贬值到 40 美分，最多只能买两片面包——很可能还买不到，因为没人接受。钞票沦为废纸，民众以物易物。

津巴布韦政府可能觉得再发动通胀也没有意义，几个月后，重新发行货币，将现有货币面额删掉 12 个 0，使其回到正常货币的面值水平。此时的津巴布韦货币体系已经彻底崩溃，没人再使用本国货币，政府也无意挽救。第四套津巴布韦元出台后 22 天，津巴布韦宣布本国货币停止流通，民众可使用美元、欧元、英镑、南非兰特和博茨瓦纳普拉 5 种货币交易。津巴布韦进入无主权货币时代。

津巴布韦以其惨痛的现实，上演了一幕现代国家货币失控的悲惨景象。在超级通胀下，合法掠夺每时每刻都在发生，商品交易无法进行，人类被迫退回到以物易物的状态。进入新世纪，津巴布韦经济连年负增长，甚至好几年是两位数负增长。一个 20 世纪 80 年代就达到小康水平的国家，折腾十几年，人均 GDP 滑落到只有 130 美元。津巴布韦变成世界上最贫困的国家之一。

津巴布韦此后10年的发展，更加值得我们思考。对于一个只流通外国货币、没有本国货币的国家，经济是如何运行的呢？

一开始，交易确实停滞了，因为整个国家几乎没有美元，其他外币的数量也很少。人们以物易物，到处寻找美元。原本一些被藏起来的皱巴巴的美元钞票派上了用场；大量小面额的美元被运至津巴布韦，用于购买当地商品。在边境地区，人们将本国商品卖给南非人，只为换取外币。津巴布韦缺少货币的麻烦，很快得到解决。

如果说有什么不便，那么大概是：美元面额太大，而当地商品太便宜，人们找零钱不方便。这个问题也不难解决，当地商店老板可以记账，或者给客人糖果、手机通话时长等。就连避孕套也能当零钱来使用。

津巴布韦政府规定了5种外币（美元、欧元、英镑、南非兰特和博茨瓦纳普拉）的法定地位，因为不同外币之间有汇率，所以人们交易起来会有一些麻烦，但不算严重。美元在津巴布韦占主导地位，其他外币起辅助作用。相比之前人们对纸币完全不信任，汇率换算的一点小麻烦算得了什么呢？

津巴布韦的商品秩序得到了恢复。人们发现，津巴布韦政府对经济的干预减少了。不是政府不想做，而是困难增加了。过去政府想得到收入，拧开货币水龙头就可以。现在政府只能寄望于征税，而收税需要成本，也容易逃避，政府汲取税收的能力被大大限制。土地领域的改革在推进，但在其他方面，白人的权利并没有那么容易被剥夺。

2009年是津巴布韦实行这一新货币体系的第一年，GDP增长超过12%。2010年，津巴布韦经济增长达到创纪录的19%。这样的速度表明，这个国家的混乱状态已经得到控制。

在经历连续四年两位数的经济增长后，2013 年津巴布韦经济又陷入困境，增速只有 3% 左右。直接原因是，美元较南非等邻国货币大幅升值，津巴布韦出口商品减少。由于美元被抢购，这个国家的货币不够用了。于是，津巴布韦政府得出结论：本国没有主权货币，无法调控货币总量，这非常被动。但事情的真相是这样的吗？

另一版本的解释更有说服力。2013 年后，津巴布韦主要的贸易对象南非经济动荡，南非兰特出现贬值，原来的持币者大为恐慌，抛售南非兰特，改持美元，加剧了美元升值。美元稀缺只是经济动荡的结果，而不是原因，更不会带来长期问题。想想看，此时美元难道比几年前更稀缺吗？与其反思货币不够用，津巴布韦政府不如反省自己在经济转好后做了哪些事。

津巴布韦政府抱着错误的理解，决心收复“货币失地”。2016 年，津巴布韦向非洲进出口银行贷款 2 亿美元，发行等值“债券货币”。凭空增加的货币，显然是小型通胀。没人能保证未来会发生什么。虽然美元和“债券货币”名义等值，黑市汇率却达到 1 ∶ 3 和 1 ∶ 4。很多商店和学校干脆拒绝“债券货币”，要求用美元支付。

2019 年 7 月，津巴布韦政府宣布，废除该国的多货币体系，重新发行新津巴布韦元，以结束该国 10 年没有主权货币的局面。这又给该国经济发展蒙上了阴影。随后几年，津巴布韦的通胀率重新抬头，政府不得不发行金币和引入美元，试图平息通胀。在经历过噩梦般的恶性通胀后，津巴布韦政府明显克制多了。津巴布韦的经济要想走上正轨，还有很长的路要走。

第三章

自由贸易时代的发展机遇

日韩贸易冲突始末

> 原本合作良好的伙伴，被绑上民族主义战车，最后撞得头破血流。

日本和韩国是亚洲发达国家的典范，两国经济水平相近，在全球贸易体系的排名靠前，并且都是美国在亚洲的盟友。不过在2019年，这两个国家却发生了贸易冲突。由此可见，维持经济上的自由贸易有多么不易。我们先简单梳理一下贸易冲突的过程。

2019年7月1日，日本经济产业省发难，对日本向韩国出口的三类产品（氟化聚酰亚胺、光刻胶、高纯度氟化氢）实施出口许可管理。这三类产品是生产半导体的必需材料，而半导体是韩国第一大产业。不难想象，此举给韩国带来的巨大影响。随后日本又宣布，将韩国从贸易"白名单国家"中剔除。这个白名单囊括了世界上主要的发达国家，亚洲只有韩国一个国家。日本将韩国"拉黑"，不再将其视为自己人。

韩国举国群情激愤，官员发布谴责声明，民众激烈抗议，甚至还有一名韩国男子跑到日本驻韩大使馆外自焚。韩日两国关系陷入自 1965 年建交以来最差的局面。如果说中美贸易摩擦是“巨人掰手腕”，那么日韩贸易冲突完全可以视作“小巨人的摔跤”。过去多年日韩经济关系一直不错，两国贸易依存度很高。尤其是日本，几十年来都以自由贸易的“模范生”自居。除 2001 年对中国农产品禁运外，其他时间日本都不曾挑起贸易争端，这一次为何对韩国痛下杀手呢？

很多人说世界经济进入保守期，各国大搞贸易保护主义。也有人说日本人阴险，嘴上说自由公平、市场开放，暗地里却对韩国捅刀。这些都是不准确的。日韩两国关系变差已持续了一段时间。这次韩国受到突然袭击并非没有先兆，只是突然间被打蒙了。韩国也许有过预想：日韩关系磕磕碰碰，没什么大不了。没想到日本人出手就是锁喉功，扼得韩国喘不过气来。

日韩贸易冲突和国际环境及两国贸易格局无关，纯粹是政治冲突扩大的结果。简单来说，有人在玩弄政治，由于玩脱了，所以把经济绑上船。现在这艘大船晃得厉害，让人害怕。

日本和韩国建交之后，影响两国关系的问题有领土纷争问题（独岛问题）、教科书问题，主要还是历史旧账问题。所谓的历史旧账问题主要有两个：一是劳工问题，从朝鲜被日本吞并到第二次世界大战结束，日本政府强征了大量朝鲜劳工，战后需要赔偿和道歉；二是慰安妇问题，日本一度将这个问题视为劳工问题的一部分，但这个问题实在太过特殊，后来就被单独处理。劳工问题和慰安妇问题的很多当事人还在世，声音起于民间，韩国政府不敢无视。这些问题又关系到经济利益，导致局势变得格外复杂。

我们先说一说劳工问题。殖民时期，日本强征了很多朝鲜（韩国）劳工来做苦役。第二次世界大战后，日本政府对这一罪行没作否认，劳工补偿也是日韩建交谈判的主要议题。一开始日方提议，将补偿支付给具有请求权的个人，毕竟这件事情本质上是韩国民众和日本政府的恩怨。韩方提议，韩国政府代理劳工请求权，一次性接受日方补偿，再由韩国政府负责发放。日本政府答应韩方要求，向韩国无偿支付 3 亿美元及有偿经济援助 2 亿美元，共计 5 亿美元。

这笔钱在 1965 年可不是小数目。当时韩国百废待兴，全国 GDP 只有 31 亿美元，政府一年财政预算只有 3.5 亿美元。日本当年的外汇储备，实际上也只有 18 亿美元。韩国急于和日本建交，日本也有心解决历史问题，双方一拍即合，签订《日韩请求权协定》。我们从文件名称也能看出，双方就“赔偿请求权”达成了一致，实现“完全且最终得到解决”。日韩的建交白皮书也明确了这一点，一切民事请求在《日韩请求权协定》中得到解决，此后历届韩国政府基本承认这一点。

但是，韩国的劳工受害者和家属并不买账。他们基本上没收到赔款，或者只收到很少的一点钱。和日本政府签协议的是朴正熙政府，它将拿到的日本政府大额赔偿基本用于经济发展。接受这笔钱的企业，是韩国的国有企业、大企业。至于这些钱有没有被私分，天晓得。

最近几十年，韩国民众一直在告状。他们不状告本国政府，而是告日本政府，认为协议无效，需要重新赔偿。日本政府对起诉者采取了不搭理的姿态，这些人就在韩国和日本起诉，法院基本驳回了，理由是两国在 1965 年签订了《日韩请求权协定》。韩国政府对劳工起诉问题，采取了默许和鼓励的态度。他们想利用民间力量在新的日韩关系中获益，只是苦于诸多不便。很快，他们就发现了更适合的角度，那就是慰安妇问题。

当日韩双方在1965年签订《日韩请求权协定》的时候，慰安妇问题还不是问题。当时的历史研究并不全面，双方都有意回避了这段不光彩的历史，因此慰安妇赔偿问题一直被忽略。到20世纪90年代，韩国政治民主化进程深入，原来被视为“国家之耻”的慰安妇问题被摆到历史前台。推动慰安妇引发关注的是韩国女性团体、受害人团体和人权团体，他们认为慰安妇问题被忽略了——事实上也确实如此。

自1992年1月起，每周三都有很多韩国女性和慰安妇受害者到日本驻韩使馆前示威，持续了20多年。一座象征慰安妇受害者的少女像被立起来，正对着日本驻韩使馆。这让日本政府大感尴尬。一开始日本人还理直气壮：我们都赔偿过了，你们还想怎样？除了向韩国政府抗议，日本政府也没有好办法。韩国民众当然有向日本政府示威的自由。

考虑到《日韩请求权协定》的瑕疵，也是为了彻底解决历史问题，日本政府和韩国政府进行了长期谈判。2015年12月，日韩两国就第二次世界大战时韩国慰安妇问题，签订了《韩日慰安妇协议》：安倍晋三以日本内阁总理大臣的名义向慰安妇受害者道歉，韩国成立“和解·治愈财团”，由日本财政出资10亿日元，对慰安妇及其家人提供赔偿。

为了防止再生变故，该协定中增加了“不可逆的解决”这一表述——这显然是日本方面的要求。安倍晋三表示，这项协议内容的意义重大，此后日本政府将不再就慰安妇问题道歉。

安倍晋三是日本第一位战后出生的首相。他自认为有一种使命，那就是将日本带出第二次世界大战的阴影，走向“正常国家”。他认为日本人是时候走出历史了，而不是永远地道歉。站在日本国民角度来讲，这样的诉求很好理解。在《韩日慰安妇协议》签订后，安倍晋三获得日本国内民众的高度评价。而在韩国这边，进展却没那么顺利。2017 年，朴槿惠被弹劾下台，她在任时的“政绩”——韩日慰安妇谈判——也受到了调查。

《韩日慰安妇协议》有一部分非公开内容：韩国官方将不再使用“性奴隶”的说法，而是使用“慰安妇”这一称呼；韩方负责说服“慰安妇”受害者权益维护组织；韩方不再赞助设立海外慰安妇纪念碑；等等。韩国政府公开调查报告，受到日本方面抗议。这项协议已经谈妥，非公开内容也是协议的一部分，韩国凭什么公开呢？这明显是国际失信。

而在韩国这边，慰安妇维权者觉得受到了政府的欺骗。他们认定《韩日慰安妇协议》无效，依旧不断起诉。新上台的文在寅政府没有否认《韩日慰安妇协议》的效力，同时也不积极履行协定内容。2018 年，韩国“和解 · 治愈财团”多位理事在抗议声中辞职，韩国政府解散了财团，这些举措让日本无法正常赔偿。原本逐渐平息的劳工问题，也大起波澜。

在这期间，韩国官员多次言语挑衅日本政府。在日本明仁天皇退位前夕，韩国议长金喜相多次表示，要求日本天皇向慰安妇道歉。他称明仁天皇是“战犯的儿子”，理当在退位前进行道歉。受害者可以不要赔偿，但日本天皇一定要道歉。金喜相的无礼言语，让日本政府和国民大为愤怒。

面对激烈批评，韩国议长金喜相硬撑 4 个月后，终于表示收回针对日本天皇的发言，但他不改立场。文在寅的态度也差不多，他要求日本政府“正视真相，向受害者道歉”。韩国政府自以为理直气壮，然而在日本人看来，却是言而无信。日本过去的道歉赔偿、贷款援助，韩国人都忘了吗？不是说好“不可逆的解决”，为何重启争端？

安倍晋三说，两国协议是“国与国之间的承诺，予以遵守是国际性普遍原则。如果因为政党更替，国与国之间的约定能够被推翻的话，两国关系就不能成立”。日本政府有理由愤怒。

2019 年日韩贸易冲突的直接导火索是，2018 年 10 月 30 日韩国大法院做出判决，要求日本制铁公司向 4 名韩国劳工每人赔偿 1 亿韩元。这是韩国否定日韩关系协议后，第一个命令日本企业支付赔偿的终审判决。虽然韩国大法院要求日本企业赔偿的金额不算多，但由于这是终审判决，相当于开启了日本企业向韩国人赔偿的序幕。

同时期在诉讼的同类案件一共有 14 起，约有 70 家日企在等待审判。一个多月后，三菱重工也被判败诉，被要求赔偿，三菱重工没有上诉，但拒绝赔偿。2019 年 1 月，日本企业不二越公司被判向 27 名受害者赔偿 8000 万至 1 亿韩元，不二越公司提出上诉。

2019 年 5 月，韩国劳工向法院提出强制执行，要求扣押日本企业的在韩资产。日本政府警告，韩方如果胆敢强行扣押，日方将采取强硬对抗措施。同时，日方向国际法院提出仲裁申请，但韩国方面一直不予回应。面对日方指责，韩国政府以“尊重司法判决”为由搪塞回去。

于是，在 2019 年的 G20 峰会，出现了很多人看不懂的一幕。原本关系紧密的日韩两国，政府首脑只握手不交谈，全程没有交流。文在寅还在指责日本对历史问题缺乏诚意，而此时的安倍晋三大概已经在盘算反击的计划。

日本对三类产品限制出口，显然经过了精心谋划。据韩国统计，2019 年 1—5 月，在韩国从日本的进口产品中，氟化聚酰亚胺占比 93.7%，光刻胶占比 91.9%，高纯度氟化氢占比 43.9%（中国大陆占比 45%、中国台湾占比 1%）。也有专家认为，依赖度最小的高纯度氟化氢反而最重要，日本突然断掉近一半的产品供应，韩国肯定受不了。

日本对韩国“断供”三种产品，没有打出贸易制裁的旗号，而是借口说这三类产品正间接流入朝鲜。为了执行联合国的禁运政策，日本加强了管控。韩国政府抗议，却没法拿“慰安妇”事件说事，因为这正是日本方面最不愿提及的。

日本政府的决策一贯冗长拖沓，此次行动却非常果决，可见日本政界的态度空前一致。日本政府隐忍了很久，一出手便掐住了韩国的脖子。日本人对韩国人持续多年的纠缠已厌恶至极，民调结果显示超过 80% 的国民赞成此次制裁。

日本政府并没有禁运这三类产品，而是实施出口许可管理。如果两国谈判顺利的话，日本会将绳子松一松；如果韩国态度强硬，日本就会把绳子拽紧。这三种产品都不耐存，断供超过 3 个月，韩国企业的生产就要受到影响。受制于人的难受感觉，传递到了韩国这一边。

2018 年到 2019 年，韩国民间仇恨日本的情绪，达到了一个小高潮。这里面显然有韩国政府的纵容和煽动。韩国政府想借助民意，从日韩争端中获得一些利益，现在却被架到一个尴尬的境地上。韩国不敢轻易妥协。

退而言之，即使韩国政府想妥协，也没有那么容易。韩国政府早把信任消耗殆尽，想重新取信于日本政府，需要做出巨大的让步。文在寅不敢轻举妄动。一直到韩国总统尹锡悦上台，顶着巨大的民意压力，不断向日本示好，日韩关系才有所缓和。

在这场贸易摩擦中，最惨的显然是两国的企业。它们原本是合作良好的伙伴，却意外地被绑上战车，撞得头破血流。民族主义情绪是一匹烈马，只要骑上了它，谁都不要想着能轻松地下来。

美国在贸易中惨败了吗

热爱出口，厌恶进口，极力追求贸易顺差，这样的观念源自重商主义。

2021年，中国是美国最大的贸易伙伴，进出口贸易总额超过7000亿美元。如此庞大的贸易规模，打破了有史以来国家间贸易的纪录，这是文明的成果，也是中美两国和平的基础。面对两国人民共同创造的成果，两国舆情似乎大不相同。

中国人更多是自豪，因为中国的顺差地位已经保持了将近30年。中国出口美国商品的价值常年是进口额的两倍多，2021年的贸易顺差额达到惊人的3965亿美元，这个数字甚至比中韩两国的贸易总额还要多——要知道，韩国可是中国的第二大贸易国。

这样的事实令美国舆论沮丧。无论美国共和党还是民主党，都试图扭转美国对华贸易逆差的局面。2018年，中美发生贸易摩擦，特朗普将逼迫中国增加对美国进口作为施政重点——这项政策后来也被拜登政府继承。近些年，美国对来自中国的鞋类、服饰、电子产品、自行车甚至宠物食品征收了数百亿美元关税，可无济于事，中国对美的出口额仍然大幅高于进口额。

这样的情形已经延续了20多年，数字还在不断攀升。美国将其视为失败，中国则将其视为胜利。

热爱出口，厌恶进口，认为贸易赤字对己方不利，极力追求贸易顺差，这样的观念源自重商主义。近代欧洲的国王将金银视为国家财富，现代政府则热衷于储备外汇。在“出口就是赚钱，进口等同吃亏”的迷信下，人们才有了这样的贸易偏好。从家庭财务的角度来看，这种观念很好理解：进口就是花钱，出口就是赚钱；出口多、进口少，则财富不断积累。情况难道不是这样吗？

不是的，这样的观念错就错在：国家不是家庭，进口不是消费，出口也并非积累，国家之间的贸易远比单个家庭和企业复杂得多。任何国家的贸易，都由具体企业来参与。企业进口的产品既可能用于消费，使民众生活水平得以提高，也可能用于原材料和技术的引进，继续促进生产；而出口获得的外汇，最终还是用于购买国外产品，提高本国福利。

贸易不是战争。无论进口还是出口，双方都能获得好处，以货币流向来判断谁占的便宜多毫无意义。过去30多年，加拿大一直是美国最大的商品出口国，两国经济紧密依赖。我们能说清楚谁获益更多吗？

现代国家贸易之复杂，传统的统计已难以辨明。改革开放后，中国很早就成为贸易顺差的国家，原因是当时中国主要的出口形式是来料加工。对于中国来说，原材料算进口，制成品算出口，中国工人赚加工费。在这样的贸易中，中国确实赚取顺差，我们能据此判断中国的贸易地位更强势吗？

我再举个现代的例子：中国工厂为苹果公司组装生产，再运回美国，这在贸易中也算美国“进口贸易”。每年 9 月份 iPhone 新品发布时，美国对中国的贸易逆差就会激增。这能说明美国人吃亏吗？“顺差就是占便宜、逆差就是吃大亏”的观念，在现实贸易世界中不可取。

无论是顺差还是逆差，我们可以确定的事情是：这些看起来“不公平”的合作，都使生产效率得到提高，都使两国民众获得福利。这正是自由贸易的美妙之处。当然，各国的政府都试图干预贸易，这使得企业之间的贸易没那么自由，利弊分析变得复杂起来。

比如，美元在全球经济格局中占有主导地位，美国人依靠凭空生产的美元，获取了实实在在的商品，其他国家则承受了通胀的代价。这正是美国政府抑制不住印钞冲动，且美国经济逆差巨大的重要原因。美国政客却说：中国从贸易中占到便宜。事实恰好相反：由于中国的劳动和创造，在这场贸易中，美国在很大程度上坐享其成。

由于错误观念指引，各国政府出台了南辕北辙的政策。比如，为了鼓励出口而进行补贴，表面上出口数据变得漂亮了，实际上是花钱补贴外国消费者；对外贸易的反倾销，看似阻挡外国商品涌进本国市场，其实是和本国消费者为敌，妨碍他们享受外国的廉价商品；关税更是损人而不利己，让贸易双方利益都受损。这些政策究其根源，都是出于政府对出口的偏爱和对进口的抵制。

在当代中美贸易中，美国没有失败，中国人虽然吃了一些亏，却不至于达到否定贸易的地步。毕竟，我们从中获得了巨大的财富，学习了很多知识。唯有不断开放，让贸易更加自由，我们才能获得更多福利。

非洲正在起变化

> 非洲的内部贸易如此之少，好似各国隔着宽阔的海洋。

2018 年 3 月，中美发生贸易摩擦，全球贸易陷入阴云。但是，一个不起眼的角落透出光亮，那就是非洲。当年 3 月 21 日，44 个非洲国家在卢旺达签署了协议，宣布成立非洲自由贸易区。这个在 20 世纪末曾陷入血腥屠杀的国家，正孕育着非洲新的希望。

在很多人的印象里，非洲一直战乱不休。事实上，现在多数非洲国家已实现和平，政局相当稳定。非洲最大的问题是经济落后，各项发展指标全球垫底。

原因很复杂，单从贸易来讲，非洲就有很大问题。各国看似亲密无间，坐落在同一块大陆，几乎没有天堑阻隔，实际上，它们之间的经济联系十分松散。非洲的内部贸易如此之少，好似各国之间隔着宽阔的海洋。

早在殖民时代，英、法、德、葡等国占据非洲，殖民地之间就建立起了关隘。非洲是欧洲国家囤垦种植的基地，其贸易主要在宗主国之间进行，各殖民地则互相防范隔离。

20 世纪 60 年代，非洲国家纷纷独立，虽然在政治上互相呼应声援，但在经济上仍然闭关自守。当时国际贸易的主流思想是“进口替代”：本国发展独立工业体系作为国家命脉，其余通过贸易补足。国家要想发展工业，就要发展出口，积累外汇。“不出口就完蛋！”这是赞比亚独立后首任总统的名言，也是当时非洲各国的经济思想。

独立浪潮后的新非洲，笼罩在以邻为壑的重商主义中，谁也不愿从邻国进口产品，谁都别想出口。非洲内部的贸易需求变得极低。这种现象不是非洲所独有的，当时除了亚洲四小龙（韩国、新加坡、中国台湾和中国香港）以外，几乎全世界所有落后国家，都在执行“进口替代”战略。直到 20 世纪末，市场化和全球化浪潮席卷，很多国家纷纷打开国门，实行自由贸易政策，这种情况才有所改观。在此期间，非洲国家的反应最慢，其经济发展水平显得越发落后。

2014 年，非洲的内部贸易仅占到总贸易额的 12%，在其他地区，同一地区的内部贸易往往能占到贸易总额的 70% 以上。比如，亚洲的中、日、韩三国，它们互相是对方的重要贸易伙伴；加拿大和墨西哥的经济体量并不算特别大，但它们是美国的第二、第三大贸易国，贸易数额只略少于中国。邻国贸易是最重要的国际贸易，而在非洲，邻国成了藩篱陷阱，束缚着各国发展。这种情况不能用经济落后来解释——经济落后恰恰是贸易不畅的结果。

有些人认为：非洲国家普遍贫困，进出口产品大多是本国过剩农产品，产品太过单一，互相之间的需求并不旺盛，没有贸易的需求和必要。这里面存在很多常见的误解。

非洲国家总体落后，不过各个国家的经济水平、物质产出的差异相当大。非洲有肯尼亚、坦桑尼亚这些“撒哈拉以南非洲”国家，也有埃及、苏丹、阿尔及利亚这些阿拉伯国家。赞比亚和索马里穷得令人绝望，而南非、埃及则实现了初步工业化。

非洲的矿产和农业，呈现出明显的带状分布，几乎没有哪两个国家的经济状况相似——而差异化正是贸易的前提。早在殖民时代以前，非洲中部广袤的萨赫勒地带，就是逐水草而居的游牧者和降水丰富地区的农耕者相互贸易活跃的地区。在非洲东部，一条传统的贸易通道从北非横贯非洲大陆，直抵非洲南部，联系着各个部落。在欧洲人到来前，非洲已经有数千万人口。如此庞大的人口规模，产生了商品交换的需求。部落之间既有战争，也有贸易。

到现代，数万公里铁路和数十万公里公路，以及遍布大陆沿海的 100 多个港口，更是给非洲的货物和人员往来提供了便利。虽然这些基础设施还很落后，但人口密集的东非、西非等地区已经形成了交通小网络，足够商人往来穿行。持续的贸易发展，进而形成对基础设施建设的持续需求——而现在的非洲做得还远远不够。

新成立的非洲自由贸易区，将覆盖超过 10 亿人口，生产总值超过 2 万亿美元。这个规模还不如英国的生产总值大，说起来确实寒酸。但对于这个贫穷的大陆而言，该自由贸易区弥足珍贵。它的最宝贵之处，是给非洲的发展装上发动机。产业在贸易中形成，道路和港口等基础设施也是一边做生意一边建。

经济发展能解决大量问题，比如基础设施、民生保障和环境保护问题，就连很多人忧虑的“人口爆炸”问题，也将在发展中解决。对现在的非洲而言，最迫切的任务是用贸易巩固来之不易的和平。

频繁密切、规模巨大的贸易，使各国“你中有我、我中有你”，人们只有从贸易中获利，才能实现永久的和平。

非洲自由贸易区的目标，是消除90%的商品关税，根据各国需要，保留“敏感”的10%的商品关税。这10%的商品关税也将设置过渡区，逐步放开。非洲贸易的最大实质障碍不是关税，而是非关税壁垒。有源自几十年前的“本国产业保护”观念，也有当代时髦的“环保标准”。减少壁垒，拆除路障关卡，将是非洲自贸区的主要工作。非洲两个最重要国家南非和尼日利亚，对自由贸易区有自己的小算盘，这也增加了非洲自由贸易区成败的不确定性。

中国的“一带一路”倡议，将是非洲融合的强有力推手。过去多年，中国企业在非洲建设了1万多公里铁路和近10万公里公路，此外还有大量桥梁和港口。这些基础设施能极大促进非洲各国贸易。很多中国人在非洲办企业，与许多当地人一起做生意。在缺乏商业氛围的非洲，他们是珍贵的火种。非洲需要市场经济洗礼，而享受市场经济福利的中国人可以帮助他们。带动非洲经济发展，也符合中国商人的利益。在中国之外，像非洲这样庞大而富有潜力的市场，已经不多见了。

缅甸孩子最需要什么

慈善最大的缺陷，在于它缺乏源源不断改善世界的动力。

曾经辉煌一时的共享单车品牌ofo，在2018年后拖着巨额债务，欠着用户押金。当时只需一纸诉讼，它就会被拔掉氧气管，宣告死亡。

就在所有人等着这家企业什么时候完蛋时，突然某一天，ofo上了新闻，标题是“如果有一天ofo死了，请把它埋在缅甸”。听起来很奇怪，ofo死不死关缅甸什么事呢？

看完才明白，原来这是一个很暖的慈善故事。33岁的缅甸企业家迈克·丹顿温（Mike Than Tun Win）发现，当地儿童上学很辛苦，经常需要走半小时至一小时路程。迈克想：如果孩子们有自行车，只需十几分钟就可以回家，不就能省下很多时间？

于是，迈克创办了“少走一点”（Less Walk）公益组织，到中国买自行车。当时ofo在中国市场已经瘫痪，大量自行车废弃堆积，没人搬运调配，也没人维修。几个ofo自行车“坟场”，堆积着几千辆车，任凭锈蚀，还得交租金。盗窃愈演愈烈，一些车子被当作废铁卖掉。迈克自掏腰包，买下了几千辆自行车。

由于精心挑选，大部分车子很新，有些甚至刚出厂，包装还没拆开就卖给了这位缅甸人。迈克买下5000辆自行车，连同其他企业家的捐赠，一共筹到1万辆自行车。迈克给这些自行车换掉车锁，添加后座，运到缅甸市场，一所所小学地投放。

缅甸一共有大约900万学生，大部分孩子没有自行车。这1万辆自行车受到了孩子们的热烈欢迎。这些捐献虽然只是杯水车薪，但丝毫无损于这项活动的伟大。我们不难想象，孩子们收到礼物时的欢乐。迈克给这个贫穷国家带来的欢乐和幸福，值得反复赞美。

迈克在中国买的自行车，每辆大约100元，经过改装并运输到缅甸后，每辆车的成本达到230元。一辆全新的ofo单车，包括贴二维码、喷漆、配特制锁等环节，成本价也就200多元。于是有人提出：生产单车不是什么复杂的技术，当地人工成本也便宜，为什么不直接在缅甸生产呢？

这种计算方式过于简单了。中国的自行车产业很成熟，生产效率极高，这才把自行车生产成本降到极低——这也是早些年共享单车大战催生出来的。缅甸的基础设施落后，自行车市场很小，根本无法支撑起成熟的自行车生产线。

理解了这一点，我们就能看到：迈克对贫困儿童的捐赠，只是限于短期的帮助。ofo的廉价单车无法在缅甸生根发芽。以缅甸农村的路况，原本使用期限只有两三年的自行车，寿命只能更短。缅甸没有生产自行车的能力，短期慈善显然无法支撑孩子们长期的需求。

慈善最大的缺陷，在于它缺乏源源不断改善世界的动力。类似的事情在非洲也有。过去欧美国家在非洲搞慈善，派发大量食品、药品和衣物。这些慈善固然可以改善当地居民一时的境遇，长期来看，不会有太大改观。

然而，中国人到非洲之后，慈善做得少，生意做得多。做生意是交换，要想拿出有价值的东西来交换，就得生产——这才是真正改善的动力。据说中国人把蚊帐卖到非洲，深受当地人欢迎。原因是，这种蚊帐十分结实，既可以防蚊，还可以结网打鱼。花钱买东西，自然要物尽其用，非洲人也知道他们最需要什么。

现在的缅甸最需要什么呢？自行车当然很好，而比自行车更重要的是工厂以及企业。孩子们上完学后，不应该无所事事，而应该在和平安定的环境里，成为发展经济的力量。这是至关重要的事情。

缅甸是亚洲最贫困的国家之一。截至 2022 年，缅甸人均 GDP 只有 1100 美元左右。在很多人看来，缅甸一直都很贫困。但是熟悉东南亚历史的人知道，近代缅甸曾有过辉煌的时期。

第二次世界大战以前，缅甸是仅次于日本的亚洲富国，其首都仰光与泰国曼谷齐名，是东南亚繁荣的经济中心。英国人在此修筑大量铁路，疏浚内河航道，使伊洛瓦底江纵贯缅甸腹地。缅甸盛产水稻、水果和玉石，大米出口量长期居于世界第一。第二次世界大战后，缅甸人均 GDP 就已达到上千美元，是中等经济水平国家的典范。新加坡独立后，李光耀还专程到缅甸仰光考察学习。

20 世纪 60 年代起，缅甸的发展直线下落。英国人撤走，当地民族关系破裂，内战全面爆发。军人夺取政权，将土地收归国有并重新分配，国家低价收购大米，统购统销，以致缅甸发生饥荒。20 世纪六七十年代，缅甸军政府每隔几年就废除一次钞票，民众财富被洗劫。军政府统治引来国际封锁，原本高度依赖外贸的缅甸，变成了一个闭关锁国的国家。

如今的缅甸，除了缅北地区，大部分国土已实现和平。虽然军人仍掌权，但不再沉迷于战时经济政策。缅甸正在休养生息，需要通过经济发展来解决潜在的分裂和对抗。

截至 2022 年，缅甸有 5400 多万人，其中 60% 以上是年轻人。在这个国家，至关重要的事情是：创造大量就业，让年轻人有事做、有钱赚，让他们把注意力放在工作上。唯有这样，社会才会稳定，经济才能发展，整个国家才会进入越来越好的正循环。缅甸需要工业、企业和企业家。

东南亚国家有一个很大的相似性，就是人口密集，人民勤奋。只要投资建设，引进生产线，这里很快就能成为世界工厂。但是，政府需要做点什么，比如：抑制排外情绪，破除对外商的投资限制，切实减税让利，建立良好的营商环境。如果政府还要再做什么，大概就是重视基础设施建设，把赚的钱再投资出去，总好过滥发福利或者扩军备战。

缅甸发展经济的外部环境非常好：没有宿敌世仇，更无边境冲突；其周边有泰国、马来西亚这样的中等国家，有新加坡这样高度发达、资本活跃的小国，还有中国这样体量巨大，生产和消费力都很强的大国。缅甸可以恢复文官治国，并和周边国家搞好关系。

现在缅甸最要紧的事情是：改善内政，吸引投资。这次捐赠自行车的企业家迈克，他本人出生在缅甸农村，8 岁离开缅甸，并在新加坡完成学业，最终创业成功。迈克不仅是慈善家，更是愿意反哺故土、服务家乡的企业家。这样的企业家，是缅甸人的希望之光。

看到缅甸企业家迈克回家乡，向孩子们捐献单车，我非常感动。不过，我更希望看到，迈克能回家乡，建立各种各样的工厂，给当地人带来更多的就业机会。

第四章

福利主义诱惑，天下没有免费的午餐

芬兰的福利改革实验

> 无条件基本收入制度，增加了政府的福利支出，提高了失业率。

世界上的发达国家，多是福利主义国家。倒不是说福利主义能使国家发达，而是天底下人性和权力的规律差不多。在经济富裕的情况下，人们变得慷慨乐施，不自觉地推动政府“花钱行善”。起初是济贫，后来是扶弱，福利一点点累积，以至于很多人无须工作，靠政府施舍也能活得很不错。

福利主义的一个特点是，易增不易减。从天而降的免费福利，持续获取的时间一长，就仿佛天生正义一般。一旦福利被拿走，接受福利的人就会痛不欲生，呼喊着反对削减福利，甚至要求增加福利——哪怕他生活在一个富裕的国家。

2017 年，芬兰的福利改革实验就生动地说明了这一点。芬兰是欧洲经济最发达的国家之一，人均收入水平长期比英、法、德等国家高出一大截。不过，从 2012 年起，芬兰却陷入了长达 5 年的经济不景气。芬兰经济低迷的首要原因，是全世界迎来移动互联网时代。对芬兰来说，这个革命性进步不是好消息。

芬兰的最大企业诺基亚公司一度占有全球40%的手机市场，短短一两年，就被苹果、三星和一帮新兴手机公司打得毫无还手之力。后来，诺基亚被贱卖给微软公司，近2万名芬兰员工被裁。芬兰人口有500多万，近1/10的家庭受到了影响。

在移动互联网的冲击下，芬兰造纸业也陷入了困境。新闻纸一度是芬兰最重要的出口产品。当人们开始用手机和iPad看新闻时，谁还看报纸呢？因此，纸张价格不断下滑，芬兰成为最受损的国家。自2012年起，芬兰的失业率连年攀升，10%的年轻人找不到工作。在南欧国家，这个数据也许不算什么，但对于经济一向健康的北欧国家来说，问题就有点严重了。

北欧国家的高福利举世闻名，芬兰也不例外。从幼儿园到高中的教育免费，公立大学花销也很少，学生能申请各种补贴。公立医疗基本免费，育儿女性可享受200多天的假期，小孩从出生到17岁都能领取一笔补贴。此外，人们还有各种失业补贴和养老补助。高福利的代价是高税收，芬兰人近一半的收入交给了政府，参与“社会分配”。

芬兰的私营企业很多，政府管制少，整个国家开放程度高，社会安定繁荣。当时，芬兰人均GDP约为4.5万美元，虽然在北欧三国（挪威、瑞典和芬兰）中垫底，可放在整个欧洲中看，还是相当不错的。小国高福利带来的幸福感举世称道，但一旦经济出问题，人们照样会发愁。政府决定紧缩开支，而不是走南欧国家负债的老路。改革的重点是福利制度。

福利开支占到了芬兰财政支出的三成左右。很多福利有着悠久的传统，削减难度很大。比如，芬兰政府会给怀孕女性赠送新生儿用品，像御寒套装、尿布、洗漱用品和床上用品等。这些从 1938 年就出现了，在 1949 年成为全民福利。这种福利怎么减？事实上，大部分福利是不知不觉堆起来的，民众习惯了福利，就像习俗，每一项都很难减。

芬兰的政客想到了一个办法：对各种补贴（低收入补贴、失业补贴、养老补贴）简化手续，改成统一发放。政府提供“无条件基本收入”（unconditional basic income），将钱直接打到低收入者的银行账户上，以此保障福利依赖者的生活不受影响，其他福利慢慢抽回。通过这样的方法，芬兰政府可以简化国内的福利系统。

经济学家对这一方案不会感到陌生。弗里德曼曾发明“负所得税”（negative income tax）的福利方式：取消公立医院、学校和社保局，民众也不缴纳养老金和保险；作为兜底福利，政府发一笔钱，让民众自己到私人市场上购买医疗教育和保障性服务。政府划出一条线来，越穷的人获得的补贴越多（获得更多“负所得税”），随着收入增加，补贴相应减少。

弗里德曼的设想，不是为了增加政府福利，而是意在改革臃肿的福利体系。以“教育券”改革作为例子：政府给穷人发放教育券，家长在市场上购买教育；获得教育券的学校，则向政府兑换补贴。在此过程中，没有臃肿的公立学校体系，经济效率也高得多。把“教育券”改革扩大到所有福利项目，就是芬兰的“无条件基本收入”。

为了推行这一政策，芬兰政府做了一个实验，从上百万人那里挑选 2000 名志愿者，给他们发放“无条件基本收入”，并抽走他们身上的福利补贴。原计划每月发放 800 欧元基本收入，考虑到财政压力，改为每月发放 560 欧元。钱变少了，志愿者们大为不满，政府做出妥协，这些人还能拿一部分福利补贴。实验的第一步，就遇到了挫折。

传统的失业补贴，需要看就业状态。找到工作以后（哪怕是打零工），民众就不能再领取失业补贴。于是很多人干脆不工作，躺在家里吃低保。这正是福利制度饱受诟病的原因。芬兰的“无条件基本收入”则规定，打短工和自由职业者不算就业，这些人也能领取福利。

在支持者看来，这样多好啊，每个人不为生活压力所迫，能从事自己喜爱的职业，发挥天性和特长，这不值得提倡吗？遗憾的是，政府发的钱太少了。在芬兰，每月普通生活费用要 1000 欧元左右，虽说有其他福利补贴，560 欧元的“无条件基本收入”还是太少。没过多久，很多人便呼吁，把这笔收入提升到 800 欧元甚至更高。

随后，政策又修改，“无条件基本收入”上调至 800 欧元。很多人辞去公司职位，选择非正式的“打零工”，只有这样，他们才能从政府那里领福利。很多人工作，不再是为了满足市场需求，而是为了领福利，顺便满足个人的兴趣爱好。他们不太在乎赚得少，只要活得开心就行。

嬉闹的“自由创造”真有那么大价值吗？芬兰的社会富足，是由无数兢兢业业的私营企业创造的，而不是懒散随意的艺术家。芬兰已经失去诺基亚，需要的是强大的企业，而不是非正式的“零工经济”。“无条件基本收入”的结果是，增加了政府的福利支出，提高了失业率——尽管失业者以“自由职业”的形式工作，实际却是靠福利生活。

芬兰的“无条件基本收入”政策，虽说是实验，却真正在施行。芬兰政府设置了某些条件，有机会申请的人很少。这项政策每前进和修改一步，都会受到关注。支持者想方设法增加福利，反对者则看到福利的膨胀，其弊端也不断被反思。

2018 年，芬兰政府宣布停止该项实验性政策。芬兰的福利改革需要真实的削减，而不是投机取巧式的替换。这项政策从一开始就受到质疑，因此没有扩大实施，否则废除的难度更大。

日本免费教育的代价

加税对生产具有破坏性，本身是压制生育率的。

2019 年 9 月，日本的暑气还未消退，商场就做起羽绒服促销生意。像棉服、毛毯、滑雪板、火锅这些原本只在冬季热销的商品，还没等到入秋，就销售得一派火热。这场销售潮的推手，是当年 10 月 1 日起施行的税收新政。

消费税是日本的第二大税种，相当于中国的增值税，每个流通环节都征收，对经济的影响特别大。这一次消费税率调整，是从 8% 上调至 10%。许多商品会涨价，消费者赶着抢购，商家也趁机促销。不只是冬季商品，纸巾、宠物用品和尿不湿这些日用品也在热销，家用电器的销售额也翻了好几番。

安倍晋三上台后，大力推行“安倍经济学”。这套政策的一项重点，就是督促民众消费。“消费不振”被视为日本经济低迷的主因，刺激消费正是安倍晋三增税的主要理由。一旦政府加税，民众的反应都差不多：能避税就避税——提前消费，就是为了避税。一时之间，日本的消费市场呈现出一派火热的景象。

稍有思考能力的人都知道，这种火热现象只是暂时的。当年10月份一到，市场就会转凉，前期消费热潮透支了消费的后劲，增税后商品价格上涨，人们收入减少，消费将开启缓慢下跌的势头。这样的现象在2014年就上演过一回。当时，日本消费税率由5%上调至8%，市场也上演抢购潮，几个月后，经济重新陷于萧条。只过了短短5年，安倍晋三就明目张胆地重演了一遍。

安倍晋三提高消费税率，有充足的理由。他声称，这笔钱将用于支持教育事业。所有日本家庭（包括在日本生活的外国纳税人）的孩子，其学前、小学和初中教育将全部免费，政府将给每个孩子发放补贴，相当于每月1000多元人民币。为了挽救低迷的出生率，安倍政府下了狠心。

消费税从8%增加到10%，日本很多人大力反对。安倍晋三坚持不懈，用免费教育作宣传，终于赢得支持。税收和福利两套政策在同一天推行，算是给世人上了生动一课：天底下没有免费的福利。你看到的免费福利，都有人在买单。

有人说：如果能挽救低迷的出生率，加税就加税。他们认为，人口是千秋大计，虽然短期加税很痛苦，但能换来儿童免费教育，这样看起来也不错。关心人口问题的很多人，持上述主张。对于这样的推论，我一直持反对的观点。

这一次，日本消费税提高，预计带来5.7万亿日元的增收，加上香烟税和所得税率上调带来的6000亿日元，每年至少有6.3万亿日元的新税进账。而在日本的免费教育计划中，新增支出不超过3万亿日元。用安倍晋三的说法，“将把一半税收用于补贴教育成本”。

那么，另一半税收去哪了呢？日本地方政府拿走超过1万亿日元，用于城市建设；归中央政府的部分，日本中央政府拿走1万亿日元，用于推动医疗和照护事业，打造“全世代型社会保障”。日本养老一线的20万熟练工人，可获得每月8万日元的补贴。

为什么不把新增的消费税，全部用于鼓励生育呢？答案是，阻力非常大，至少老年人不答应。

1989年，日本新开消费税，起初是应对老龄化显现后的养老金不足。随着老龄化加重，税率逐步提高。一开始，消费税率是3%，1997年提高至5%，2014年提高至8%，2019年提高至10%。消费税率的提升，对应着使用范围的拓宽。消费税是日本税收体系最大的一块，哪一项开支都想来分食。

消费税原本是养老税。老年人群体在日本政治中有很大影响力，要想提高消费税率，不可能不分一部分给养老事业。上一次税率增加，新增的税额有一半以上用于养老；这一次新增的税额，安倍晋三费了不少功夫，养老事业只拿走不到新增税额的1/5，算很少了。通过加税，日本老年人群体收割福利，并给年轻人留一半“福利”。福利国家的税收分赃，就是这样赤裸裸。

日本年轻人之所以不愿生孩子，主要原因是收入结余少，生活负担重。企业面临更重的税负，日子也不好过，年轻人很难涨薪。这些成本和压力的增加，都在压低生育率。日本政府通过抽取税收来鼓励生育，显然是有问题的。

当前日本社会主流的观念是：有孩子的家庭希望教育免费，老年人希望增加养老金，不生孩子的人也乐见其成——反正国家给养老，为什么不支持呢？大量未婚未育的年轻人，默默承受生活重压，对未来也不敢抱有太高期待。于是，年轻人生育意愿不高，政府再怎样鼓励也难有成效。

发达国家的一大问题是公共养老体系。现代人平均寿命变长，从退休到去世，通常有 20 多年。在这段时间里，疾病和痛苦相伴，对医疗和人力资源的消耗很大。养老人比养孩子贵得多，而日本在这一领域恰恰实行大锅饭制度，大量资源不计成本地投入，效果非常糟糕。

公共养老制度破坏了社会的生育激励体系。在一个正常社会，生育对普通人而言，最大的作用是确保生活稳定，晚年有所保障。老吾老，以及人之老。自己老了，自家孩子是最大的依靠——把养老抛给全社会，是让别人帮养老。当整套制度都鼓励这样做时，谁愿意生孩子呢?

日本政府不断想办法鼓励年轻人生孩子，采用的方法却都是加税。加税对生产具有破坏性，本身是压制生育率的。同时，加税还给养老体系输血，使这个千疮百孔的制度延续下去。日本加税后还会再加税吗? 10% 远不是日本消费税率的终点。最近两年，日本政府还在酝酿将消费税率提高到 15%。经济合作与发展组织则预测，日本消费税的税率，未来需要增加至 20% 以上，才能把当下的窟窿填补上。

养老事业公共化以后，从孩子出生到大学毕业，日本政府在“包办一切”的路上狂奔。花钱的地方有很多，参与福利分赃的群体在膨胀，日本政府想要应对这一切，只能不断从民间攫取。福利主义的日本，没有复兴的希望。

新加坡为何敌视糖

公共福利不是免费的，它的代价是个人自由受到限制。

新加坡地处热带，民众常年饮用汽水或碳酸饮料，这导致新加坡成为亚洲糖尿病问题最严重的国家。新加坡大约有 600 万人，其中 1/7 的人血糖超标。新加坡政府对此忧心忡忡，2018 年出台了一系列“限糖法令”。

比如：禁止高糖饮料在媒体打广告；含糖饮料的外包装将以不同颜色区分，分别指出饮料是健康的、中性的还是不健康的。这种区别标识类似烟草包装，显然是有羞辱性质的。可口可乐这样的“肥宅快乐水”，自然是被呼吁抵制的“不健康饮料”。

新加坡是首个禁止高糖广告的国家，而对糖的特意征税，很多国家早已推行。英国、法国、挪威等国家和美国的部分城市，都有专门的糖税。糖厂和食品工业者痛恨此税，但他们的力量微弱，只能不断推出“低糖饮料”和“无糖饮料”。

科学家和知识分子是“糖税”的支持者。他们主张严格限制蔗糖、果糖这类“游离糖”，对它们征收高额税收。理由也很简单：游离糖以快速消化的方式提供能量，几乎不提供营养。除了“甜”和“爽”，游离糖可以说一无是处。人们若经常摄入这种糖，会导致龋齿、肥胖、厌食等病症。

糖对健康的危害，还带来另一层忧虑。糖如此廉价易得，有诱惑力，人们总倾向于多吃。尤其是自制力差的穷人，暴饮暴食，大量吃糖，把身体搞得一团糟，却无法负担医疗费用。糖的销量越好，医疗体系越不堪重负。于是，政府大力禁糖，以保护穷人健康和挽救公共医疗体系。

基于这两个理由，糖成了万恶之源。可以预见的是，越来越多的国家会出台限糖政策，糖税可能是继烟草税和酒精税之后，又一个世界性的“堕落税”。

在一片对糖的讨伐声中，我们有必要倾听不同声音。这种声音包含了诸多严肃命题：政府权力的边界在哪里，谁才是个人健康的负责人，以及公共医疗体系下的个人自由问题。

首先，糖虽不是健康食品，但也绝不是毒品。虽然大部分人馋糖，但糖不像海洛因、可卡因等毒品会带来神经系统快感，进而使人产生依赖性。吃糖最多属于行为成瘾，而非精神成瘾。很多医生推荐用糖果辅助戒烟，正是基于这一点。严肃的科学研究不支持极端反糖者的妖魔化宣传。主张将糖和酒精、烟草同等对待，征收高额税收，是不讲道理的。

其次，糖税是否具有正当性。很多人吃糖过量，不是不知道其危害，而是有自己的权衡：只要短期愉悦，不妨牺牲长期健康。这样的权衡在生活中很普遍。肥胖者沉迷于美味佳肴，戒酒者难免小酌三杯，喜爱甜食者也是如此。世界参差多态，个人自由选择，这本是常态。

政府有没有权力制定国民的健康生活规范呢？生活在现代社会的人，不难得出答案。倘若政府有权以健康之名，规定国民该多吃什么或者少吃什么，那么也就有权规定国民应该几点熄灯就寝或者几点起床晨练。这样的生活，真值得追求吗？

很多人觉得这是危言耸听，他们认为征收糖税，最多是对制糖和饮料工业加一点税收，调节一下消费量，与大众有什么关系？然而，任何税收都要讲政治伦理，强调为大众服务。至少征收糖税在“为大众谋健康”这一点上就很难站得住脚。

有感于此，糖税鼓吹者经常强调一点：公共福利。为挽救公共医疗体系，他们认为有必要通过税收控制一些不负责任的消费行为，以免公共医疗资源无谓地支出。我们必须承认，这样的理由很有说服力。

公共福利体系下，个人行为不再单纯，很多后果需要他人承担。不只是多吃糖是不负责任的，懒惰、熬夜、暴饮暴食都可能浪费公共资源。公共福利不是免费的，它的代价是个人自由受到限制，无论是道德上还是法律上。

在传统自负其责的医疗体系下，每个人生病是自己的事情，对他人谈不上负担，哪怕选择不健康或堕落的生活方式，也无须承担道德压力。而在医疗服务公共化的现代，人们任性放纵，都会因为拖累他人而变得道义有亏。个人行为被理所当然地限制，自由慢慢消失。

对珍视个人自由的人来说，这样的进程让人沮丧。要解决这样的困境，只有一条途径：脱离公共医保体系，每个人对自己的健康完全负责。这听起来很容易，但对大多数人来说几乎不可能。这才是让人真正感伤的原因。

FDA 的善与恶之争

FDA并非在鼓励研发新药，这是医药行业众所周知的事情。

药品审批越严格越好吗？一般来说，严格的审批意味着药品更安全，这是好事。但经济学家的眼光不止于此。安全是有代价的，围绕 FDA（美国食品药品监督管理局）发展的故事，我们会发现，这样的争论并非故作惊人的怪谈。

FDA 是全世界最著名的药品审批机构，成立于 1906 年，最初的职能是打击食品药品的制假售假，是事后追责的执法机关，有案件发生时才出手。美国大萧条时期，发生了一次药品中毒事件，造成多人死亡。人们在检讨 FDA 的事后追责模式时，认为亡羊补牢无用，于是赋予它审批权——药品上市前，要向 FDA 证明其无毒无害，方可上市。

这是一次重大的监管调整，我们从情理上也好理解。这样的模式一直沿用。直到 20 世纪 50 年代，“海豹儿”（phocomelic baby）事件彻底改变了美国药品审批的历史。

1956年，一种用来缓解孕吐的新药“反应停”（Thalidomide）在欧洲上市，其效果显著，很快被推广至世界各地。当“反应停”在美国上市审批时，FDA一位审批员因对药品副作用存疑，延迟了该药品的上市。在此期间，欧洲许多国家出现一些“海豹儿”：这些新生儿的上肢、下肢短小，甚至没有臂部和腿部，手脚直接连在身体上，形状酷似“海豹”。

当时，电视机已经在发达国家普及开来，骇人的画面冲击着电视机前的普通家庭。科学家证实，“海豹儿”的罪魁祸首正是“反应停”。到事情曝光时，估计全世界已出生上万名“海豹儿”。因为FDA审批员的疑虑，美国仅有少数孕妇接受该药的初步临床试验（药品临床试验不受FDA管制），服用了这一款新药，其他美国妈妈则逃过了一劫。

因为这一事件，FDA的形象空前伟大，堪称美国家庭“守护神”。惊魂甫定的美国人，推动政府赋予FDA更大权力。关键的一条是，新药的上市申请，必须包含药物有效性的“实质性证据”，并对其副作用充分审查，以此确保安全性论证。FDA的权力框架至此基本完成。

随后几十年时间，FDA不断在审批流程和细节强化权力，机构规模不断扩大。FDA员工人数超过万人，包括各种药理学家、生物学家、化学家、医学工作者和律师，他们决定着每一款新药能否上市。提交到FDA的新药申请书，往往厚达几万页，临床测试动辄上万例，无论新药的有效性还是安全性，都要经过重重检测。

FDA对药品的审核严苛，是全世界药品审批部门的典范。各国药品审批官员对自己的工作都颇自豪，公众也唯恐其不够严格——

唯独经济学家从未停止批评。弗里德曼曾批评 FDA，称这个部门阻止良药生产的坏处，远远大于它禁止劣药的好处。

严格审批有什么坏处？造成新药减少。审批机制树立起一道高大的屏障，把绝大多数新药阻止在市场之外。新药想通过 FDA 的检验绝非易事。官员倾向于大量筛查，反复检验，长期观察，从而确保新药在安全性和有效性两方面都十分完美。

如果获批新药在市面上出现闪失，官员的责任是无法推卸的；若以安全为由一再阻止新药上市，他将获得负责任的美名。至于阻止新药上市，将造成什么样的潜在损失，则与他无关。药品审批者即便是科学家，也很容易按照管制的逻辑出牌。

FDA 还被指责，经常在昂贵的临床试验中随意更改要求，通知制药公司增加病人测试。以抗生素为例，增加一种抗生素的单一指标临床试验，需要大量病患参与，往往耗费数千万美元。大量投入后，新药能否过审是未知数。这种巨大的不确定性，迫使很多制药公司放弃研发。FDA 的行为并非在鼓励研发新药，这是医药行业众所周知的事情。

一种新药往往兼具两种效果：它是治病良药，却有某种副作用。如果患者使用该新药，不仅能减少病痛，还会加快新药研发进度。若是放宽新药上市管制，交由患者、医师和专业机构对药品有效性和安全性做出评判，很多良药就会在市面上涌现。市场并不缺乏药品鉴别淘汰的机制，只是 FDA 独握药品审批权，市场的评价机制失灵了。

当代各国的药品审批机构，基本以 FDA 为师，行事逻辑也差不多。某药企负责人曾指出，创新药审批时间太长，药品专利期只有

20 年，实际上市后剩下的专利期往往不到 10 年。

成本高昂和审批低效打击了新药创新，大量制药公司将精力投入仿制药的研制生产。仿制药通过审批相对容易，不过也存在类似问题。2015 年以后，中国多次出台政策，要求药监部门审批提速，这个问题才得到一定解决。知识群体还有很多人沉迷在对 FDA 的崇拜中，没看到行业反思的那一面。

底特律为何衰落

迷信工会力量，是将境遇的改善寄望于斗争，而不是企业家和工人的合作。

底特律位于美国中部的伊利湖畔，这里交通便利，资源丰富。100多年前汽车工业兴起时，福特（Ford）、通用（General Motors）和克莱斯勒（Chrysler）三大巨头就齐聚于此，底特律成了著名的“汽车城”。繁盛时期的底特律有200多万人口，是美国第四大城市，也是工业城市的代表。

如今的底特律则是另一番光景：虽然汽车巨头们还在这里，但其影响力已不复往昔。这个城市的人口不足70万（其中80%是黑人），枪击事件和犯罪高发。在美国治安最混乱的大城市里，底特律排得上前三名。2013年，底特律政府破产，被联邦政府接管，一年多以后才恢复财政独立。

底特律的衰落原因何在？关注美国的人大多可以说上几句：种族冲突带来城市治安崩坏；黑人市长执政许下高福利，财政巨亏；

白人大量撤离，企业家和中产阶级流失。这些说法基本成立。可是，将黑人归结为底特律衰落的罪魁，并不准确。

20 世纪三四十年代，UAW（全美汽车工人联合会）在底特律诞生和坐大，为汽车城的衰落埋下了伏笔。这个全美最强悍的工会组织，早期领袖和骨干几乎全都是白人。

UAW 诞生于 1930 年，是美国大萧条时期众多工会之一。彼时，UAW 吸收了大量底特律汽车公司员工，寄望于集体斗争提高待遇。起初 UAW 的工作并不顺利：他们讲求团结斗争；资方则是寻求分化瓦解，在工会中寻找“自己人”，并引进新的汽车工人。双方势均力敌，UAW 占不到便宜。

1935 年，罗斯福政府出台《国家劳工关系法》，赋予工会合法地位和谈判权，并捆住资方手脚。比如，资方不得解雇工会成员，不得干预工会活动。该法案还赋予工会设置纠察队的权力——工会在罢工时能便宜行事，相当于有暴力执法权。博弈的天平向工会倾斜。

次年，UAW 向通用汽车发起攻击。工人占领工厂，静坐示威，要求加薪。他们还设置纠察队，在工厂周围拉起隔离带，以“防止资方搞破坏、诬陷工人”为由，将资方人马隔绝在外。政府仅仅派出警察将纠察队和公司保安隔离，维持罢工秩序——这种做法正中工会下怀。

罢工持续 44 天，资方被迫妥协，同意工会的条件：不追究罢工者责任，不歧视工会成员，提高工资。此外，工会还取得一项影响深远的成果：每隔几年（通常是 2 年到 5 年），他们就有一次集体谈判的机会，以确保工人福利提升——相当于获得每几年一次的“罢工权”。通用汽车输得毫无脾气，UAW 乘胜追击，实现对三大汽车公司的征服。

第二次世界大战时期，在爱国主义的激励下，UAW 和汽车厂商实现了情感和解，集体谈判也在各自让步的氛围下进行。主要的原因在于，行业高速发展带来了丰厚利润，企业有能力提供优厚的薪资和福利。大公司想排挤行业新晋者，也乐于接受工会水涨船高的报价。这种劳资默契的合作，一直持续到第二次世界大战结束后。

20 世纪 50 年代是 UAW 的巅峰期，会员人数高达 150 万，涵盖美国、加拿大和哥斯达黎加的汽车业。工会成员需要缴纳工资的 5% 左右作为会费，这笔钱用于工人福利、罢工补贴和其他投资。当时，底特律号称有“四大集团”，除了三大汽车厂商，就是 UAW 的势力。UAW 高层作为总统顾问，是具有政局影响力的大人物。美国劳工福利的多部法律（包括医保、退休待遇、职业安全、职业教育等），都是 UAW 推动制定的。

20 世纪六七十年代，日本汽车异军突起，美国车商察觉到他们所面临的挑战。日本汽车性能稳定，价格便宜，在国际市场很有优势。美国汽车厂商为了和日本人竞争，开始在集体谈判中强硬起来，UAW 则不肯善罢甘休。蜜月期结束，罢工此起彼伏，一次比一次激烈。

到 20 世纪 80 年代，日元升值，日本汽车出口受阻。日本直接到美国投资建厂，反而变得划算起来。日本人悄然绕过底特律，在美国南方连续建厂，成为美国汽车产业重要的“一极”。美国人引以为豪的汽车产业，居然遭到日本人“入侵”，这让美国汽车产业很受震动。

底特律持续几十年的光环在褪去。底特律有发达的汽车分工体系，这固然是很大的优势，但它的缺陷也很明显：底特律工人大多签订长期合同，没有失业之虞，类似“国企病”的现象很普遍，比如怠工、固定涨薪、重视资历。企业很难辞退员工，因为失业赔偿金十分高昂。

更糟糕的是，底特律企业的经营管理，受到了工会严重的掣肘。关闭低效率部门，裁撤过时的生产线，这些都很难做。业务调整意味着有人失业，有人闹事，还要支付一大笔赔偿金。工会总是阻止企业采用有效率的机械和管理方法；企业到海外投资建厂，也需要工会审查，因为集体谈判的条款，明确要求了优先照顾本地就业。

相比而言，美国南方就优越得多，那里没有严密的工会体系，到处是富有活力且服从管理的工人。工人不隶属于工会，劳资关系很简单。在日本人开办的企业中，员工更勤劳，管理效率更高，产品进步也显著。日本企业已经在欧洲取得成功，现在开始一点一点地蚕食美国市场。

2009 年，丰田战胜通用，夺得全球汽车销量第一的宝座，结束了通用长达 77 年的霸业。此时的通用正在申请破产保护，克莱斯勒也卖给了意大利车企，三大巨头仅存福特。UAW 为了长远利益，不得不放松对汽车厂商的盘剥。此时的底特律受 UAW 之害，已经积重难返。

2016 年，中国“玻璃大王”曹德旺到美国投资，也遇到了 UAW。当时，有人向 UAW 举报，称福耀公司未能保障工人的安全生产，要求工会介入调查，并在福耀公司成立工会。曹德旺的态度很明确，“工会进来，我们就关门不做”。

面对 UAW 的顽强渗透，福耀公司积极应对，揭发工会领袖收受贿赂、奢侈享受的真相，从道德角度打压 UAW。一些美国工人也意识到：福耀公司虽然给的工资不高，但好歹在提供工作机会；如果赶走福耀公司，他们只能重回失业泥潭。最终，工人们在表决大会上拒绝了 UAW 入驻。

前些年，一部由奥巴马名下电影公司制作的纪录片《美国工厂》，忠实记录下该事件，引发美国各界反思。声名狼藉的 UAW，被新记上一笔账。马斯克也是汽车工会的批判者，他批评工会领袖是吸血者，以保护工人的名义过着奢侈的生活，“权势盖过白宫”。现在的 UAW 处于历史的低谷，全美会员数大约 30 万，在美国产业界的占比微乎其微。UAW 为祸汽车行业太久，引发的后果太过明显，这才引发众怒，陷入谷底。

美国工会的土壤还很深厚，除汽车行业，教师、交通、演艺等行业都有工会，它们左右着劳资谈判。欧洲国家的工会则更普遍，动不动就组织罢工，造成社会秩序动荡。一些人对工会表示羡慕，迷信工会力量，没看到其黑暗面，说到底是将境遇的改善寄望于斗争，而不是企业家和工人的合作。发达国家踩过的坑，我们更要小心。

美国最老牌的国有企业

国有企业低效率的弊病，美国也不能幸免。

配送超慢，偶尔丢件，客服不通，亏损经营……这是哪家快递公司？这里说的是美国邮政。美国邮政是美国为数不多的国企，其前身是美国邮政署，这是少数几个被写进美国宪法的政府部门。就是这样出身显赫的老牌国企，美国时任总统特朗普一度想把它私有化。

美国邮政体系兴起于殖民时代，英国殖民者为了钳制独立思潮，对美国出版和邮政行业进行严格控制。美国建立后，“公办邮政”的思路被继承下来。大农村时代的美国，人口只有几百万人，还住得很分散，他们非常依赖邮局。美国邮政署是风头最劲的政府部门，雇用了大量邮政官，他们奔波在美国广阔的疆域上。

电报和电话兴起以后，一开始由于价格太贵，与普通家庭关系不太大。美国人习惯于阅读，书信和公文的往来逐年增加。报纸行业崛起，美国邮政署靠着这项业务，发展得更加壮大。邮政是政府事务，没有成本和利润约束。哪怕收件地址是极端偏远的印第安人部落或者滑雪橇的阿拉斯加部落，他们也要把信送到。美国政府规定了极低的邮费，邮政署无权调整，也不能裁撤站点。任何资费和运营变更都要经过美国国会最终同意——直至今天，这些规定仍然没有改变。

很多人觉得这很合理：为了确保信息流动，邮政最好由政府统一经营。如果邮政行业是私人经营，他们就总想赚钱。如何确保做到这一点呢？把邮政事业的意义拔高，事关国家统一和民智开化，政府花大钱也在所不惜——这正是很多人赞成的观点。可无论国营邮政的意义有多大，它面临的怀疑一直没有减少。

首先，国营邮政的业务范围太大。早期的信件通过马车寄送，短途通信一般限于相邻本地。这种事情，私人企业也能干，为何非用国有企业呢？长途通信基本只传递政府公文，美国政府设立邮路即可，何必弄一个包办民间邮政的邮政署呢？唯一说得过去的理由是：国营邮政很早就成立，邮路现成，附带做些民间邮政业务。这样的理由还是太牵强。美国是一个推崇私企、厌恶国企的国家。国营邮政存在的基础除了宪法，现实中很难找到合适的理由。

其次，长途邮政的效率太低。美国的国土面积很大，而当时的交通又很落后，长途邮政慢是很自然的事情。不过随着时间推移，私营邮政兴起，这种缓慢变得令人难以忍受。

19 世纪中期，全美的冒险家涌入加州开采金矿，长途通信的需求变得迫切起来。美国东西海岸铁路还未开通，巴拿马地峡还没凿开。人们要想从美国东海岸寄信到西海岸，怎么寄呢？先用轮船运到巴拿马地峡东岸卸货，然后用骡马拉到地峡西岸，再用轮船拉到美国西海岸，最后卸货送信。每次寄信最快一两个月。传递家书，慰藉思乡之情倒还行，真有急事可就太慢了。长途送信太慢，一方面是自然条件所限，还有一个原因不可忽略，那就是邮政系统官僚化。

美国邮政署的官员是领薪水的公务员，只向上司交代，不对客户服务。在他们眼中，送信这种事，早到几天和晚到几天没什么区别。邮费被管得死死的，长途送信的成本那么高，也没什么激励他们去提高送信速度。国有企业低效率的弊病，美国也不能幸免。

1853 年，一位淘金客在报纸上咒骂美国邮政署："谁能告诉我，美国邮政署究竟能做什么？无论是寄一封信还是收一封信，都要一个月以上，还经常寄丢！邮差倒是常来，但他身上的邮筒也是经常空空如也，说什么信件还没下船，信件还没上船，信件还在海上游荡！"

既然国营邮政效率如此低下，那么私人邮政能不能行？一些淘金客深感通信不便，私自开了一家快递公司，取名小马快递（Pony Express）。这条邮路起点是加州圣克利门蒂，终点是密苏里州的圣约瑟，全程近 3000 公里，设有 157 个驿站，每天换马 6 次至 8 次，通常 10 天跑完路程。整个路程很辛苦，只有彪悍的牛仔才能胜任。相同的路程，官方邮政需要一个多月才能送到。

小马快递提供了私人邮政的可能，倘若竞争激烈，效率还可能提高。可惜，这家快递公司因南北战争爆发而夭折。战争结束以后，美国开始大铺铁路网，邮政效率大幅提高，美国邮政署的地位得到了稳固。到了第二次世界大战时期，美国政府授权邮局接手储蓄业务，依靠规模庞大的网点，邮局吸收大量存款，邮政署的日子好过起来。再后来，全美铁路网建成，送信慢的问题基本得到解决。第二次世界大战期间，来往于前线后方的书信都通过邮局寄送，这显然是私人邮政无法比拟的优势。

20 世纪 60 年代，美国邮政问题再次引起关注。由于政府办事一贯混乱，很多地方出现邮件丢失的现象，单单芝加哥邮局被发现积压和丢失的邮件，就超过 1000 万封。美国时任总统尼克松（Nixon）力推邮政改革，经过长达三年的听证、辩论和抗议，美国邮政署被撤销，邮政署长被踢出内阁。

新成立的美国邮政有 11 个董事席位，其中 9 个席位由总统任命。之后，美国邮政就要自负盈亏了。可是谈何容易？不管是邮费变更还是网点增减，董事会都没有决定权。虽然国营邮政网点多、规模大，但盈利能力很差，其最大的收入来源是帮助企业发广告传单。幸好巨大的公文和邮件系统都由它投递，加上各种名目的借款和补贴，美国邮政才能维持生存。

互联网崛起后，通信进入互联网时代，没有多少人写信了，就连公函和广告投递也越来越少。美国邮政重新陷入困境。很多人认为，这家老牌国企死定了。没过几年，以亚马逊为代表的电商公司将它从悬崖边拖了回来。美国邮政投递效率低，不过其网点遍布，价格便宜。美国用户对电商订单的时效性要求没那么高，于是商家大多通过美国邮政发货，这给后者带来巨大的业务量。如今，美国超过六成的快递，是由美国邮政投递的。

2017 年，美国媒体报道了一件奇事。一些外国卖家在美国境内网络下单，向美国人寄送廉价商品，纯粹“盲投”，商品也不值钱。大家之所以这么做，就是因为美国邮政费用低。毕竟，邮费的成本实在太低了，只有几十美分，低到商家愿意刷单打广告。

美国时任总统特朗普抨击亚马逊公司，指责它“偷走”税款。很重要的一点，就是“蹭补贴”。据说，美国邮政为亚马逊每发一单货，就要损失 1.5 美元。2017 年 ，亚马逊出货量 13 亿件，美国邮政一分钱没赚，还要倒贴十几亿美元。特朗普抱怨说，亚马逊把邮局当成“快递小哥”了。

2017 年，美国邮政账面亏损 27.42 亿美元，它从美国政府获得的各项收入就超过 180 亿美元。这家国企还有融资借债，赤字 500 多亿美元。它有 64.4 万名员工，相当于每 500 个美国人就有一人在这里工作。员工的退休、医疗、养老等福利开销，占成本的 90% 以上。

20 世纪 70 年代，尼克松将美国邮政署改成国有企业，曾引起邮政工人大罢工。特朗普对邮政公司动刀，想把这家国有企业搞上市，使它最终私有化。这关系到数十万名邮政员工的饭碗，几百万人的利益，亚马逊这样吃邮政补贴的企业也不会善罢甘休。事情还未实质推进时，就迎来了 2020 年美国大选。特朗普输掉选举，而且是输在关键的“邮寄选票”上。美国邮政也算是出了一口气。

一个人的火车站

国企本身缺乏有力的财务约束，很多人还在鼓励这种倾向。

旧白泷站是日本北海道农村一个偏僻的火车站——在这里上下车的乘客很少，大约和中国的四等小站差不多。2016 年 3 月 25 日，旧白泷站停止运营。在此之前，这个火车站已经服务了当地民众将近 70 年，当地村民对它感情深厚。停运当天，村民们早早来到站点搭帐篷，拉横幅，纪念最后一次火车进站，并和铁道工作人员道别，场面温馨感人。

当天，腾讯新闻的工作人员在当地架起直播机器，超过 100 万中国网友观看，见证这个北海道小站的谢幕。为什么中国人这么关注它？原因是一个小小的故事。据说，早在 2013 年，旧白泷站原本就要关闭，而当地有一位名叫原田华奈的女孩，还需要坐火车去上高中。为此，铁路公司等了她 3 年，一直等到她高中毕业，旧白泷站才正式关闭。

通过现场直播和采访，我们可以知道，这个旧车站还有一些当地乘客。他们在向铁路公司请愿时，特意将原田华奈作为例子，表明旧白泷站对当地生活的重要性。媒体在传播时省略了大量细节，旧白泷站演变成“一个人的火车站”，整个故事变得格外动人。

恰好这位原田华奈有中国血统（她的母亲是中国台湾人），故事传到中国，更增加了中国网友的亲近感。很多人被铁路公司的人情味打动了。我也是被打动的无数人之一。不过，在人们一片赞美声中，我还是有些疑虑，并查了一些资料。

故事中的铁路公司 JR 北海道，是原日本国铁（JNR）的一部分。日本国铁原是国有企业，1987 年进行大规模拆分和私有化，多数已顺利转型，而 JR 北海道经营困难，改制失败，目前还是国有企业。国有企业不顾运营成本奉献爱心，是不是不太妥当呢？

作为长期的经济观察者，对任何涉及企业和财务的事情，我都会产生职业性警醒，不容易被感动。绝大多数网友喜爱这样的感动。但也有很多人不满，不满的点仅仅在于，他们觉得中国也有类似的温情故事，怎么不见媒体报道呢？确实是这样的，差不多就在“一个人的火车站”新闻火爆之时，也有一则相似的国内新闻被报道。

中国福建省永泰县的山村有一所小学，只有一个学生和一个老师。学生的父母离异，父亲在外务工，他本人由爷爷、奶奶照顾。当地政府为了这唯一的学生，保留当地小学，唯一的老师也在默默坚守。这件事听起来也很感人。这样的事情在中国远远不是孤例。就在这个故事的发生地永泰县，当时只有 1 位老师的小学有 19 所，其中的 11 所学校也只有 1 名学生。

在农村人口减少、生源萎缩的背景下，基础教育确保“一个都不能少”需要付出巨大的成本。如果要保证“就近上学，村村有小学”，这里还有其他方面的代价。那就是，学生没有伙伴，学习缺乏交流，很多课程无法开设，教育设备无法更新。温情的背后是沉重的代价。

2000 年以后，中国基础教育撤点并校，一个考虑是提高经济效益，另外一个考虑是提高教育水平。如何解决“一个人的学校”问题呢？有人提出，政府可以资助这位学生，让他到附近的中心小学入读，这样成本比维持一所学校低，教学效果也好得多。

也有人说，让爱心网友“认领”募捐，保住学校，让孩子就近把学上完——让地方财政维持“一个人的学校”运转，确实为难。这些或许都是解决方案，是基于理性分析，而不是煽情。

2012 年以后，中国叫停“撤点并校”。原因有很多，但总体情况是：彼时政府出台政策，经济计算的考虑在后退，顾虑情感的因素在增加。在社交媒体时代，民众乐见感动，而不是考虑成本。“一个人的学校”很能体现国家对教育的投入和重视，裁撤学校反而会引起不必要的争议。

在“不计较成本，要温暖动人”下，“为一户老人用电，国家架起三根电线杆”，“为十几户人家花一百多万修基站”，在前几年的脱贫攻坚战中，这样的故事经常可以看到。这样做的大多是国有企业，而国企本身缺乏强有力的财务约束。

我到四川、贵州和广西的扶贫现场，经常能看到这些“大爱”。前些年，这些事情还传播得很火，一直到后来，越来越多人发现温情背后的成本，宣传声浪才逐步降低。我想，日本“一个人的火车站”也面临同样的尴尬。JR 北海道作为国企，已经亏损多年，日本政府每年帮它填补上百亿日元的债务窟窿。看它这一顿操作，警醒的日本人可能不会感动，而是只有苦笑吧。

一座伟大城市的衰落

巴尔的摩可能会变成下一个底特律。

美国总统特朗普在任期间，推特（现在已改名为 X）是他发声的主战场。有一段时间，特朗普和众议院民主党人伊莱贾·卡明斯（Elijah Cummings）在推特发生口角，并引发一场有关地域冲突的口水仗。这算是特朗普执政期间无数闹剧里颇有意思的一桩小事情。通过这件事情，我们可以看到，一座伟大城市是如何衰落的。

事情的起因是：卡明斯当时是美国众议院监督委员会主席，他长期批评特朗普的边境建墙政策。卡明斯宣称，特朗普的女儿伊万卡（Ivanka）、女婿库什纳（Kushner）有诸多不法行为，建墙是腐败工程，并扬言要发起调查。

这一举动惹怒了美国时任总统特朗普。特朗普称：美国的边境墙工程干净高效，管理良好。卡明斯所属的巴尔的摩（Baltimore）选区，则是一个“令人作呕、老鼠横行的地方，整个美国没有比这里更加糟糕的了。正常人都不会选择住在这种鬼地方”。

总统发表“地域歧视”的言论，许多人纷纷中枪。包括当时的民主党领袖南希·佩洛西（Nancy Pelosi），她就是土生土长的巴尔的摩人。更重要的是，巴尔的摩是一座以黑人为主体的城市，虽然特朗普在种族问题上一句话也没说，但几乎所有人都指责他“种族歧视”。

美国前总统奥巴马和夫人就在第一时间抗议。《巴尔的摩太阳报》写了一篇社论，大骂特朗普，说“宁有几只老鼠，也别当一只大的”。为了回骂总统，该报居然把老鼠的事情接了下来。

话说回来，巴尔的摩市区环境糟糕，鼠患严重，确实是出了名的。2018 年，美国害虫管理协会统计，全美鼠患最严重的城市，前五位城市分别是芝加哥、纽约、洛杉矶、旧金山和华盛顿。这些都是民主党主政的大城市，身为二线城市的巴尔的摩排在第九位。

为什么这几个城市鼠患猖獗呢？总结起来是，当地公共设施管理不善，流浪汉随意抛撒垃圾和零食，导致老鼠泛滥。政府想有所作为，无奈环保法令掣肘——环保主义者担心使用鼠药破坏环境。政府和民间的灭鼠都很不得力。

除了老鼠横行，巴尔的摩脏、乱、差也是众所周知的。2016 年，民主党大佬伯尼·桑德斯（Bernie Sanders）批评过巴尔的摩的贫穷和腐败。批评尺度可比特朗普大多了，但没人说什么。因为桑德斯是民主党人，所以骂得再狠也是“爱之深，责之切”。特朗普却是共和党“外人”，哪怕说的是实话，也要被怼回去。

特朗普批评巴尔的摩，也获得许多支持者点赞，他们举出一堆数字和报道证明总统所言非虚。

在美国主要城市中，巴尔的摩是谋杀案发生率最高的城市之一。

这座城市有 62 万人，2017 年有 343 人死于谋杀，每 10 万人就有 56 人被谋杀。芝加哥人口总量是巴尔的摩的 4 倍，长年被称作“犯罪之都”，2017 年有 650 人被谋杀。巴尔的摩的谋杀率要比芝加哥高得多。巴尔的摩的黑人数量约占总人口的 65%，包揽了绝大多数犯罪事件。一个对比是，环绕巴尔的摩的巴尔的摩县（行政区划与巴尔的摩没有隶属关系），总人口大约为 80 万人，白人占 65%，这个地区的凶杀犯罪率只有巴尔的摩的 1/10。

这场嘴仗打了一个多星期，动静闹得很大，几乎所有的民主党大佬都参与骂战。虽然口水纷争很快就过去了，但很多话题还是值得深入讨论的：巴尔的摩为何变成这个样子？了解这座城市历史的人们，无不对此感到惋惜。

巴尔的摩位于美国东海岸的马里兰州，是一个港口城市，距离首都华盛顿特区只有 60 多公里。美国建国初期，巴尔的摩是仅次于纽约和费城的第三大城市。独立战争时期，巴尔的摩一度作为战时首都。《星条旗永不落》最早刊登在巴尔的摩报纸上，并最终成为美国的国歌。可以说，巴尔的摩是美国的“革命老区”——美国独立初期的重镇，都是条件极好、英国人苦心经营的大城市。

巴尔的摩是美国东海岸的枢纽，南北方铁路在此汇聚。人类历史上第一段电报线就在巴尔的摩和华盛顿之间铺设，这两个城市还共用一个机场。这个城市因港口而兴，交通十分便利，当地很早就建起许多以钢铁、煤炭、石油和木材为原料的工厂。产品既销往美国内陆，更通过港口运往世界各地。巴尔的摩的经济一直非常好，被视为美国东海岸经济的标杆。

繁荣的背后潜藏着问题。巴尔的摩发展的多是劳动密集型产业，吸引了大量没受过教育的劳动工人，其中黑人占很大比重。这里是美国工会的发祥地，早在 19 世纪 60 年代，美国劳工同盟就在这里诞生。巴尔的摩是黑人平权运动最兴盛的地区。

20 世纪 60 年代，美国大量黑人在经济利益和政治优待的吸引下，进入巴尔的摩，白人中产纷纷搬离，巴尔的摩的人口结构就此改变。

马里兰州是“深蓝州”，巴尔的摩是民主党的“铁盘”。1947—2015 年，68 年之间，民主党在巴尔的摩一共执政 64 年，从市长到议会成员，再到校监，这个城市的领导者几乎全是黑人民主党。在美国，只要是民主党执政地区，政客们就会出台迎合底层、仇富扶贫的政策。这些政策足以把任何繁荣城市毁掉。巴尔的摩的历史证明了这一点。

2015 年，位于巴尔的摩的约翰霍普金斯大学的两位经济学教授在《华尔街日报》发表文章称：“1950—1985 年，巴尔的摩官员将财产税增加了 21 倍，此举带来的相关好处落到获利的选举集团手中，造成很多拥有房产的人士和企业家逃离，这些人绝大多数是共和党人。考虑到民主党人现在享受着 8 ∶ 1 的选民登记优势，这是高明的政治手腕。”

另一项统计数据显示，巴尔的摩常年居于“美国税收最高的城市前十名”行列。高税收对应高福利，超过 1/3 的居民领取食物券，超过 60% 的居民从政府手里领取不同形式的救济补贴，超过 85% 的儿童享受免费早餐和午餐。当地政府为购房者提供 1 万美元奖励和 5 年贷款优惠。

在福利主义腐蚀下，巴尔的摩的黑人家庭几乎解体，当地非婚生率高达72%，单亲家庭占60%以上。大量儿童不知道父亲是谁，低效的公立教育也只能算是代为看管，根本谈不上教育。这些人一到青少年阶段，就会成为城市罪犯的主力。巴尔的摩所在的马里兰州同样出台“坏政策”，这些政策对摧毁城市具有公认的威力。最典型的例子是房租管制。

房租管制降低了房主的收益率，迫使他们抛弃房产或放弃出租；即便出租，也缺乏改善房屋质量的意愿——因为房租收入太低，可能都抵不了维修成本。租客住在破旧的房屋，更加不会珍惜。房租被管制，建新房的动力被抑制。城市住宅不翻修新建，社区就会破败，向往美好生活的人们就会搬离。一旦逃离开始，城市衰落就会加速。第二次世界大战后，美国许多城市实行房租管制，后来陆续取消。巴尔的摩则是房租管制最长的城市之一，直到2018年才废除房租管制。

马里兰州是美国最低工资水平最高的州之一。2019年，马里兰州议会通过决议，将该州最低时薪的10.1美元，每年上涨近1美元，达到2025年的15美元。一开始，州长否决这一动议。州长认为，如果大幅上涨最低工资，小企业主将会流失到邻近的弗吉尼亚州，因为当地最低时薪是7.5美元。州议会随即以多数票推翻了州长的否决——该州的左派民意难以阻挡。

高税收、高福利、严管制，这些经济政策的后果可想而知。这个城市的人口数量从20世纪60年代的接近百万人，到如今只剩60余万人。之所以巴尔的摩经济一直没有崩坏，马里兰州经济和财政也还过得去，很重要的原因是，该州和该市离首都华盛顿很近，沾了不少首都的光。

在马里兰州工作的人中，18% 的人为政府工作，其中约 10 万人为州政府工作，其他人则为联邦政府工作。华盛顿特区的雇员群体，相当一部分来自邻近的宾夕法尼亚州和马里兰州。几十公里的距离，在汽车社会的美国，根本不算什么。找不到工作的黑人群体，大量进入巴尔的摩，靠吃福利也能维生。

马里兰州人均 GDP 超过 8 万美元，巴尔的摩人均 GDP 为 6 万美元，虽然看起来很高，但真正源于劳动生产的那部分很少，价值创造的水分巨大。这个城市还能维持表面繁荣，在很大程度上是靠华盛顿权力体系供养的，其内生经济系统已经被掏空。巴尔的摩超过 40% 的适龄人口没有就业，大部分是黑人。他们无所事事，是社会上的破坏性力量。

2015 年后，因为一件“警察暴力”事件，巴尔的摩的治安急转直下。事情很简单：6 名巴尔的摩警察巡街时发现一名黑人行迹可疑，将其逮捕。这名黑人叫弗雷迪·格雷（Freddie Gray），有过多次犯案记录，当时随身携带弹簧刀。警察将其带回警局调查，路上造成该人死亡。可能是警察殴打致人死亡，也可能如他们辩解的是意外事故，总之结果是庭外和解，警察高额赔偿。

在案件审判的同时，大量黑人走向街头，抗议警察暴力执法。他们纵火抢劫，制造骚乱。媒体将这起抗议视为新平权运动。警察士气大受挫折，一些人辞职，其他人减少街面巡逻，对罪犯的打击力度也大大松弛。巴尔的摩从“经济衰退”转向“治安大坏”，当地犯罪率上升，被谋杀者逐年增加。黑人还在涌进，坏政策稳如磐石，企业不断逃亡，经济大势难以逆转。

犯罪率高到一定程度，警察几乎无法治理，犯罪就成为失业青年的选项。对他们来说，工作如此辛苦，犯罪成本如此之低，为什么不选后者呢？一个地区越是犯罪高发，企业家和优秀的个人越要逃离。良人逃亡，坏人当道，恶性循环。巴尔的摩可能会变成下一个底特律。

游泳运动员迈克尔·菲尔普斯（Michael Phelps）出生在巴尔的摩，他在这座城市长大、训练，成为泳坛巨人。巴尔的摩人视菲尔普斯为英雄，菲尔普斯也对这座城市有很深的感情。2012 年，他在当地花上百万美元购买豪宅，几年之后就将其卖出，为此亏了一大笔钱。2016 年，菲尔普斯不顾家乡人民的挽留，将工作和生活重心放在另一城市——亚利桑那州的凤凰城。类似情形的逃离，在 2015 年后非常多见。

巴尔的摩曾是一座美好的城市，有过辉煌的历史，有过光彩照人的时刻。如今，这座城市鼠辈横行，不断失血，一步步走向衰败。感伤之余，可反思借鉴之处实在太多了。

第五章

国家兴起，在泥潭中看到微光和希望

越南经济为什么有前途

30年革新开放，越南一直“以中为师”。

像《越南经济迅猛发展》这样的新闻播了好几年，媒体似乎已经习惯了。在新冠疫情防控期间，越南的贸易总额迅猛增长，增速几乎超过了所有的经济体。2021 年，越南贸易总额是 6700 亿美元左右，同比增长 22%；到 2022 年一季度，同比增长 14%，环比增长达到了惊人的 38%。此后，虽然这种超高增速有所回落，但其总量超过 7000 亿美元，在东南亚仅次于新加坡。

似乎只在短短几年，越南就变了一个模样，变成其他国家无法忽视的竞争对手。

越南经济发展是典型的“东亚模式”，即通过贸易拉动增长：引进资金和技术，利用本国劳动力廉价的优势，从事加工制造业，将本国经济和全球市场深度融合；从贸易中取得资本积累和技术进步，再将其投入本国产业升级，最终扩展到各个领域的生产力提升——先给全世界打工，再成为世界工厂，在人们生活水平提高后谈“开拓内需”。这样的发展路径，我们应该很熟悉。

2022 年，越南人均 GDP 超过 4000 美元，相当于中国 2010 年的水平。如今，越南不算是穷国了，加上贸易如此高速增长，未来几年将是越南的黄金时光。那么，越南会取代中国在全球贸易中的地位吗？很多媒体用耸人听闻的话语制造话题。准确的提问应该是：越南会争夺中国的贸易份额吗？我的答案是，“已经在竞争了”，我们不能不重视。

1986 年，越南实行革新开放，开启和中国的经济长跑比赛。越南一直是经济增长最快的国家之一。只是前面几十年，中国经济增速很快，越南的经济神话才为之失色。其实，越南发展得并不慢，在 30 年时间，其经济总量翻了 20 多倍，我们用“神话”来形容也不为过。

对于越南来说，不仅经济增速紧随中国，就连路径也差不多。越南最近几十年的经济政策是“革新开放”，和中国的“改革开放”只有一字之差，内容也几乎一致。

中国搞经济特区，越南也有经济特区；中国发展外向经济，吸引外资，越南也坚持这么做。2001 年，中国加入世贸组织；2007 年，越南也加入进来，并签订了大量双边自贸协定。由于中国拥有庞大的经济体量，中国“入世”过程遭遇了巨大阻力，而越南“入世”遇到的麻烦则少得多。

目前，外国投资占越南总投资的比例约为 1/4。韩国、日本和新加坡是越南的主要投资来源国，全世界大约一半的三星手机是“越南制造”。这个比例甚至比中国苹果手机产量的占比还要高。经济开放带来的好处如此显著，这个国家很难回到“闭关锁国”了。

越南的基础设施很落后，有数千亿美元的建设缺口。与此同时，越南的基础设施投入也很大，每年花费上百亿美元建设公路、铁路和港口，其规模在亚洲仅次于中国。这也被认为是在模仿中国。基础设施的完善，将使越南形成长期的竞争力。

在发展过程中，越南政府起了主导作用。由于财政刺激和公共工程建设，越南政府背负了大量债务。为了解决融资问题，越南政府推动国企 IPO（首次公开募股），通过资本市场解决融资难题。这大概也是受了中国国企改革的启发。

在 30 年的革新开放中，越南一直“以中为师”。中国改革碰到的困难，越南也有遇到，大多采用中国经验解决。目前来看，效果还不错，越南也开始对中国形成一定的竞争压力。

2010 年，越南取代中国成为运动品牌耐克的第一代工基地。以此为标志，中国一批纺织、玩具、鞋履和家具企业陆续往越南迁移。早期，“中企南迁”是积极主动的。因为越南劳动力价格便宜，环境成本低，劳动密集型企业的污染又比较重，企业外迁是正常的“产业外溢”。

2018 年，中美发生贸易摩擦，越南承接大量来自中国的中高端产业，比如深受关税制裁之害的电子产品、金属制品、汽配家电等行业。同年，越南申请加入《全面与进步跨太平洋伙伴关系协定》（CPTPP），大量商品关税降至零。企业在越南开厂的成本优势，就显现出来了。

在新冠疫情防控期间，越南一度受到困扰，不过全国的生产几乎没停，这给了投资者很大信心。越南还和欧盟签署自由贸易协定，声称未来 5 年将减掉绝大多数关税。美国和欧盟这全球两大经济高地，都看好越南。将来在开拓市场、引进资金和技术等方面，越南会越走越顺。

从越南的条件来看，这个国家人口规模足够大，截至 2023 年有 1 亿人左右，比“亚洲四小龙”的人口加起来还要多。现在越南工人的生产效率比中国工人低，这是因为越南的法律偏袒劳动者，罢工和旷工有恃无恐。一旦越南政府意识到这个问题，以越南人民的勤奋吃苦精神，他们不比其他“苦干民族”差多少。越南有超过 6000 万年轻人，他们大多受过基础教育，而随着经济发展，具有高教育水平的人才普及率越来越多，这为越南迈入信息时代做好了准备。

越南人口集中在越南北方的红河平原和南方的湄公河平原。最近 20 年，越南大量农村人口涌入城市，形成胡志明和河内两大“一线城市”，胡志明市的人口甚至超过了 1200 万人。越南政府雄心勃勃，给这两大城市拓地建房，目标就是将两大都市催生得更大。在越南各个城市，互联网经济已经兴起，视频电商、带货直播正在如火如荼地展开。

从宏观政策到产业发展，我们在越南身上可以看到中国的很多影子。中国走在前面，越南亦步亦趋，身段灵活，并小心翼翼地绕过中国遇到的陷阱。现在越南的贸易总额是中国的 1/10 左右，人均 GDP 不到中国的一半。考虑到中国经济体量更大，发展更早，越南追到现在还能保持高速增长，不能不让人钦佩。

说到越南的经济进步，很多媒体会弥漫着一股悲伤的气氛，好像中国的钱被越南人赚走了，中国经济就要下滑。我们大可不必这样悲观。越南经济进步是越南人民的福祉，对全人类来说同样是好事。经济发展不是“零和博弈”，它是互相竞争、各自获利的过程。

在经济发展的过程中，越南可以获得一些产业机会，中国也能进行产业升级，创造新产业。只要过程良性，中国企业家跨出国门，在国外“进口劳动力”，本国人民同样受益。中国是越南最大的贸易伙伴，一个繁荣发达的越南，比一个贫穷落后的越南对中国更有好处，其中的道理是无须多说的。

越南经济突飞猛进，除了带来现实经济利益，也给中国人敲响了警钟：世界各国经济竞争激烈，谁都没有绝对优势。“世界工厂”的头把交椅，一直是各个国家抢着坐，没有永恒的强者。越南有1亿人左右，他们渴望过上富裕生活，越南之外还有缅甸、柬埔寨，东南亚有6.5亿人左右。此外还有印度、墨西哥等国，它们都有雄心勃勃的发展计划。中国面临的经济竞争很激烈。

以中国14亿人的超大规模市场，我们可以做到中低端产业继续深耕，从而带动底层人口致富上升，还可以做到高端产业和发达国家竞争，并使之成为经济发展的动力，这样的想象并非海市蜃楼。我们的眼光要看到发展的不足，不能为了争强就把传统的优势丢掉。

不可思议的非洲梦工厂

尼日利亚电影业创造了上百万就业岗位，是仅次于石油和农业的支柱产业。

你看过非洲国家的电影吗？我想多数人会摇头。事实上，非洲以外的人也很少看。非洲似乎是电影的荒漠。但是，谁能想到在电影界不显山不露水的非洲，拥有世界最大的电影生产基地之一。这里每年生产电影约 2500 部，数量超过了美国好莱坞，仅次于印度宝莱坞。这个电影基地就是瑙莱坞（Nollywood，又译“诺莱坞”），位于西非国家尼日利亚。

截至 2023 年，尼日利亚有大约 2.22 亿人口，是非洲第一人口大国。它的石油产量居非洲第一，石油出口量列世界第六。但是，石油没能给尼日利亚带来繁荣，财富都掌握在政府和部族手里。该国民族众多，宗教复杂，基督徒和穆斯林分据南北方，数量各占一半，冲突激烈。最近几年，极端组织“博科圣地”多次袭击基督徒的村落。

总而言之，尼日利亚经济落后，政局不稳，正是人们印象中非洲落后国家的样子。作为休闲娱乐产品，电影能成为一项产业，通常是经济发达后才有的现象。尼日利亚人均 GDP 大约为 2000 美元，多数人口属于绝对贫困，这样的国家如何做到每年生产大约 2500 部电影呢？

互联网上关于这方面的解释非常少。人们对非洲电影的嘲笑遍地都是，基本的描述是：所谓的瑙莱坞，完全是一堆劣质的山寨货，那还能叫电影？真实情况确实如此。在尼日利亚首都拉各斯，拍摄电影的成本非常低，人们只需几星期、一两万美元，就能拍出一部电影。

大部分的瑙莱坞电影，场景就地取材，特效粗糙，演员表演浮夸，内容冗杂肤浅。非洲特有的巫术、蛊毒、降魔等，这里应有尽有。喜剧热烈嘈杂，悲剧套路烂俗。在电影行家看来，瑙莱坞是烂片的垃圾场。

从文艺价值评价瑙莱坞的产品，我认同这种观点。不只是瑙莱坞，全世界大部分电影作品都是烂片。比如，好莱坞贵为全球第一电影工厂，每年生产电影约 2000 部，能上主流院线的不过百部，真正引起观众注意的极少。印度宝莱坞电影以及鼎盛时期的中国香港电影，皆是如此。因此，以烂片来否定瑙莱坞，似乎不靠谱。

瑙莱坞的市场在非洲，当地人看这种电影，观感上的落差就没那么大。巫术、蛊毒等元素看似荒谬绝伦，但当地人只会觉得很熟悉。狗血的婚姻爱情、血浆乱喷的仇杀等情节，各个国家和地区都有，只是成熟市场表达起来没那么露骨罢了。由于非洲经济太落后了，民众文化水平低下，电影难免粗糙。电影是文化产品，不可能脱离受众的基本素养。

瑙莱坞的成功和尼日利亚的落后息息相关。尼日利亚基础设施很不完善，几乎没有娱乐设施。政府运营的少数几家影院，仅服务于上层显赫。老百姓想看电影，只能另觅他途，在灰色市场上寻求解决。

这种匮乏情形和30多年前的中国很相似。改革开放后一直到20世纪90年代，中国内地人要看香港电影，都只能靠手手相传的录影带。而正版录影带需要几十元，只有很少的人买得起，于是盗版横行，大部分人选择租录影带，或挤到录像厅看。影碟机出现后，从VCD到DVD，设备和碟片的成本不断降低，几乎家家户户都有“家庭影院”。

影碟机在当代中国基本被淘汰，侥幸没倒下的中国影碟机企业，靠着非洲市场立足。而现在的尼日利亚电影市场，98%以上的影碟机设备，包括用于拍摄、刻录、复制视频的电子产品，都从中国进口。瑙莱坞电影的发行，基本靠碟片市场。每张碟片1—2美元，很多人买得起，嫌贵还可以合买。更多人靠“租碟”过日子，据说该国有超过50万家影碟租赁俱乐部，业务规模达数十亿美元。

瑙莱坞电影的拍摄成本，通常只要几万美元。一部电影卖出的碟片数量不需要太多就能收回成本。因为非洲的文化产业太落后了，而电影是广受欢迎的“高端娱乐”，所以市场压力不算太大。面对一个完全野生的市场，尼日利亚政府没有管理经验，也没有审查。蛮荒的状态，给了电影人自由的创作环境。只要民众爱看，各种奇葩内容都能搬上荧幕。

背靠庞大的非洲市场，瑙莱坞的一部电影卖出几十万张碟片的事情并不鲜见。大量版权商收购瑙莱坞电影版权，放在视频平台，供其他国家和地区的人猎奇观赏，这也构成电影收入。一部成功的瑙莱坞电影的收益率往往超过 10 倍，难怪投资者趋之若鹜。

早期，尼日利亚电影以英语（该国官方语言）为电影语言，瑙莱坞崛起后，大量拍摄民族语言的电影。在多民族国家的尼日利亚，一部电影往往有多种语言。同时，英语作为中间语言，被广泛接受，它在瑙莱坞电影中也留有一席之地。灵活的手段，帮助尼日利亚电影拓宽了市场。

尼日利亚的“碟片市场”大获成功，还有幸运的成分。由于经济贫困和政府忽略，这个国家长期没有成熟的院线市场。当时西非国家加纳相对富裕，国内有大量国营影院，政府对电影产业提供补贴。尼日利亚的电影人非常羡慕，也希望政府扶持电影产业，可惜未果。

国营影院是有代价的。政府管制和审查随后跟进，起步较早的加纳电影业并没有取得多大成绩，反倒是出身草莽的瑙莱坞实现了逆袭。非洲大部分地区常年炎热，人们懒于出门，如果在家就能看精彩的电影碟片，为什么非去电影院呢？看似高端的电影院，反而不如碟片放映厅受欢迎。最后，就连加纳也成了尼日利亚电影的销售市场。

在非洲大陆，尼日利亚电影算得上相当“国际化”。在人们看来，好莱坞电影里的非洲，是欧美人视角下的非洲，离他们生活太遥远，而瑙莱坞显得真实可亲。

瑙莱坞电影看似粗糙，演员操着非洲本地语言，讲述只有本地人才懂的故事。看似荒诞的电影剧情，最后都有朴素的是非善恶观。

这些观念正是非洲人民世界观的体现。通过瑙莱坞，外界有机会了解非洲人民的真实生活：没有光环笼罩，也绝非不可理喻，非洲人民和其他国家的人民的距离并不遥远。

瑙莱坞是成功的，它的崛起不可思议。瑙莱坞起步于1992年，最早每年只生产电影几十部；到2008年，瑙莱坞电影产量超过千部，排名世界第三；到如今，这个数字又翻了一倍。如果没有足够强劲的市场，投资人不会源源不断往里砸钱。拍烂片也是在赌，说明受观众欢迎的电影还是经常涌现，能给投资人足够的回报。

尼日利亚的电影业，创造了上百万就业岗位，是仅次于石油和农业的支柱产业。瑙莱坞会摆脱“烂片垃圾场”境地，成为下一个宝莱坞吗？我不确定。倘若尼日利亚和非洲经济没有进步，当地人的娱乐和审美没有提升，瑙莱坞就不会有进步动力。我希望非洲经济稳步发展，也希望非洲电影有一天能走向世界，成为全球流行文化的一部分。

大屠杀后的卢旺达

卢旺达总统保罗·卡加梅选择亚洲威权主义模式，对祖国进行父爱式治理。

比利时是近代欧洲恶劣的殖民者。19 世纪，比利时在非洲有两块殖民地，一是刚果，二是卢旺达。比利时国王利奥波德二世（Leopold Ⅱ）极尽贪婪，大肆压榨和掠夺殖民地，并用酷刑和屠杀镇压民众反抗。大量奴工被斩手断脚，黑人被屠杀和贩卖，仅刚果就损失 1000 万人口。比利时人还在卢旺达播下仇恨的种子，种子生根发芽，结果就是 1994 年的大屠杀。

比利时殖民者为了便于统治，对原住民进行种族识别和登记。北部肤色较浅、身材较高、高鼻薄唇的黑人被登记为图西族。图西族有游牧和经商的传统，加之殖民者认为，他们的相貌和白人更接近，于是委以重任，使他们获得治理权。而胡图族从事农耕，肤色较深、身材矮胖、塌鼻厚唇，是典型的撒哈拉以南非洲人种。当时，虽然卢旺达的胡图族比图西族人数多，但其政治地位低下。

事实上，无论图西族还是胡图族，仅凭相貌，人们并没有办法准确识别。有的图西族人肤色也深，身材也不高；而胡图族也有高个子、肤色浅的人。人们从外观上无法区别，以至于殖民政府规定，所有人都必须携带身份证出门。相貌略有差异的卢旺达北方人和南方人，变成了两个民族。

殖民时代，图西族帮助欧洲人治理卢旺达，享有政治特权，从而招致胡图族愤恨。20 世纪 60 年代初，非洲独立运动风起云涌，政治地位较高的图西族是独立运动的主导者。为了遏制独立运动，殖民当局反过来拉拢胡图族，希望借助它抗衡图西族，这加剧了两族的矛盾。

卢旺达独立后，人口众多的胡图族掌握了政权。胡图族对殖民时代的历史耿耿于怀，大肆迫害图西族。数以千计的图西族人被杀害，更多人被驱逐。

当时，卢旺达的官方广播可以肆无忌惮地鼓吹杀人："图西族人是比利时殖民者的走狗，他们偷走我们胡图族人的土地，还鞭挞我们。他们是蟑螂，是杀人犯。卢旺达是我们胡图族人的土地，我们人口占多数，他们是一小撮叛乱者、入侵者……"

这样的局面自然不可能长久维持。1990 年，卢旺达内战爆发，交战双方是流亡邻国的卢旺达爱国阵线（图西族）和卢旺达政府军（胡图族）。双方打打谈谈，邻国、非洲统一组织和联合国居中斡旋。在外国势力的紧盯下，卢旺达内部的杀戮只是零星发生，还没完全失控。

1993 年，战争双方签署了和平协定，胡图族和图西族分享政权。卢旺达总统还是由胡图族人出任，而总理职位则属于图西族。

许多卢旺达军人认为，胡图族在这场谈判中让步过多，他们并不甘心接受协定，而是密谋着新的屠杀。

1994 年 4 月，卢旺达的胡图族总统和邻国布隆迪的总统（同样是胡图族）乘坐的飞机，在卢旺达首都基加利上空被击落。消息一传出，官方广播当夜就趁机鼓动胡图族人出门杀人，并把认识的每一个图西族人都杀死。

现代社会惨绝人寰的一幕出现了。没有机枪和大炮，没有毒气室，只有原始的砍刀和削尖的木棒，图西族人在几个月时间内就被杀死 80 万—100 万人。尸骸枕藉，河流为之堵塞。这一幕在电影《卢旺达饭店》中有具体的描述。真实历史的残酷，远远超出电影中的故事。

被杀的人群，大部分是图西族人，还有一部分温和的胡图族人。屠杀就发生在西方人眼皮底下，因为上一年的“黑鹰坠落”事件，美国人不愿介入世界的地方纷争，其他国家则畏于形势，也冷酷地从杀戮之地撤离了。屠杀进行了几个月，直到卢旺达境内的图西族人几乎灭绝。

1994 年 7 月，卢旺达爱国阵线联合邻国乌干达的军队，攻入卢旺达首都基加利，推翻卢旺达政府。政权易手，数百万胡图族人害怕报复，纷纷逃往邻国，逃亡的浪潮又造成新一轮的屠杀。大杀戮之后是大瘟疫，数千人死于流行疾病。

卢旺达大屠杀是现代社会匪夷所思的悲剧。相貌相近、世代同居的黑人兄弟，因人为制造的民族对立和仇恨，造成了非常惨痛的后果。新政府成立后，立刻取消本国民族划分，身份证上不再标明“胡图族”“图西族”等字样。卢旺达从此只有卢旺达人。

新政府积极推动民族和解，鼓励民众放下仇恨，并且不再追究殖民时代的个人责任，也不再追究大屠杀时期数量众多的杀人者。这样做当然有争议，但如果彻底清查，卢旺达将陷于永无休止的纷争。

对大屠杀的主犯，国际社会成立了刑事法庭调查审判，数百名犯有反人类罪和种族灭绝罪的罪犯受到了审判。2015 年底，运行 20 年的卢旺达法庭宣布关闭，之后偶有大屠杀的通缉犯被抓，仍会被引渡到卢旺达受审，正义昭彰。

卢旺达多地建有大屠杀纪念馆，这里通常是游客必到的景点。长期以来，欧美国家自诩担当着人类道义，而在 1994 年那场屠杀里，因为各种因素，这些国家全都没有及时干预，眼睁睁地看着惨祸变大。欧美游客到此参观，怀有太多复杂的情感，悲伤、震撼、内疚……也许都有。

除了大屠杀纪念馆，卢旺达还有优美的自然风光。这个国家地处赤道附近，地形较高，气候凉爽；当地山湖兼有、干湿分明，野生动物在草原上奔走。这里非常适宜旅游。卢旺达面积只相当于北京和天津的面积之和，人口只有 1000 多万人，却能每年接待上百万游客，算是旅游大国了。

卢旺达是很多人想象中的非洲国家，质朴静谧，远离现代化喧嚣。这个国家大部分地区还保留着古老的生活方式。查看卢旺达的经济数据，果不其然，结果非常差。卢旺达人均 GDP 在 800 美元左右，在非洲国家（54 国）排 30 名开外，是全世界最不发达的国家之一。

一个抛弃种族和政治斗争，享有 20 多年和平，专心经济建设的国家，为何还是如此贫穷呢？一个原因是：卢旺达的经济底子本来就差，20 多年前的那场战争几乎毁掉了一切。

1994 年，当时卢旺达经济还很落后。先是图西族人被捕杀殆尽，商业完全摧毁；后来图西族掌权，耕作农业的胡图族人四散逃亡。原本有 500 多万的人口，其中 100 多万人死亡，200 多万人逃亡。当局势稳定后，人口回流，新政府没钱安置，发动通胀，再次造成经济动荡。这个国家的经济跌到谷底。

卢旺达真正的经济发展，要到 2000 年以后。农业恢复相对容易，工业发展却很困难。内战摧毁了卢旺达 90% 以上的电力设施，制造和维修的人才很难找到。经济发生大倒退，人们习惯了没有电的生活。没有电，就不会有机器设备，工业和制造业就无从谈起。卢旺达是一个农业国家，90% 的人口生活在农村。而农业社会的发展，自然不会太快。

恢复和平后，卢旺达时任总统保罗·卡加梅（Paul Kagame）选择亚洲威权主义模式，对祖国进行“父爱式”治理。在首都基加利，军队把守街道，警察到处巡逻，偷盗和抢劫几乎禁绝。人们不准随意扔垃圾，不准随意摆摊，摩的司机必须穿反光马甲、戴头盔，流浪乞讨者会被关进收容所，卫生检查不达标的饭馆会被关掉。每月最后一个周六，卢旺达全民必须参加义务劳动。

简而言之，卢旺达治理城市的标准非常高，日常的管制很严苛。除了贫穷，我们还能看到发达国家城市的许多样子：干净、整洁、秩序井然。卡加梅总统说：“有些人批评我把人民逼得太狠，但我也是这样逼自己的。我们很穷，还有什么比贫困更让人痛苦的？要逼他们变得优秀。但总有人觉得要顺其自然，要尊重这些人的本性，这就是所谓的自由主义态度吗？”

很显然，卡加梅认为：卢旺达想要走上正轨，政府就必须严厉管教人民，从日常小事、一点一滴做起，而不是放纵堕落。这就不难理解，卢旺达是第一个禁止使用塑料袋的国家。卢旺达没有令人头疼的“白色污染”，街道打扫得干干净净。国家贫穷而干净，人民友爱且质朴，旅游者非常喜爱。2017 年，世界旅行大奖将“非洲最佳旅游目的地”称号颁给了卢旺达。

对于这种发展模式，我个人持保留意见。非洲国家要想走向现代化，当然需要治理。严惩犯罪，保障财产权，这些都要做好。可是，“父爱式”的管理很容易走向偏颇。如果政府禁止民众使用塑料袋，同时扫清街边摊贩，那么城市经济活力势必受打击。对卢旺达这样的贫困国家，政府要求人民把街道扫干净，还能执行到位，一定意味着管得细、管得严，代价就是缺乏自由度。

如果城市经济没有自由度，小摊、小贩就没有门路，企业就不会有成长。外来企业投资，也会面临环保管制。这样的营商环境，经济如何发展起来？一个经济落后、人民贫穷的国家，其表面的干净、整洁是非常脆弱的。

卡加梅心中的榜样国家是新加坡。新加坡干净且整洁，政府严厉而廉洁。卢旺达人口数量是新加坡的两倍，政府治理风格也相似。在经济方面，新加坡有石化、电子和航运等实体产业，还有金融和城市旅游等服务业。卢旺达有什么呢？

卢旺达只有农业，几乎没有工业，另外有一些旅游业。只有观光却没有服务的旅游业，能吸收的就业人口非常少，大部分人的生活不会有太大改变。卢旺达同样需要工业，否则无法解决多数人的就业问题。卢旺达缺乏基础设施投资，需要修建铁路、公路和电力设备，这些都是中国人擅长的。2010 年后，中国电力企业大举援助卢旺达，这个国家才恢复了用电。

卢旺达位于非洲中心，已经加入了非洲自由贸易组织，对各国开放签证。如今，卢旺达是非洲最开放的国家，外国人想开拓非洲市场，卢旺达将是很好的窗口。这个环境优美的国家遭逢太多苦难，是到了迎来新生的时候。

阿根廷自由繁荣往事

> 19世纪末阿根廷崛起，是当时政治家精心“养育”的成果。

20世纪初，当时的欧美人看待富裕的阿根廷人，有如当下全世界看待中东的石油土豪。现如今，阿根廷已经衰落为三流国家，它的历史也成为学者研究民粹主义祸害的样本。阿根廷衰落的原因很简单：从第二次世界大战后的贝隆时代起，阿根廷政府就在军人和民粹之间摇摆，政治混乱，经济动荡，内乱与外战交织，人民对通货膨胀早就习以为常。

这些都是很多人知道的。在它衰落的另一端，当初的繁荣又是怎么一回事呢？可能很多人会觉得，这种疑问纯属多余。阿根廷地理环境太优越了，有大量优良草场和耕地，沿大西洋有绵长海岸线。布宜诺斯艾利斯这个大港口几乎是整个“南锥体”进出口的通道。隔着大西洋，阿根廷的牛肉和粮食拥有欧洲巨大的市场。如此天赐福地，想不发达都难。

看起来很有道理，但这样的论断还是太简单。阿根廷并非天生富裕。自 1816 年独立后（那时称拉普拉塔联合省），阿根廷就和拉美各国一样，陷入了长期军阀混战和考迪罗统治（拉美特有军阀财阀独裁制度）。只是到了 19 世纪后期，阿根廷才从南美各国脱颖而出，一跃成为发达国家。

深入阅读历史，我们能发现，19 世纪末，阿根廷从南美诸国中崛起，不是“上帝赐福”或“自然而然”，而是当时政治家有意识贯彻自由政策、遏制落后力量、精心“养育”的成果。

阿根廷最后一位著名的考迪罗（首领或头领）是胡安·罗萨斯（Juan Rozas）将军。像后来的法西斯一样，罗萨斯热衷于通过恐怖活动清除异己。他代表了当时的农场主野蛮势力（其本人是腌肉厂老板，下台后流亡英国继续经营农场），野蛮、强横，并且极其仇视外国资本和移民。罗萨斯的黑暗统治给当时的知识分子造成很深的刺激。阿根廷向何处去，成为后来者必须回答的问题。

幸运的是，罗萨斯之后的阿根廷政治人物，大多选择了宪政、贸易和自由市场。胡安·阿尔韦迪（Juan Alberdi）是一位深受欧洲启蒙思潮影响的知识分子，曾因反对罗萨斯统治而流亡智利。他对政府的认识是这样的：“政府代表消费而非生产”，“没有比政府更糟的农民、商人和制造商”。阿尔韦迪还对个人权利、自由贸易、移民的好处有过精彩的分析。他说过一句话：“统治就是移民。”这句话被新大陆的各国奉为圭臬。

罗萨斯倒台后，阿尔韦迪回国为阿根廷制定宪法。奴隶制被正式废除，自由贸易、信仰自由、移民自由等基本原则被确立了下来。阿尔韦迪虽然没有担任过阿根廷总统，却是阿根廷国父级别的政治家。

多明戈·萨米恩托（Domingo Sarmiento）是一位学者型的政治家。他曾写了一本书《文明与野蛮》，激烈地批判阿根廷的传统文化。萨米恩托认为，西班牙殖民者遗留下来的乡村生活和等级习俗是野蛮的，贸易带来的法律、尊重私人财产、城市生活才是文明的。

和阿尔韦迪一样，萨米恩托也是移民的极力鼓吹者，他说，应该使阿根廷成为欧洲移民的祖国，让移民自由工作和与阿根廷人融合。他认为："移民的聚集会使土地得到开垦，促使城市出现、河流通航、市场繁荣，因为他们会从欧洲带来知识、工业和创造文明国家的工具。"

胡利奥·阿根蒂诺·罗卡（Julio Argentino Roca）总统是一位强有力的军人。在他任期内，布宜诺斯艾利斯的特殊地位得到了解决。长期以来，布宜诺斯艾利斯港的关税利益集团总是倾向于提高关税，保护本地产业，为此还发生过脱离联邦的事情。罗卡将军赢得选举并粉碎布宜诺斯艾利斯人的叛乱，实现了阿根廷名副其实的统一。自 1880 年起，罗卡将军所在的国家自治党长期执政，自由放任的经济政策一直持续到 20 世纪。

当时，全世界流行的思潮正是天赋人权、保护私产、自由贸易。阿根廷政治家多是受过自由思想熏陶的学者，他们把握到繁荣的真正原因，持之以恒地和保守势力做斗争。19 世纪 70 年代，阿根廷给世人的印象还是贫困落后，印第安人还在袭扰着布宜诺斯艾利斯以外的内陆地区。1880—1913 年，阿根廷年均 GDP 增长超过 6%，成为当时世界上经济增长最快的国家之一。这段时期成了阿根廷历史上的"黄金年代"。

阿根廷的繁荣一直持续到20世纪30年代。随着经济大萧条波及阿根廷，国内的法西斯主义和民粹主义兴盛起来。基于比较优势理论的自由贸易被抛弃，阿根廷政府征收高关税，限制农产品出口，并建立起配套齐全但效率低下的国有企业。阿根廷繁荣的原因被遗忘了，自由贸易理论遭到嘲笑。长相漂亮、说话动听却狭隘狂热的贝隆夫妇成为新的国家偶像。伴随贝隆夫妇在政治舞台的表演，阿根廷走向衰落。

2012年是贝隆夫人去世60周年，克里斯蒂娜（Cristina）总统［她和丈夫基什内尔（Kirchner）搭档，酷似60年前的贝隆夫妇］宣布，阿根廷将发行新版100比索纸币，用贝隆夫人的头像取代罗卡总统。就在这一年，阿根廷在牛肉出口国的排名中被挤出前十，甚至低于它的邻国乌拉圭和巴拉圭。这个曾经的"欧洲肉库"，已经沦落到需要控制出口才能满足国内市场需求的地步。草原阳光依旧，政策气候大不如前，阿根廷正在走下坡路，上帝再多的垂爱也无法改变这一事实。

战后日本，脱胎换骨式改造

改造日本，除了让天皇走向人间，更重要的是社会各方面的改造。

日本是一个有着悠久历史的国家，不说虚无缥缈的神武大神，单从有确切记录的与中国东汉的交往算起，就有超过1900年的历史。和世界文明古国相比，这样的历史也许不算什么，但和大多数国家相比，算是很漫长的了。

更奇特的是，日本的古代文明是连贯的，没被外来征服者中断过。蒙古人曾两次做出尝试，都以失败告终。尤其是在第二次发动征服日本战争时，夏日台风起到很大作用，日本免于被蒙古人征服。这种经历给日本种下了“神国”的种子。此后，日本历次对外战争，无论是侵略朝鲜还是甲午战争、日俄战争，一直到第二次世界大战，我们都能看到这种狂妄思想的痕迹。

第二次世界大战结束后，盟军以战胜国姿态占领日本。虽说当时是以盟国名义占领的，实际上的占领军却只有美军。在当时的日本，美军是法律和事实层面的统治者，驻日盟军最高司令麦克阿瑟的权力盖过了天皇。1945 年 8 月 30 日，麦克阿瑟登陆日本，当时的报纸评论他:“仿佛是 20 世纪的拿破仑皇帝一般。”日本所谓“千年神国不被征服”的神话，至此破灭。

在美军占领日本前，日本政体属于天皇制，天皇为国家元首，总揽国家一切统治权。而天皇的权力又来自“君权神授”，日本在政治上充满了神秘和狂热。这是日本军国主义发酵的基础。美国要想铲除日本军国主义的土壤，首先要打破这种政治迷信。但是，出于现实政治的需要，天皇不能被处死，甚至不能被审判，美国将天皇祛魅的工作只能另想办法。

1945 年 9 月 27 日，裕仁天皇在确认自己不会被审判之后，决定拜会日本实际的最高统治者。惊惶痛苦中，裕仁天皇移驾美国使馆。这是裕仁天皇第一次见麦克阿瑟。麦克阿瑟的态度很友好，不过他提出一个让现场日本人难以接受的要求：两人合照，登在报上。时势面前，裕仁天皇不得不照做。

这张照片刊出后产生了巨大的社会冲击。此前的天皇在日本是神一般的存在，现在屈尊枉贵，亲自到盟军司令部拜会，谦卑之意不言自明。照片之中，麦克阿瑟人高马大，两手叉腰，霸气十足；天皇形象卑微，诚惶诚恐，看起来胆怯懦弱极了。第二次世界大战后初期，不少迷信天皇的军国主义者还幻想着奋起一击，可是皇威扫地，这样的心态蓄势也随即被冲垮了。

见完麦克阿瑟，1946 年元旦，裕仁天皇颁布“人间宣言”，宣布自己是人而不是神。百姓和天皇乃是依托于“互相信赖互相敬爱”的关系，“并非单靠神话传说而生出”。

长久以来，日本统治者编织“大和民族是神的后代”等种族主义宣传，引导民众走向对外扩张。“人间宣言”否定了这种宣传，教导民众以和平的姿态参与国际关系。高烧不退的日本民族主义，到第二次世界大战后基本消失。当代日本是对民族主义最不感冒甚至非常警惕的国家。

战后初期，日本经济陷入瘫痪。物资配给和秩序维持，全都依赖美军。美国驻军只有大约 50 万人，分布在日本大小城市的战略要地。如果没有民众和基层官僚配合，日本将难以维持社会正常运转。在上的天皇心悦诚服后，在下的民众接受美军安排也变得丝丝入扣。

麦克阿瑟讲过一则笑话：给日本的士兵发药片，告诉他们每天服 3 次，他们一有机会就会把药扔掉。如果盒子上写明“天皇要求每天服用 3 次”，他们就会老老实实按照指示服药。这也是麦克阿瑟竭力想要天皇臣服，同时还要保留天皇的原因。

从国家主义的角度来说，祖国战败投降，异国统帅越过天皇，直接发号施令，这是很耻辱的事情。战争结束初期，大量日本爱国者不堪忍受亡国奴的屈辱，纷纷自杀。但绝大多数日本人选择接受事实，尽管前途未卜，生活总要继续。

美国人认为，日本这个国家在权力的深渊里待得太久了，国民满脑子都是等级观念和忠君报国的思想。美国想要改造日本，除了让天皇走向人间，更重要的是进行社会的各方面改造。

首先，铲除旧的权力结构。1945 年 9 月 2 日，麦克阿瑟发布第一号命令：解散日本陆军、海军和空军，解除所有日本军队的武装并复员；规定军工厂停产，废弃有战斗力的军备；秘密警察组织被取缔。战争机器彻底消灭后，“政府对议会负责，议会对选民负责”

的现代政治才真正在日本建立起来。

其次，重写日本的宪法。明治宪法主要围绕天皇权力做安排，而在战后宪法里，天皇变成权力有限的政治偶像。新宪法用了很大篇幅规定各种民权，包括言论、结社、通信及信仰自由。这些抄自西方的人权法案，也是日本长久以来缺乏的精神。美国人采取了简单粗暴的移植方式来改造，居然收效甚好。

美国对日本经济也进行了重整。在日本，大财阀被解散重组，农民土地权利得以确认，企业家精神被鼓励。举个例子，日本宣布投降后，一位名叫小川菊松的图书编辑意识到，战后日本的英语会话需求巨大。他编辑了一本《日美会话手册》，当年销量就达到了350万册。想想看，没有美国人对经营自由的保障，这样“媚敌”的商业活动怎么可能施行。

美国对日本的改造是精心策划的。他们为此制订了一份题为《日本人再定位》的机密文件，专门解决日本改造问题。这份文件列举出日本人普遍存在的封建主义观念、等级差别意识、崇尚暴力、屈从威权和盲目自大等特性，并给出针对性的教育方案。甚至日本人的一些旧习，比如男女混浴、不讲卫生、迷信神道，美国人也加以干预和纠正。只是这种“移风易俗”总体规模有限，难以深入，日本还是保有了大量的传统文化。

美国经营日本，将其训练为盟友，有其自身的战略考虑。美国要打朝鲜战争，需要稳固后方，需要维持太平洋平衡，还要遏制苏联扩张和中国崛起，使日本成为红色浪潮的“防洪堤”。这些国际环境，都决定了美国对日本改造的走向。在权谋和诡计之外，有没有更高的人类价值呢？可能有点。麦克阿瑟登陆日本后，发表了一番充满理想主义的演讲：

> 代表着地球上大多数人民的我们，并不是带着怀疑、恶意、憎恶的念头聚集到这里来的。从过去流血与杀戮当中，在自由、宽容、正义之下，创造出建立在信赖与理解的基础之上的、能够带给人们尊严与希望的更加美好的世界，是我所热切盼望的。这也是整个人类所期望的。

战后日本改造，大抵按照这个方向进发。日本统治机构被驯化了，普通日本人的生活并没有变得更坏，而是迎来“凤凰涅槃”。经过半个世纪的奋斗，现代日本成为发达国家的典范，民众也享有极高的生活水平。日本文化中的糟粕内容，亦为之蜕变，整个国家的形象焕然一新。这就不难理解，为何日本被美国征服以后，有那么多日本人怀着心悦诚服的感激。

孟加拉国，一个国家的诞生

把孟加拉国贫穷的原因归结为人口和气候，是错误的。

印度最伟大的诗人泰戈尔（Tagore）出生在加尔各答。近代以前，加尔各答属于印度孟加拉邦，是孟加拉文化的代表性城市。泰戈尔一生大部分时间用孟加拉语写作，其中有一首诗是这样描绘他的故乡的：

在那九月里和十月里，稻谷一片金黄，长得无比温柔，无比美丽。

在那榕树下，在河岸上，你铺开你的长裙，它的样子多么神奇。

你的话语犹如甘露，令人心旷神怡，金色的孟加拉，我的母亲，我爱你。

这首名为《金色的孟加拉，我爱你》的诗歌后来被谱成曲，成为孟加拉国的国歌。诗歌里的优美景致，很难令人联想到孟加拉国。如今的孟加拉国是世界上最默默无闻的国家，偶尔上新闻，也和贫困肮脏、洪水泛滥、火车事故相关，完全没有“金色孟加拉”的风采。

是诗人矫情，美化了记忆中的故乡，还是孟加拉国有过辉煌，只是如今光彩暗淡？想要了解这一点，我们就得对加尔各答这座城市以及孟加拉地区的历史有一些了解。

孟加拉泛指恒河三角洲地区，包括今天的孟加拉国、印度西孟加拉邦、比哈尔邦等。这里自古以来就是南亚次大陆经济最发达、人口最稠密的地区，当地民族亦是南亚最古老的居民。12 世纪，来自中亚的穆斯林进入印度，沿恒河东进，孟加拉地区迅速伊斯兰化。

从恒河口一路上溯，可直抵次内陆的腹地。因此到了近代，觊觎印度财富的葡萄牙人、荷兰人、丹麦人、法国人都曾驻足于此。英国人则是最后的赢家。英国东印度公司看中恒河口的地理位置，正如后来他们看中长江口的上海，他们在恒河口水深湾阔处建立了贸易据点。他们排干沼泽，砍掉树林，修建城堡，深挖港口，日后的东方大港口加尔各答从这时候起就出现在了地图上。

英国人控制的南亚次大陆，西至阿富汗，东到恒河口，南至德干高原，如此广阔的殖民地，首府就在加尔各答。这个最初只有几千人的小地方，也成为拥有数十万人口的大城市。孟加拉地区原本就人口稠密，农业发达。英国人到来之后，加尔各答成为繁荣的商业中心，是整个印度的经济腹地。泰戈尔笔下“金色的孟加拉”，大概就是指这一段辉煌时期。

血与火的分家

1905 年，英国人为了便于管理，将孟加拉地区划为东孟加拉和西孟加拉。划分的依据是宗教，东孟加拉几乎全是穆斯林，西孟加拉的印度教徒略多——他们最早是一个民族，只是信仰不同。划分后没几年，东西孟加拉再次合并。由于这次划分，原本统一的孟加拉出现裂痕。

第二次世界大战期间，孟加拉地区没受到大规模的炮火袭击。可是由于战争恐慌，加之天灾严重，殖民当局错误地实施进口和物价管制，导致饥饿蔓延，300 万人死于饥荒和营养不良。已经萌生民族主义心理的印度人，燃烧着熊熊怒火。英国人苦心经营多年，然而民心尽失。

1947 年，孟加拉地区成为“南亚大分家”的前线。真纳（Jinnah）领导的印度穆斯林联盟（穆盟），希望建立统一的伊斯兰国家，即巴基斯坦。这个将成立的国家名字，由几个穆斯林邦首字母组成——然而它们都在西北地区。人口众多但面积狭小的孟加拉邦并不占主要地位。这也为孟加拉地区的政治独立埋下了伏笔。

印巴分治是历史上最剧烈的国土割裂行为，焦点分别是旁遮普邦和孟加拉邦。两处都是穆斯林聚集区（穆斯林在旁遮普邦的占比为 57%，在孟加拉邦的占比为 54%），它们也是南亚次大陆最富饶的地区——旁遮普邦是印度的粮仓，孟加拉邦有黄麻产业和加尔各答。印度开国总理尼赫鲁（Nehru）怎么甘心把这两块地方完全拱手让出呢？划分方案出台：两地都被一分为二，两国各领一半。

如今，印度西北有旁遮普邦，与之相邻的是巴基斯坦旁遮普省。

这里原本在历史上就是统一的旁遮普邦，仅仅由于穆斯林和印度教徒杂居混住，旁遮普邦就要被人为撕开。印巴分治时最可怕的暴力冲突，大多发生在旁遮普邦，大撕裂造成了超过 50 万人死亡。

东边的孟加拉地区，当时面临着仇恨的火山喷发。早在分治之前的 1946 年，当地的穆斯林和印度教徒就已经互相残杀，造成 5000 多人死亡。一旦开始分家，必将血流成河。“圣雄”甘地（Gandhi）忧心忡忡，亲自前往加尔各答呼吁和平，通过绝食呼吁各方放下屠刀。由于甘地的努力，孟加拉邦避免了空前血腥的浩劫。

1947 年，古老的孟加拉地区一分为二。西孟加拉成为印度的一个邦，东孟加拉加入巴基斯坦，成为这个伊斯兰国家在东部的飞地，也就是东巴基斯坦。孟加拉地区的分裂，是一个纯粹的悲剧。这里原本有着紧密的经济联系，如今被人为割裂。加尔各答背靠的市场缩小一大半，城市地位急剧下滑，这个城市很快就被新德里和孟买赶超了。

最惨的是东孟加拉，也就是东巴基斯坦，原本它所背靠的无比广阔的市场消失了，取而代之的是仇敌之国。东巴基斯坦被印度包围，当地人只能靠飞机或轮船走几千公里，远远地绕过印度半岛，才能抵达西巴基斯坦。两地相隔如此遥远，以致几乎无法产生经济联系。

东巴基斯坦往事

巴基斯坦建国之初，国家格局是畸形的。虽然东巴基斯坦和西巴基斯坦的人口差不多，国土面积却很悬殊，东巴基斯坦只占全国面积的不到 15%。主持印巴分治的蒙巴顿（Mountbatten）勋爵当时就表示：不超过30年，巴基斯坦一定分裂。这句话果然在1971年应验——还不到30年。

建国初期的孟加拉人欢欣鼓舞，满怀憧憬。他们终于可以不看印度人脸色，与穆斯林同胞一同建设国家。可没过多久，他们就迎来了失望。他们明显感觉到，东、西巴基斯坦只是在名义上平等，实际上，东巴基斯坦处处低人一等，受到西巴基斯坦人的歧视。

巴基斯坦的主要建国者，几乎全都来自巴基斯坦西北地区，属于旁遮普族和信德族，他们拥有绝对的话语权。巴基斯坦的国语定为乌尔都语，也就是西北人的语言，这让人口占54%的孟加拉人大为愤慨。孟加拉人在几百年里和印度人杂居混住，关系较好，这导致他们被嘲笑不够忠诚、爱国。

比政治地位难受的是，孟加拉人受到了经济剥削。东巴基斯坦所在的孟加拉平原，几百年来盛产的黄麻畅销世界，是国家主要的外汇来源。中央政府将黄麻收入的80%用于西巴基斯坦的建设，这让孟加拉人愤愤不平。

在国防问题上，孟加拉人也有诸多不满。对孟加拉人来说，每当印巴地区有事，印度往往先拿弱小的东巴基斯坦开刀，而西巴基斯坦只关心关键的克什米尔地区，完全不管东巴基斯坦死活。"钱都被西巴基斯坦人拿走，还要为他们卖命"，这样的不满在东巴基斯坦非常盛行。

巴基斯坦建国后，东西矛盾长期存在。孟加拉人希望谋求更高的政治地位：他们发起"孟加拉语运动"，呼吁提升本地语言地位；希望东巴基斯坦自治，将旁遮普人排除出去。这些做法惹恼了西巴基斯坦，他们对东巴基斯坦的"得寸进尺"的做法，总是刻意打压，双方矛盾逐渐公开化。

1970 年的巴基斯坦大选，成为东、西巴基斯坦抢占国家大权的对决。人口数量最终成为决定性因素。东巴基斯坦人口多些，代表东巴基斯坦的“人民联盟”击败西巴基斯坦政党“穆盟”。后者深感事态严重，拒绝承认选举结果。“人民联盟”领袖拉赫曼（Rahman）出走加尔各答，掀开东巴基斯坦独立运动的序幕。新生的孟加拉国，正在走向历史前台。

孟加拉国独立

孟加拉国独立是一个必然。这个结果从印巴分治时代就已注定。沙漠地区的旁遮普人和恒河口的孟加拉人，信仰同一宗教，却不是同一民族，甚至连种族都不一样。他们彼此既不熟悉，也不了解，没有多少情感和互信基础，将他们强行糅合在同一个国家，让人如何受得了？在这样的条件下，巴基斯坦的东部和西部还可以黏在一起 20 多年，已经是奇迹了。从外部环境来看，东巴基斯坦不可能长期存在。

印巴分治初期，真纳希望将全印度的穆斯林地区结成一个国家，为此印度腹地的很多穆斯林土邦也蠢蠢欲动，想加入巴基斯坦，形成印度的“国中之国”。印度当然没有容忍，直接出兵，一劳永逸地解决问题。巴基斯坦的东西两部，仿佛对印度形成战略包围，人口数千万的东巴基斯坦，像是抵在印度后腰的匕首。打击东巴基斯坦，也就成了印度的战略目标。

别看如今印度在印巴局势上气势汹汹，其实一开始，它可是芒刺在背，非常被动。孟加拉人搞独立运动，简直是湿婆神赐给印度人的礼物。1971 年，巴基斯坦总统（西巴基斯坦人）派兵抓捕拉赫曼。印度人大喜过望，随即在印巴边境发起挑衅，第三次印巴战争爆发。

印度人东攻西守，派大军向东巴基斯坦首府达卡发起围攻，同时在海上筑起防线，拦截千里迢迢赶来增援的巴基斯坦海军。孤立无援、军心涣散的达卡守军投降，东巴基斯坦获得独立，成立孟加拉国，拉赫曼成为首任总统。南亚三国，全都脱胎于英印殖民地，只是独立有先后。

孟加拉人走上独立自主发展的道路，这是一件好事。印度和孟加拉国素无积怨，在解除巴基斯坦的“战略包围”后，很快就解除互相封锁，发展正常的国家关系。孟加拉国和印度在边界有大量飞地，你中有我，我中有你，本来是很麻烦的事情。不过，两国没有因此失和，而是携手商谈，互换飞地，开创了解决国际领土争端的新局面。

孟加拉国为何贫困

如今的孟加拉国是亚洲最贫困的国家之一，人均 GDP 为 1600 美元左右，略高于巴基斯坦，低于印度。孟加拉国为何贫穷？有几种流行的解释。人口过载，“马尔萨斯陷阱”起作用；季风气候恶劣，夏季洪水泛滥；地处热带，人们喜静恶动，不够勤劳。也许你对孟加拉国并不了解，一想到它的领土面积相当于中国山东省，却有 1.6 亿人，难免会得出以上的结论。

把孟加拉国贫穷的原因归结为人口和气候，我认为是错误的。孟加拉国人口之多，非短时期内人口爆炸的结果。因为在相当长的历史时期内，这里是人口稠密区，也曾经历过繁荣。

1947 年，巴基斯坦独立，东巴基斯坦人口近 4000 万人，如今翻了大约 4 倍。和周边相比，它的人口增幅是正常的——印度人口从 3 亿人涨到如今的 14 亿人，中国人口也涨了 3 倍多。在孟加拉国，70% 以上领土是可耕地面积，80% 的耕地是稻田。这里地势平坦，降水充足，适宜发展农业。在农业发达的基础上，孟加拉国可以发展养殖业和畜牧业，进而发展其他产业。

说孟加拉国气候恶劣，不利于经济发展，也不甚准确。泛滥的洪水确实给当地带来很大困扰，但是这种困扰并不致命，当地人早就习以为常。不断增加的人口以及增产的粮食都证明自然环境并没有扼制住当地发展。那么，孟加拉国为何落后？

观察孟加拉国的历史，我们不难看到，这个国家在立国之前的 20 多年，处于被剥削、被封锁的困难局面，无法正常发展经济。当地大搞“五年计划”，国家垄断土地，主要的经济作物黄麻都是统购统销。计划色彩如此浓厚，代价是农民生产积极性被抑制。曾长期被称为鱼米之乡的孟加拉国，在那时居然出现零星饥荒。

孟加拉国毗邻的印度西孟加拉邦，是印度左翼政党最强盛的地方。孟加拉国深受其影响，其施政也带有浓厚的左翼色彩，这让其经济发展举步维艰。加之局势动荡，战乱频繁，孟加拉国沦为世界上最贫困的国家之一并不奇怪。

向中国学习

20 世纪 80 年代，孟加拉国开启经济改革，情况略有好转。孟加拉国的改革魄力远不能和中国相比，离印度和越南也差得远，这让它的经济发展没有太大起色。如今，这个贫穷的国家有了崛起的迹象。

最近几年，孟加拉国不仅在南亚次大陆发展最快，也是全世界发展最快的经济体之一。2018 年，孟加拉国经济增速达 7.8%，连续 6 年以 6% 以上的速率增长。这样的成绩，在全球低迷的经济环境下殊为难得。孟加拉国能取得这样的成绩，和中国有密切的关系。这个国家最引人瞩目的产业是成衣制造。这项产业之起步，是中国企业流入的结果。

2000 年左右，竞争白热化的中国成衣制造业在成本上升、环保压力下，寻求产业外溢，将工厂搬到海外。孟加拉国正在经济改革，借鉴中国经验，大规模引进中国企业。当地盛产黄麻，有纺织业传统，人力成本低。这些都是孟加拉国发展该项产业的优势。

中国人在孟加拉国建设大型的纺织制衣厂，引进整条生产线，并带去先进的生产和管理经验。在如今的孟加拉国，成衣制造是最主要的经济支柱，年出口总值近 400 亿美元，占该国出口总值的 80%以上。成衣制造解决了 500 多万人就业，拉动了经济增长。政府也从中赚得大量外汇，用于基础设施的建设，从而继续吸引外资。这正是中国经济成功的经验。

中国是世界第一大成衣出口国，不仅是孟加拉国纺织业的“师傅”，还是孟加拉国最大的出口对象。中国经济发展，带动了孟加拉国的发展。同为人口大国，中国和孟加拉国虽然有竞争，但未来更有合作机会。孟加拉国想要走出贫困泥潭，中国是其最好的老师。为此，中国人有理由感到自豪。

韩国经济是如何崛起的

只要积极融入世界市场，获取廉价资源，韩国就可以做很多事情。

根据中华人民共和国外交部2023年10月数据，韩国的国土面积为10.329万平方公里，和中国的浙江省差不多，放在全世界来看，排名100以外。从人口规模来看，韩国有大约5100万人，世界排名第24位，属于中等发达国家的水平。韩国的人口不仅比西班牙多，就是和英国、法国、意大利这些欧洲大国比，也相差不太远。

韩国被认为是小国，可能和它周边多大国有关。中国这样全方位的大国就不用多说，日本和俄罗斯也是某些方面的超级大国。朝鲜有2000多万人口，不算少，还有核武器，也算“军事大国”。可以说，韩国周边无小国。

从经济和贸易来看，韩国是如假包换的大国。韩国是美国在亚洲最重要的盟友，仅次于日本；韩国是中国最大的贸易国之一，仅次于美国和日本。2022年，韩国贸易总额排名世界第8位，经济总量排名居世界第 13 位。这个国家的文化影响力更是超出了同等国家的辐射能力。

很多人脑海里的韩国还是“亚洲四小龙”之一。这样的标签在 20 年前还算正确，放到现在早就不适用了。韩国早已进入发达国家行列，其人均 GDP 早就将希腊、西班牙和葡萄牙甩在了身后。

韩国曾是世界上最贫困的国家之一。朝鲜战争结束后，在炮火覆盖的阴影和一片废墟之上，韩国开始了蹒跚的经济追赶。由于早期政治动荡，韩国经济迟迟没有复苏，一直到朴正熙时代，这个国家才真正有了一些起色。这时候的欧洲和日本，已经呈现出一片繁荣景象。

朴正熙是韩国第三任总统，一共执政 18 年，是目前韩国任期最长的总统。在几乎一穷二白的基础上，朴正熙休养生息，使民众获得饱食富足，为日后富强奠定了坚实的基础。他治下的经济腾飞被称为“汉江奇迹”。

“汉江奇迹”出现的原因很简单：积极引进外资，发展外向型的市场经济。韩国人口密集，从发展加工贸易到重工生产，都有天然优势。一时之间，从钢铁水泥到电子机械，从汽车制造再到纺织、造船，韩国形成众多产业全面开花的局面。为了发展各类产业，韩国政府大力压缩消费，将资源投入基础设施和各类产业，只用短短 20 年时间，就走完欧美国家上百年的路程。

很多人将“汉江奇迹”视为产业政策的胜利。事实上，20 世纪 60 年代以后，在世界两大阵营的国家中，搞产业布局的不在少数，真正成功的却很少。韩国成功的真正原因是开放，韩国三面环海，经济高度外向。只要积极融入世界市场，获取最廉价资源，韩国就可以做很多事情。对韩国这样数千万人口的国家来说，只要人力资源足够丰富，就足以撑起很多产业发展。朴正熙的功绩在于，他制止了韩国战后的长期内乱局面，使国民将专注力投放在经济建设上，并最终取得成功。

20 世纪 80 年代，中国经济开始崛起，这给韩国提供了巨大市场和产业升级的机会。21 世纪后，互联网经济兴起，韩国顺利完成了电子工业向互联网时代的过渡。到移动互联网时代，韩国再一次引领了智能手机和 5G（第五代移动通信技术）发展的潮流。可以说，最近半个世纪，韩国没有浪费一次发展的机会，一步步完成从落后国家到新兴国家，再到发达国家的跨越。

韩国经济最受争议的是财阀问题。日本也有财阀经济，财阀家族大多来自上层阶级，和权力的关系很紧密。政府扶持大企业的方法，通常是注入资本，提供金融优惠，提高行业门槛，以确保其地位。在遭遇经济危机时，日本政府更多考虑的是企业不要破产，好保住民众的工作岗位。

和日本相比，韩国财阀的势力没那么深厚，民众有强烈的反财阀情绪。因此，韩国政府不能过度保护财阀。一旦危机大到不能救，韩国政府就会推动企业破产重组。这种翻脸无情的政治风气，恰恰有利于保持经济的活力。在韩国，大企业破产很常见，而日本要少见得多。这也是最近 20 多年来韩国企业有赶超日企势头的重要原因之一。

韩国经济起飞之初，是出口导向型的外贸经济，形成了以钢铁、化工、建筑、船舶、汽车为支柱的工业体系。这时期的韩国大财阀，主要是浦项、韩进和现代。到了电子科技时代，韩国涌现出了以三星为代表的大型企业集团，并一举击溃了日本同行。

进入 21 世纪，韩国涌现出了旅游、金融、影视娱乐和互联网等新兴产业，新财阀也在这些行业逐渐出现。而此前风光无两的钢铁、航运等公司，早已陷入了窘境。连韩国人为之骄傲的三星手机，也逐渐显现出颓势。部分产业不景气，并不意味着韩国经济全线溃败。像韩国这样的国家，船小好掉头，只要专注经济、锐意进取，不愁找不到发展的路子。

过去几十年，韩国高速发展都和大气候相关。全球经济低迷时，韩国日子虽然难过一些，但和其他发达国家比起来不算很差。一旦全球经济进入繁荣周期，韩国就会有亮眼的表现。

最后说说韩国经济的最大隐患，这也是东亚各国普遍的问题——人口危机。东方国家的高成本、精心培养模式，导致生育的成本极其高昂。在经济高速发展的过程中，中、日、韩都经历了人口出生率的快速下降。韩国的人口出生率，长期徘徊在增长线以下，韩国想跨过“日本陷阱”，需要在人口问题上早做打算。

没有浪漫可言的尼泊尔

高山雪域王国并不是什么圣地，所谓“最幸福的国家”也只是神话。

尼泊尔是中国西藏边陲的山地国家，夹在中国和印度两个大国之间，显得非常狭小。事实上，尼泊尔并不算很小。根据中华人民共和国外交部 2023 年 11 月数据，尼泊尔国土面积约为 14.7 万平方公里，人口大约为 3059 万人。但在国际舞台上，尼泊尔几乎没有存在感，原因很简单：穷。尼泊尔是世界上最不发达的国家之一，从任何指标来看，都排在世界倒数。这个山地国家鲜与外界来往，堪称“被遗忘的国家”。

对中国人而言，尼泊尔不能算陌生国家。尼泊尔是中国的邻国，世界上海拔最高的珠穆朗玛峰正位于两国交界处。对中国影响至深的佛教，其创始人释迦牟尼也是出生在这个国家。作为佛教圣地，中国古代高僧法显和玄奘都到过这里。

清朝时期，南亚的廓尔喀人建立起尚武的沙阿王朝，统一了尼泊尔，并且试图用武力扩大版图。当时，印度已经被英国人占领，廓尔喀人站在近代门槛上，通过和英国人贸易，使尼泊尔成为南亚不可忽视的强国。廓尔喀人比藏人多得多，他们勇猛尚武，并且洞悉了清朝在西藏防务的虚弱，于是找机会准备入侵。

廓尔喀人翻过喜马拉雅山脉，击败数百名清朝守军，占领了日喀则。乾隆皇帝得悉，从四川派清军驰援。清军将领福康安从京师出发，一路兼程，从青海入藏。清军痛击廓尔喀人，并且越过喜马拉雅山，兵临加德满都城下。尼泊尔国王被迫求和，表示愿意臣服。

清朝和尼泊尔的战争一共进行两次，史称“两平廓尔喀”，记入乾隆皇帝的“十全武功”。之后，中国也和尼泊尔两不相犯。那时候，英国人已经占领了印度，尼泊尔事实上成为中国和英印殖民地的缓冲地带。

1814 年，尼泊尔沦为英国的半殖民地，国王和贵族仍得以保留。对于英国人的统治，尼泊尔人没有激烈反抗。他们和英国人打过几十年交道，已经比较熟悉。英国人从廓尔喀人中选取英勇善战者，组成著名的廓尔喀雇佣兵。这支军队吃苦耐劳，作战勇敢，忠诚可靠。此后，廓尔喀雇佣兵一直得到英国人的倚重。

1923 年，尼泊尔从英国人手里独立。这个国家很快陷入长期的动荡。国王想重掌大权，各个政党却主张君主立宪，两边相争，此起彼伏。政治转型太难了，这场围绕君主立宪的权力争夺持续数十年，一直到 20 世纪 90 年代，一支新兴的政治势力异军崛起，加快了尼泊尔的现代化进程。这支政治势力就是尼泊尔共产党。

尼泊尔虽然是佛教诞生之地，但受印度教文化影响很深。在尼泊尔，信奉佛教者只占 13%，信奉印度教者占 85% 以上。原本穷苦不堪的国家，大搞种姓制度，阶级压迫加上经济发展又很差，使得平等主义的思想在这个宗教国家深受欢迎。

尼泊尔共产党成立于1949年，它深受中国革命鼓舞，最开始走的是武装斗争的道路。尼泊尔共产党的口号有强烈的民族主义色彩，他们反对尼泊尔封建专制、印度扩张主义、美国扩张主义等。

单从口号来看，尼泊尔共产党与全世界最强劲的对手为敌。如此激进的革命策略，结果可想而知。可以说，尼泊尔共产党是最孤独的左派革命党，屡战屡败，根本不成气候。

20世纪90年代，世界共产主义运动衰落，尼泊尔共产党分裂为“联合马列”和“毛主义”两派。联合马列走议会选举道路，并在1994年一选成名，创造出前所未有的奇迹。这个刚参加选举的左派政党，获得最多选票，党魁觐见国王，被授权组阁。这在亚洲历史上是开天辟地头一遭。

至此，“联合马列”成为尼泊尔的主流政党，上台执政。它的兄弟政党“毛主义”则转入农村，继续艰苦卓绝的革命斗争。

2001年6月2日，这个一贯平静的山麓国家爆出新闻，震惊世界。尼泊尔王室发生血案，王储开枪打死包括父母在内的多名王室成员，然后自杀。事件的起因，据说是国王干预王储的婚事。悲愤的王储端着一支自动步枪和一把冲锋枪，在王宫内大开杀戒。国王、王后、另一位王子、公主以及国王的家属，一共11人死亡。

尼泊尔王室惨案发生的原因，至今仍是谜团。有人说，王储根本不是因爱而疯，凶案另有真相；也有人说，印度难逃干系，因为王储深爱的女人有印度血统，尼泊尔王室对此耿耿于怀，誓不让她过门，王储鱼死网破是受了印度人指使；等等。

王室惨案削弱了尼泊尔王室的权威。这个高山雪域王国并不是什么圣地，所谓“最幸福的国家”也只是神话。很多人对落后国家的王室好奇向往。事实上，宫廷生活压抑沉闷，哪有什么浪漫可言。

王室血案发生之后，王叔贾南德拉登基成为新王（他本人亦被怀疑为血案的策划者）。这时候，政治平衡已经打破，尼泊尔陷入政治混乱。执政党和新国王一直就过不去，在野党派也结成反国王战线，首都整天都有人游行示威，游击队在农村势如燎原。在各种力量的推动下，尼泊尔的君主政体走到了历史尽头。

2007 年 11 月，在占领尼泊尔大部分领土的情况下，“毛主义”没有“宜将剩勇追穷寇”，而是和政府签署协议，结束内战。经过 10 多年内战，尼泊尔人民都厌倦了，所有人都渴望和平。作为政治交换的一部分，国王同意让步，将君主制的前途交给制宪会议投票。

2008 年 5 月，尼泊尔制宪会议召开，宣布尼泊尔为联邦民主共和国，国王贾南德拉退位，成为平民。“毛主义”领导人普拉昌达成为首任总理。尼泊尔从此进入新时代。

在尼泊尔政坛上，左派政党居于绝对优势。可以说，这个国家就没有右派政党，只有左派政党，以及不那么“左”的。“联合马列”和“毛主义”一度合并，此后几大政党重组联合，普拉昌达本人也两次担任总理。他上一次担任总理，还是在 2016 年至 2017 年。革命家放下武器，参与正常的国家治理，自然是好事。这个国家太需要和平与稳定了。

如今，尼泊尔和中国在政治方面没有结盟，但经济合作越来越紧密。无论哪个政党上台，他们都视中国为最重要的合作伙伴。青藏铁路的延长线是拉日铁路（拉萨至日喀则），而拉日铁路的延长线日吉铁路（日喀则到吉隆口岸）则将延伸到尼泊尔境内。

这就是规划中的中尼铁路。这项工程十分艰巨，一旦建成，将有利于中尼的边境贸易，可以扩展中国在南亚的影响力。对尼泊尔而言，来自中国的合作显然比印度更安全，也更有好处。

尼泊尔长期贫穷，很多人把它想象成穷山恶水。事实上，尼泊尔的自然风光十分优美。这里有绵延的喜马拉雅雪山，地球上最高的 14 座山峰，有 8 座全部或部分在尼泊尔境内。每当日出日落，巍峨的雪山就会绽放出无与伦比的美丽光芒。

尼泊尔不仅有高山、森林、草地和湖泊，还有丰富的动植物资源。英国人在统治期间曾把尼泊尔称为“东方瑞士”，足可见尼泊尔景色之壮美。可惜由于政治动荡、经济落后，这个国家对大多数人而言还无法引起向往。

秘鲁反恐往事，熄灭地下火

秘鲁之所以贫困，最重要的原因是大量财产权不被承认。

秘鲁曾是世界上最默默无闻的国家之一，值得夸耀的早期历史是史载不详的印加帝国。自19世纪独立以来，秘鲁就陷在贫穷混乱的泥潭中。最近30年，秘鲁却是拉美国家的明星，在国际舞台上赢得了与其国力不相匹配的曝光度。说起这个改变，我们得从藤森说起。

藤森是日本裔秘鲁人的第二代，他的妻子也是地道的日本人。1990年，秘鲁大选。除了藤森这匹日裔黑马，这次大选还有很多值得细说之处。藤森的一个竞选对手是著名作家，后来获诺贝尔文学奖的马里奥·巴尔加斯·略萨（Mario Vargas Llosa）；他的另一个竞选对手，是20世纪80年代和21世纪初两次任秘鲁总统的阿兰·加西亚（Alan Garcia）。

藤森几乎没有政治经验，在不被看好的情形下，居然能当选秘鲁总统，实在出人意料。

1990 年的秘鲁大选之所以重要，是因为秘鲁当时已到了内战的边缘。一个叫“光辉道路”的极左组织在秘鲁已成星火燎原之势。这个组织主张暴力夺权，对经济进行彻底而平等化的改造，甚至主张回到印加时代的小农经济。

20 世纪 80 年代的秘鲁，政府腐败，经济停滞，农民生活困苦不堪，“光辉道路”的主张在农村很受欢迎。他们在农民帮助下，夺取秘鲁 1/3 的领土，并将战火燃烧到首都利马。他们采用爆炸、暗杀、袭击工厂等手段，将秘鲁置于一片恐怖之中。

在藤森上台以后，不到两年时间，形势发生逆转。从 20 世纪 70 年代就到处蔓延的“光辉道路”，短时间内停止了攻城略地的步伐。1992 年，“光辉道路”的组织被秘鲁警察破获，几乎整个领导层在一次会议中被“一窝端”，连他们的首领阿维马埃尔·古斯曼（Abimael Guzmán）也被擒获。无论是反恐还是内战，这样的效率都让人惊叹。

藤森政府之所以成功，首先归功于军事上的强有力。这位日裔政治家性格坚毅，执政之始就放弃和谈幻想，寻求外援致力于反恐。秘鲁警方能够破获“光辉道路”的组织，也缘于他常年督促。

军事上的强硬，还不能解决全部事情。从 20 世纪 70 年代开始，秘鲁军政府就一直致力于围剿，甚至不惜付诸血腥的屠杀，但参加恐怖组织的农民反而越来越多，直到不可遏制的地步。除了强硬的军事手段之外，藤森还获得了什么帮助？

这种帮助不是来自军力和武器，而是来自思想的力量。从 20 世纪 80 年代中期开始，一股对抗“光辉道路”的思想暗流在潜滋暗长，它的源头是经济学家赫尔南多·德·索托（Hernando de

Soto）。德·索托经过调查发现，当地农民之所以前仆后继地支持“光辉道路”，最根本的原因在于贫穷。古斯曼向他们许诺了一个美好未来，这对改变无望的穷人而言，无疑具有很大的诱惑力。

秘鲁之所以贫困，最重要的原因是大量财产权不被承认，民众创业受到很大限制。大量土地没有登记造册，人们不能合法交易，也无法抵押贷款。秘鲁拥有庞大的黑市，由于缺少正规法律保护，资本无法流通，只能以地下经济形式隐藏在角落。

更重要的是，从军政府时代起，秘鲁国内遗留了一大堆法律法规。这些法律法规阻碍了秘鲁人民发财致富。德·索托雇了一个法学院学生细数这些法规数量，结果发现，其中仅一年就颁布了 28000 条之多。秘鲁法律繁复到难以理解的地步，穷人只能望而却步。

德·索托发现，一个白手起家的创业者需要 13 年时间，才能够克服法律和行政方面的种种限制，建立起一个食品零售市场。如果人们想在荒地上建造一所合法的、有产权的房屋，需要花 21 年时间才能获得授权。这就不难理解，为何穷人宁愿住在破破烂烂的贫民窟里，也不愿拿钱去投资建设。因为人们贸然盖上结实的房子，随时都会面临政府的清除。

秘鲁之所以贫困，不是不适应市场经济，乃是管制太多。1987 年，德·索托把自己的研究写成一本书《另一条道路》，大加宣传。这本书获得巨大的成功，不只是秘鲁，就连拉美其他国家也在积极反思。经过多年宣传，越来越多的人接受了这一套思想，其中就包括藤森。藤森坦承，他从政的目的就是希望按照德·索托的方法治理国家。他能在选举中获得成功，也得益于德·索托思想的深入人心。

在藤森担任秘鲁总统后，德·索托成为他的私人代表和首席顾问，全面主持改革。在藤森时代之前，政府对经济作物垄断种植，农民只好偷偷地种植毒品。现在政府承认了土地所有权，农民可以从土地获得收入，不再热衷于掠夺。为了捍卫土地财产，超过 7000 个民间武装组织前往政府登记，公开表示反抗“光辉道路”，这极大地鼓舞了政府军的士气。

在秘鲁的各个城市，大量繁复的法律和审批手续被取消，单单房地产登记的成本就削减了 99%，注册公司的审批时间从 300 天减少为 1 天。大量信贷机构和房屋买卖中介设立，新的工作岗位不断涌现。年轻人对革命不再抱有热情，“光辉道路”覆灭只是迟早的事情。

1992 年，“光辉道路”被歼灭。与此同时，秘鲁经济快速发展，成为仅次于智利的拉美新兴国家，并且步入了正常国家行列。直到今天，秘鲁都是拉美地区经济增长速度最快的国家。

2000 年，藤森因政治危机出逃，并于 2007 年被引渡回国受审，现在身陷囹圄。这位被指为贪污、独裁、侵犯人权的政治强人，在秘鲁国内拥有巨大威望。他的女儿藤森庆子则继承父亲衣钵，成为目前秘鲁在野党最有实力的人物。与其说人们怀念藤森，不如说是体会到了市场化的巨大好处。德·索托也因对这个国家的伟大改造，树立起经济学家成就的新标杆。

第六章

当代流行思潮潜藏的陷阱

大自然是人类的好朋友吗

> 人类的进化之路，实际上就是与大自然不断抗争的过程。

“大自然是人类的好朋友”，这是我们经常听到的一句话。理由是，大自然无私地向人类馈赠了大山大河，山林里有动物，江河湖海里有鱼，地底下还有矿藏。人类生活所需的一切资源，都取之于自然。

听起来人类非常幸福，在自然母亲的怀抱里，享受优越的生存环境，但这些只是文学的修辞。大自然并不是人类的好朋友。在有人类之前，大自然就亘古存在。在人类生存的地球上，自然环境非常恶劣。森林中有毒蛇猛兽、蚊虫瘴疠，它们都是人类的对头。地球上到处都是植物，可惜大部分不能果腹，有些还有剧毒，适宜人类的食物极其匮乏。人类在发明农业以前，基本是吃完上顿没下顿的，连续几天饿肚子是再正常不过的事情。

小到病毒细菌、蚊虫疾病，大到洪水干旱，这些随时都可能会要了人的命。在文明史以前，人类几乎就没有老死一说，很大一部分还没到成年就被消灭了，他们几乎是被大自然杀死的。极少人活到年老，由于身体虚弱，资源有限，他们会被原始人群抛弃。世界各地的原始传说，都有这样的记载。不是原始人群道德水平低下，而是生存条件就是如此严酷。脱离人群庇护的老人，很快就被茫茫的大自然吞噬。天地不仁，以万物为刍狗。

人类的进化，实际就是在与大自然不断抗争。人类发明工具，通过群体合作，猎杀比自身体型大得多的野兽，并用火防止它们袭击。此后，人类走出丛林，建立了村庄和城市，这才有了文明。

人类发明了农业，栽培农作物。农业被很多城市人视为“亲近自然”，事实上，农业也是反自然的：要求水稻密集整齐地生长，种子一成熟就被收割；要求水流顺着人工沟渠行走，灌溉大片裸露的土地。在地球表面，农业是人工开发面积最大的地表。

矿藏原本沉睡地下，如果没有人类开采利用，那么毫无意义，宇宙中到处都是。人类把它们挖出来燃烧、锻造。今天的人类社会，除了极少数原始人，绝大多数人生存在文明社会。文明本身带有一定的“反自然”。

满天的星辰，在宇宙中到处都是，人类创造的万家灯火才是独一无二的风景。如今的人类已如此强大，大自然却依旧是挥之不去的威胁：一个自然爱好者如果独自在荒山野岭感受风吹雨打、野兽侵袭，很快就会想念城市的温柔。

很多人过了几天安稳的城市生活，被照顾得妥妥帖帖，就大谈自然的温柔，想返璞归真。在他们眼中，洪水没什么大不了，野兽也可以很温柔。这种想法如果只是不知世事的年轻人的幻想，那么没什么大不了。一旦谈论公共政策，这种论调便会将人类置于险境。

前段时间，我看了一位教授的演讲视频。他是城市园林专家，多年来一直推广“海绵城市”的理念。他在演讲中谴责：“我们把大江大河全部裹上水泥，用无度的水利工程试图防范水患。”他建议炸掉防洪堤，恢复河岸湿地和滩涂。

他还说：“即使我们把所有的防洪堤、大坝全部都炸掉，洪水能够淹掉的国土面积才有0.8%，极端情况下才会淹掉6.2%。”这是多么惊人的言论。他认为，人类没必要和自然那么较劲，应该学会与自然和谐相处。城市的河边，应该是自然的滩涂和湿地，要扩展城市内的荒滩湿地。就好像“海绵一样吸收雨水”，取代庞大的人工管道。这就是所谓“海绵城市”的理念。

如果岸边滩涂没有堤防，城市湿地没有人工干预，那么代价是什么呢？且不说经济代价（房价高企），恐怕安全和整洁也难以应付。内涝在短时间内难以排干。要是遇到突发的特大暴雨，或者连绵的雨季，雨水倒灌进城市低洼地带，可是要死人的。我相信这种城市是不安全的。

自然景观在暴虐的洪灾面前，根本不堪一击。所谓“城市海绵”根本解决不了水患问题，水库、大坝、防洪大堤等人工设施才是城市的堡垒。

无视自然的残酷，刻意营造人和自然相亲相爱，这在动物保护界也很常见。比如保护野生动物的广告，我们经常看到明星和猛兽亲昵，好像家养的宠物一般。这就是煽情的谎言。提倡保护野生动物不打紧，但是请不要营造假象，不要制造错误知识。

我的家乡在福建山区，清朝末年老虎成灾，民国时期仍有虎患。我奶奶说过，当时山上一个虎啸，整个村庄都为之震动，没人敢单独出门。在现代社会，多数人已没有了这样的敬畏，反而沉浸在“人和动物是好朋友”的错觉中。很多人潜意识里已经忘了老虎是危险的野兽。

近几年，经常看到有野生动物园的野兽伤人的事件。直接的原因，无非是游客不顾危险下车，或者亲昵和逗弄野兽，想要“亲近”一下自然。他们没有意识到，大自然是如此残酷，哪怕只是短暂地直面，也会有生命危险。

空调是伟大的发明

新加坡国父李光耀说过，空调是最了不起的发明。

夏日的一天，我在网上遇见一个无聊的问题：“周末待在家中，没有电脑。两种电器让你选其一，你会选空调还是手机？”这个问题让很多人踌躇不决。我看了看窗外似火的骄阳，这有什么可犹豫呢？没有手机，我可以读书、看电视或者做数学题。没有空调呢？高温让我头昏脑涨，什么事情也做不好。我还要想办法给家里降温，否则老人、孩子很可能中暑。

每至盛夏，我就衷心感激空调发明者。普罗米修斯盗下天火，威利斯·开利（Willis Carrier，他是一连串空调发明的关键人物）偷来凉风，同样名垂青史。此话并非出于戏谑，而是真心实意的赞美。空调对现代生活的改善总被低估，蒙受过多毁谤。要理解空调之伟大，我们就得对人类现代生活有一些了解。

人类算是生存适应性十分强大的动物。除了南北极和一些岛屿，人类足迹遍及各大洲，甚至在沙漠中央的绿洲也能顽强生存。生存是一回事，人类真要生活发展并舒适地度日，则大大受限于气候。寒冷限制生产劳动，这显而易见。不过，只要衣着保暖，人类在零下十几摄氏度的环境中活动，通常也不会受到影响。但是，炎热不利于经济，其影响经常被低估。

人类对高温的耐受，实际上远不如寒冷。如果气温达到 30 摄氏度，人们就会感到身体不自在；如果气温达到 35 摄氏度，人们就会感到炎热难耐，昏昏欲睡。一旦气温达到 40 摄氏度，体力劳动基本就要停止，否则会有性命之虞，即便处于静室的脑力劳动，也难以为继。

自从人类用火以后，摆脱寒冷就容易很多，但驱除炎热实在困难——天冷可以增衣，天热再怎样脱衣还是热。毫不夸张地说，炎热对现代社会的影响已远超寒冷。

2003 年，热浪席卷欧洲，7 万多人死亡。美国每年有数百人因炎热丧生。在印度，超过 50 摄氏度的热浪经常导致大批老弱猝死，这不包括由炎热引起的疾病。

空调诞生以前，对抗炎热是人们生活的重任，尤其是在热带地区。穷人持蒲扇，富人挖冰窖，皇帝干脆奔走到凉爽的行宫避暑。电风扇也是伟大的发明，只不过它的效果比较差，也不够安静。直到空调发明，尤其是中央空调横空出世，人类才真正解决了炎热带来的困扰。

房间里开足冷气，我可以平心静气写一天文章。只要中央空调制冷系统足够强大，容纳几千人的商场、火车站也凉风习习。随着移动空调的普及，除极少数酷热环境下仍需户外工作的人员，其他城市成员几乎都能享受到冷风吹拂。

新加坡国父李光耀说过，空调是最了不起的发明。空调让热带发展成为可能，极大扩展了文明的区域。没有空调，在新加坡这样的赤道国家，工作环境比温带、寒带恶劣许多。炎热使人懒怠昏睡，使金融贸易所需的智力活动大受影响。家用空调从 20 世纪 60 年代普及，新加坡就大力引进，经济也在这时起飞。李光耀认为，新加坡能成为发达国家，空调厥功至伟。

不过直到今天，像新加坡、中国香港这样“全城冷气”的经济体依然不多。虽然空调作为普通家电的价格不比电视机贵，但普及性差得多。印度每年热死几百人，为什么印度不普及空调？答案很简单：空调的普及，依赖稳定而廉价的电力系统。一个家庭要装几台空调才能覆盖，一夜下来需要好几度电。几组中央空调开足马力，商场的电表飞快旋转，这些都是不小的经济负担。

没有良好的基础设施和一定的经济水平，不是谁都能享受得起空调的，更别说普及空调了。凉风并非从天边飘忽而至，它是人类发明创造和经济发展的成果。

在所有家用电器中，空调是最美好的，也是受诽谤最多的。20 世纪 70 年代，环保主义者就攻击氟利昂是臭氧层空洞的原因。臭氧层空洞是自然现象还是人为原因，它和含氟利昂的空调有多大关系，科学界也有很大争议。近 20 年，氟利昂的使用量在增加，南极臭氧层空洞并没有再扩大，而是显著缩小了。空调算不算被冤枉呢？

在臭氧层空洞论后，环保主义者抛出论调：空调是高耗能产品，是人类追求舒适而发明的奢侈品。宗教界人士就曾点名谴责空调：“它击败了我们的良善本性，使我们养成浪费和过度消费的恶习。”在他们眼中，人类变得太过娇气，经受不起一点自然考验。

不要以为这种论调很荒诞。环保主义者和自然主义者总想通过中央计划的手段钳制私人的生活。有人认为，夏季空调制冷，温度每提高 1 摄氏度，就可以节省电力 20%（还有一种说法是节省电力 7%）。很多人虽然享受空调，却有负罪之感。但只要确保健康、舒适，并且财力能负担，我们完全无须多虑。

煤炭塑造了现代文明

煤炭的出现，使人类的生活环境变得更好，而不是相反。

2015年12月，英国政府关闭了境内最后一家深层煤矿——约克郡的凯灵利煤矿。这个煤矿于1965年开采，高峰期有3000个矿工在这里工作。随着煤炭在英国能源市场日渐没落，凯灵利煤矿走向了终结。

一位52岁的矿工非常伤感，他说："凯灵利是英国最后一个深层煤矿，而我们即将成为历史。这标志着一个时代的终结。工业革命时期，我们的国家就是建立在煤炭上的。"这位矿工的说法毫不夸张。英国开创的工业文明，我们有理由称之为煤炭文明。

工业革命以前，人类世界的能量来源几乎全是人力和畜力——宏伟的埃及金字塔和罗马帝国都是由苦力建成的。牲畜的力量比人大，但其摄取营养、转化能量的效率低，管理难度高。欧洲人很早就用上水车，但水车的工艺很复杂，使用范围有限，除沿河地区的碾米磨麦，其他基本用不上。中国人很早就发明烧炭，那仅是很小一部分木材能量——树木用几十年存储下来的太阳能，经过燃烧，残留下一点余烬供人类使用。

煤炭是人类第一次大规模使用的化石能源，它的优点很明显：热值高，相当于同质量木柴的两倍；便于运输和储藏，只要未经燃烧，就能长期保存。煤炭储量丰富，按照目前人类的开采量，地球上的煤炭储量还够开采几百年。优质的煤山矿井，往往能维持几十年甚至上百年的开采时限，这足够几代人完成文明的进化。英国人率先开采煤矿，将这些"黑金"喂进蒸汽锅炉，拉动这个国家率先进入现代化。

现代社会的文明成果都要归功于煤炭。蒸汽机、轮船、火车，以及电能基础上的工业大厦，都是煤炭燃烧的产物，其成果甚至包括制度文明。由于能源变得廉价，需要皮鞭驱使苦力的工作大部分可以由机器代替，精巧的劳动只有依靠合作才能完成，蓄奴失去了经济价值。英国是世界上第一个真正废除奴隶制的国家，其背后的经济推力正是煤炭。

工业革命暴露出饥饿、贫穷和使用童工等状况，这些惨象其实很早就存在，并且相当严重。只有经济发展起来，人类才能逐一解决这些社会问题。煤炭蕴藏来自几亿年前的光和热，一举终结了人类饥寒交迫的历史。经济学家威廉姆·斯坦利·杰文斯（William Stanley Jevons）很早就意识到煤的贡献。他说过："有了煤，什么样的壮举都能完成，甚至可以轻松完成；没有煤，我们就会被抛回早前时代的艰辛贫困当中。"

当代很多人把煤炭视为脏乱差的落后能源。事实上，一开始，煤炭是标准的清洁能源。与之形成鲜明对比的是，木材需要占用空间，制造满屋的浓烟和垃圾，非常麻烦。煤炭虽然也制造污染，但无须人们守夜添柴，只产生少量垃圾。在煤炭大放光彩后，木材退出了历史舞台，森林快速减少的趋势被遏制住。

煤炭的出现使人类的生活环境变得更好，而不是相反。工业时代的伦敦，确实是煤烟缭绕的雾都，主要原因是当时聚集的人口和繁荣的工业。没有煤炭的古代，维持一个百万人口的城市正常运转是非常困难的，毫无意外的是，城市环境也非常糟糕。

如今，英国人关闭煤矿，我们除了缅怀，还可以借鉴很多。中国是世界第一煤炭生产和消费大国，这是经济发展的动力。很多人觉得煤炭是落后能源，应尽早淘汰，从而用上高级的石油和天然气，甚至像法国一样 80% 的能源都用核能。愿望固然美好，却有诸多不现实之处。

任何能源都有可替代性。判断一项能源是否合理使用，不是看能量效率、清洁程度，而是要从经济的角度来判断。低价通常意味着生产效率高，以及获取和使用成本更低。

发现石油和其燃烧性能，各国的先民早在一两千年前就已开始。当时，石油的用途非常有限，石油远称不上能源——因为开采难度极大，使用起来也不方便。石油到 19 世纪中期才真正成为能源，到 20 世纪中期才成为能源的霸主。

页岩气的发现也有几十年历史，此前开采成本过高，缺乏竞争优势，直到近些年开采技术取得突破，页岩气才跻身主流能源的行列。核能是技术成熟、前途远大的能源，被认为代表能源发展的方向——但对很多地区而言，远水解不了近渴。

能源选择应由经济发展水平决定，具体来说则看价格。这也很好理解。当获取成本足够高，其他能源就把它取代。真正能让煤炭退出历史舞台的，是能源竞争和经济发展。

由于最近十几年油价走低，法国和日本都关闭了煤矿。英国关闭了最后一家深层煤矿，还保留着一些露天煤矿。目前，英国近1/3的发电还靠烧煤——几乎是廉价的进口煤。煤炭在美国能源结构里占第三，这也是能源竞争的结果。

此外，我们也要看到，发达国家的能源淘汰问题并不全是经济因素，政治也是很大的推动力。因为环保和减排，煤炭被打上"非清洁能源"标签，被课以重税，被勒令减产，以致在能源市场上缺乏竞争力。这是政治力量对市场选择的干预。长期来看，再大的政治力量也抵不过经济。

凯灵利煤矿关闭几年以后，由于能源市场持续动荡，英国坎布里亚郡再次重启了深井煤矿的开采，议会为此拨款1.8亿英镑。这是30多年来英国首个获批的深井煤矿项目。2022年，欧洲能源危机爆发，更是坚定了英国重启煤炭事业的决心。

我们回过头来看中国。中国的煤炭储量丰富，价格便宜，将是长期的能源主力。能源结构要想升级，不仅要寄希望于世界能源格局翻转，也要确保中国经济持续发展，并且能用得起更好的能源。

加州大火为何失控

加州多山火，有自然方面的原因，更多是政策失败的结果。

美国加州经常发生火灾，2018 年尤其猛烈。这一年夏季，洛杉矶附近发生山火，数千房屋被烧。同年 11 月 8 日，加州北部的天堂镇突然再起山火，不到两天，烈火席卷全镇，数万人出逃。火星借风势扩散，又引起几场山火。数十万英亩的土地变成焦土，80 多人死亡，还有 500 多人失踪。这是加州历史上最具灾难性的山火事件。

加州是美国森林火灾第一州，每年有几十场火灾被扑灭。就在 2017 年，加州发生的大型山火有 20 多场，过火面积超过 20 万英亩。谁也没想到，加州之后发生了震惊全美的超级山火。

加州山火频发的一大原因是气候。这里位于美国西海岸，夏季炎热干燥、高温灼烤，冬季气候温和、雨水较多。和一般的雨热同期气候相比，地中海气候更容易发生山火。地中海气候的特点是，冬季温和多雨，利于植物生长。倘若恰逢雨水充沛，植物生长格外茂盛。一到炎热夏季，高温干旱，大量灌木和野草枯萎，就给大火提供了上等燃料。

当地树木以杉木和松木为主，生长迅速，高大挺拔。树木脚下是堆积多年的枯树、枯草。稍微一点火星，森林就能燃起数十米高的“火墙”，势难扑救。加州背靠内华达山脉，海岸气流进入内陆受阻，沿山脉沉落，形成气温偏高的“焚风”。山火一爆发，加州山谷就是超大型的“鼓风机”，热风乱窜，火星四溅，烧得惊天动地。

因为这样的气候和地理条件，加州大火通常被视为自然现象。许多自然主义者说，加州森林是天生的火场，不让它烧能行吗？植物学家也在论证大火的好处，比如大火可以烧掉枯枝落叶，烧死病菌害虫，防止森林虫害发生。大自然有其循环规律，我们何必为大火发愁呢？

我不懂生态学，对这个领域不好置喙，不过也有疑惑：即便森林火灾有生态上的好处，是否也应加以控制，让收益大于损失？放任大火狂烧而不加干预，岂非原始人的自然崇拜？按照这种思路，人类的森林防火和灭火宣传不就成了错误？

加州绝大多数山火的起因，并非电闪雷鸣，而是纯粹的人祸。露营用火、乱扔烟头、电线暴露，这些原本可以避免。大火带来的不只是树木烧毁，还包括人员伤亡、财产破坏、交通断绝。无数人家破人亡，流离失所，这当然不是一句“自然现象”就能敷衍的。

灾难就是灾难，不放任、不回避才是分析和解决问题的起点。有人谈加州大火，常论及美国政治低效，比如军队不参与救火，联邦和州政府扯皮推诿。但加州是美国人口最多、经济实力最强的州，倘若将其视为一个“国家”，其综合实力能排世界前十。岂有“举国之力”而不能灭火的道理？我们只要细看就知道，原因是加州本身做得太差。

救火未如防火，这是森林防火界的共识。大量砍伐树木，建设防火隔离带，原本是很有效的做法。然而，1988 年美国黄石森林大火狂烧几个月，把旧时代防火体系烧了个干净。当时，美国兴起了环保生态主义，森林防火政策的策略，逐步由严控转向放任。规模越大的大火，官方越倾向于“让它烧”。“烧了就烧了，烧了有好处”，环保主义者和美国林务局会努力论证这种好处。自然主义的灭火思想延续至今，成为防火界的“政治正确”。

比如 2018 年的加州大火，官方只派出 5000 人的消防力量，平均每人防守超过 100 米，如何谈得上灭火呢？消防员能做的只是拦截火线，保护城镇和住宅，其他地区该怎么烧还是怎么烧。

美国林务局采取“让它烧”的策略并非偶然，甚至可以说，这是最符合林务局利益的策略。美国林务局无法从森林管理中获利，也缺乏管好森林的激励。加州这种地方，本来就容易发生火灾，何必辛苦费力伐木防火？火灾偶尔发生，才会显示出美国林务局的重要性，林务局才有理由向美国国会申请更多拨款。于是，连年大火连年烧，一切都没有改变。

有没有良好的解决办法呢？经济学家会提出，可以将加州森林私有化。

每当森林火灾发生，私人公司不会坐视财产损失；至于森林防火细节（如电路检查、野餐管理），私人公司会比政府做得仔细。火灾等级升高，私人公司会禁止私人进山，加强巡逻。对于森林附近的豪宅，私人公司可以向他们收火险费，用作防火经费。一句话，私人管理会比政府管理更专业、更上心，毕竟这是他们的私人产业。一旦森林火灾殃及无辜，私人公司还要向受害者赔偿。相比美国林务局的官僚，私人公司更加不会掉以轻心。

加州有57%的森林属于联邦财产。过去50年，联邦政府通过大量法规，包括《濒危物种法》和《全国环境政策法》，严格控制联邦属地的森林清理、控制烧林和木材销售。在美国林务局浮皮潦草的管理下，联邦森林与公地无异，防火措施形同虚设。

加州另外43%的私人森林情况怎样呢？不容乐观。加州是民主党主导的州，政府管制无处不在。对于私人森林的砍伐和销售，甚至只是清理疯长的树木枝杈，政府也严格管制。私人要想采伐自家森林，得评估这么做对环境的影响，需要提交合理措施。没有政府批准，伐木是万万不能的。

除伐木之外，如果要烧掉树木枝叶，必须从当地“燃烧管理机构”获得“该地区的燃烧许可，以及根据不同地区、规模和燃烧类型需要的其他许可”。这些管制虽有防火方面的考虑，却会束缚企业手脚。私人防火无所作为，照样会增加火灾风险。在加州，拥有私人森林很难获利，甚至是沉重的负担。如果防火费力不讨好，还不能从中获利，那么谁愿意认真做呢？结果和联邦森林一样，就是疏于管理。

阻止森林管理和开发的机构除了当地政府，还包括活跃的环保主义者。加州正是美国环保主义者的大本营。在这里管理森林，随便做些什么事，都有被环保主义阻击的风险。2015年3月，美国联邦应急管理署给奥克兰和伯克利提供570万美元援助，用于砍伐45万棵树木，以减少当地山火风险。一个“树精神工程”的环保组织抗议伐木，他们脱光衣服，拥抱大树，阻止政府的管理工作。这样的表演，在加州已是寻常事。

环保主义是加州的“政治正确”，时任州长杰里·布朗（Jerry Brown）是环保主义者，加州议会也被他们占据。此前有人在议会要求增加预算，以清理 1.3 亿棵枯树。议会以应对“气候变暖”为名，否决了提案。枯树尚且不让处理，更何况砍伐森林、建设隔离带。环保主义者口口声声控制碳排放，但他们从来没有去计算，一次蔓延上百公里、连烧数十天的山火，将带来多少碳排放。宁可烧掉，绝不能砍伐，这正是他们的行事逻辑。

2018 年 11 月 17 日，美国时任总统特朗普在火灾废墟的天堂镇发表讲话。除了悲伤和慰问，特朗普将大火归咎于当地管理不当。总统对当地官员说：必须收拾好森林地表了，这非常重要；要学习芬兰经验，将森林杂草和小灌木丛等易燃物清除掉。

这本来是切中要害的意见。由于特朗普说了一句“芬兰总统告诉我，他们会用耙子把树丛杂草耙掉”，美国媒体便开启了对总统狂欢式的嘲笑：“森林大火是气候变暖的结果，总统却告诉我们去耙草，哈哈哈哈。”媒体的肤浅和无聊，全世界都差不多。

加州多山火，有自然方面的原因，更多是政策失败的结果。大火烧到家中，很多好莱坞明星仓皇出逃，他们不会意识到，正是他们平日主张的意识形态，毁掉了他们的生活。加州大火犹有扑灭之日，大政府笼罩之下，社会经济秩序遭破坏，其灾难比火灾可怕得多。

美国的木材危机

木材替代资源的出现不是偶然，而是市场演进的必然趋势。

美国是世界上木材采伐量最大的国家，消费和出口量均居世界前列。现在很少有美国人担心本国的木材会被采伐殆尽，100 年前却并非如此。19 世纪末 20 世纪初，美国就经历过一场“木材危机”，木材短缺引发的恐慌远比 70 年后的“石油危机”严重得多。

这一切可以从美国的木材热潮说起。美国内战结束后，经济进入高速增长时期，上下洋溢着乐观的情绪。当时，美国西部有大片广袤的未开发领土，源源不断的移民提供了丰富的劳动力。资源不是问题，铁矿石源源不尽，阿巴拉契亚山脉的煤矿据说至少还够开发 500 年。然而，当时美国民众使用最多的能源不是煤炭，而是木材——美国的木材实在太多了。

美国西部的落基山脉和太平洋沿岸地区，有大片松树、云杉和杨树；南大西洋和墨西哥湾沿岸，有长叶松、火炬松和湿地松的森林；密西西比河以东，则以栎树、胡桃和橡木为主。就连开发较早的东部地区，木材供应也很充足，而且大多木质坚硬，高大挺拔，适合各种用途。

木材最首要的用途是铁路建设。铁路建设消耗了美国木材产量的 1/4，大量木材被用作铁轨枕木，需要定期更新。像轮船和码头建造、道路铺设、桥梁涵洞、电线架设，木材也被广泛应用。美国的村庄和市镇建设，首选的材料也是木材。

至于无法用于建筑的木材，可以被拿来取暖，帮助民众度过严寒的冬日。美国人的壁炉设计得比欧洲家庭宽大，他们从来不担心燃料不足。当时的英国人到美国旅行，一个深刻的印象是：美国人对木材的浪费使用，差不多到了“犯罪”的地步。

早期的美国人“鼠目寸光”，丝毫不担心森林耗竭，大手大脚的作风常年不改。伐木工人使用一种叶片很厚、齿间距大的电锯，运转速度快，作业效率高，大块木材被锯成粉末。铁轨枕木也很少风干再用，因此腐烂得特别快，每年有近 20% 的枕木要换。没有人想过节约，因为到处都是用不完的木头，何必为了节约而耽误进度呢？

进入 20 世纪，美国人关于“木材耗竭”的担心多了起来：既然木材在生活中如此重要，一旦供应断绝，美国人应该怎么办呢？报纸标题总是充斥着这种担心，一场“林木饥饿”正在逼近。甚至有人宣布：按照当前速度，森林在 10 年之后将被全部砍光——就像后来的“石油预言”一样。

这样的担忧并非空穴来风。最先感受到变化并试图改变的人，不是环保主义者，而是铁路公司。铁路公司不是良心发现，也不是因为环保理念，而是出于对自身利益的关注。铁路公司是木材消耗大户，对木材价格的上升很敏感。随着木材价格缓慢上涨，很多铁路公司发现，拥有自己的林场比购买木材要划算。但是，植树造林的周期太长了，远水救不得近火，于是木材公司将控制成本的重点转向其他领域，想办法提高木材的使用效率。

增加风干时间可以提高木材的强度，减少木材腐烂，延长木材使用寿命。此前因成本过高而无法推广的木材防腐技术，也有了用武之地。在特定地段使用特别的枕木，例如坚硬的栎木适用于陡坡、急转弯和运输繁忙地区。铁路公司的这些做法，都是利益驱动下的环保举措。

在木材生产的源头，有了成本管理概念。伐木不再大手大脚，新的锯木齿效率更高，也更节约木材。弃置不用的边角料被做成木板。通往森林深处的铁路和机械，极大地减少了木材的浪费。防火和灭火，也成为森林管理的重要任务。

在木材市场的下游，变化也在出现。相比简单、轻便的木质建筑，笨重的混凝土显得不够“美国风味”，但它的好处也很明显：承重好，适宜大型建筑；成本低，越大型的建筑越省钱。美国的家庭建筑风格出现变化，很多人接受了砖头水泥的房屋。

还在使用木材建筑的人，不再总是追求大尺寸的原木。加工木板得到普及，最后广泛应用于家具。道路桥梁的木质部分也纷纷被钢铁取代，木质车身的汽车也逐渐退出历史舞台，让位给金属汽车。经济发展并不必然带来木材的更多消耗，价格上涨之后，人们变得珍惜木材。

20 世纪 20 年代，金属和混凝土成为建筑的主流，引领美国工业高歌猛进。第二次世界大战以后，更轻便的塑料制品出现，横扫消费品领域，很少有人再使用木材制作的东西了。高悬在美国一代人头上的“木材短缺”恐慌，终于消失了，没有人再提起这个话题。

木材替代资源的出现不是偶然，而是市场演进的必然趋势。任何资源都不是人类唯一的选择，人们大量使用某种资源，只是根据成本和效率做出的最优选择。在这期间，最清晰的信号是价格。对于一项资源来说，如果价格过高，效率一定低下。如果价格上升，就会激励人们开发更新、更好的资源。

早期美国人在使用木材时“大手大脚”，实际是在资源之间做出取舍。在经济发展中，时间和人力都是成本，在原材料方面精打细算，往往要耗费更多人力成本，从而耽误时间。欧洲人之所以在使用木材时勤俭节约，是因为欧洲地少人多，劳动力便宜，木材很珍贵，美国则刚好相反。一旦木材价格上升，美国人也变得和欧洲人毫无二致。

市场规律在行为指引方面所起的作用，远胜于环保说教。很多人则诉诸权力，希望政府保护资源。这种做法的恶果是阻断市场调节机制，减少了技术进步的动力。美国的幸运就在于，当时美国人拥有大量私人林地，能自主处理财产，较少受到政府干预。依靠市场机制，美国人风平浪静地度过了木材危机。

杀死一头非洲象

象群袭扰村庄，外人看起来颇为有趣，本地人则不胜困扰。

大象是人们喜爱的野生动物，体形庞大，动作迟缓，以食草为生，看起来憨厚驯良。谁不喜爱这沉默的大块头呢？博茨瓦纳是全世界大象最多的国家，也是很长时间里大象栖息最安全的国家。2019 年，博茨瓦纳政府宣布了一项新法令：解除该国维持多年的“狩猎禁令”。这意味着，大象可以被合法地猎杀。

“大象这么可爱，怎么能射杀呢？野生动物是人类共同的财富，怎么能出售呢？有钱就能乱杀野生动物，这些人太冷血了吧？”野生动物保护者纷纷抗议。更有人指出，当地政府已将大象的生命标价卖了出去。很快，来自全世界的有钱人就会涌进来，将枪口瞄准安静的象群。

不过，有人欢迎这项政策，那就是博茨瓦纳当地民众。博茨瓦纳人对大象并不陌生。他们不把大象当作朋友（非洲象可比亚洲象凶猛得多，至今无法驯养），也没有将大象视为“神物”。在当地人眼中，大象只是大自然的一部分。幸好大象不像狮子、老虎那样凶猛，村民和大象总体还能和平相处。

博茨瓦纳北方是一片盐碱沼泽地，水草茂盛，是大象的乐园。博茨瓦纳多数人口住在东部和南部，居住相对集中。截至 2022 年，这个国家有大约 234.6 万人，人们与大象隔离生活，长期以来相安无事。随着时间流逝，情形发生了一些变化：博茨瓦纳的大象越来越多了。

博茨瓦纳有大约 16 万头大象，其数量是非洲象总量的 1/3。这些大象大部分生活在博茨瓦纳北方湿地，这里很早就建成了国家保护公园。非洲象食量惊人，平均每头成年象每天要吃掉数百公斤食物，每年消费草料上百吨。非洲大象在当地没有天敌，又受到特别的保护，数量很快就不断增加。它们在博茨瓦纳北方难以获得足够的食物，于是经常成群结队，向南方渗透觅食。

统计数据显示，在博茨瓦纳政府迫于国际压力对大象严格保护之后，该国大象的数量按年均 5% 的速率增加，该速率超过人口增长率。1993—2003 年，从博茨瓦纳北部往南迁徙的大象增加了 24%。人类生活领地开始遭到大象“入侵”。

2005 年，博茨瓦纳发生了 1000 多起人类和大象冲突的事件。这些事件多数发生在庄稼地和人类取水点。大象给当地农业生产和脆弱的水利设施造成破坏。当地人会反击，大象也不再温驯，象群袭击人类的事件经常出现。

“人象矛盾”不是博茨瓦纳特有的现象。在亚洲的印度、泰国和中国云南，人类和大象的冲突也很常见。象群袭扰村庄，大摇大摆闯进镇上觅食。外人看起来颇为有趣，本地人则不胜困扰。

大象对人类种植的甘蔗林非常喜爱，经常成群结队下山，祸害庄稼。一些村民痛恨至极，还会在甘蔗地投毒，这么做显然违法。因此，在象群出没地区，一些政府会给村民补贴，鼓励他们搬离，给野生动物划出活动空间。这项政策在当地被称为“生态移民”。

非洲象的脾气比亚洲象暴躁，造成的损害也更严重。博茨瓦纳政府没有能力为大象之害买单，只能教民众自保。比如，在农地周边拉电网，种植红辣椒，甚至尝试养蜜蜂——蜜蜂是大象最讨厌的昆虫。这些做法收效甚微。博茨瓦纳北方的大象还在往南渗透，遇到干旱年份，它们甚至会穿过整个国家，迁徙到南非，第二年再从南非返回。博茨瓦纳建立了专门的“迁徙走廊”，尽力地避免损失和冲突，但这也只是权宜之计。

在博茨瓦纳，民众可以交易象皮和象毛。交易象牙需要特许，并且严禁为获取象牙而猎象。个人拾到象牙后，要向政府部门登记，才可以自己保存，但不得转让和出售，否则会被没收。为此，博茨瓦纳政府收缴了数十吨偷偷交易的象牙。

和其他地区的野生动物一样，博茨瓦纳的大象也面临盗猎者的威胁。盗猎者多数来自赞比亚、纳米比亚、津巴布韦、南非，他们穿越边境进入博茨瓦纳，猎杀大象，割取象牙，有时连大象肉都不放过。博茨瓦纳政府为此组建了全副武装的“护象队”，并拥有射杀盗猎者的权力。仅 2015 年，单单来自纳米比亚和津巴布韦的盗猎者，就有超过 50 人被射杀。

盗猎者并不都是穷凶极恶之徒，大多是邻国的普通民众，还有一些博茨瓦纳村民给外国盗猎者充当向导和耳目。“武装护象”并不顺利，很容易引发冲突。2018 年 5 月，博茨瓦纳取消这项极具争议的政策，不再给“护象队”开枪的权力。

对大象威胁最大的，不是欧美富人的贪婪，而是非洲人的贫穷。在非洲草原，“吃大象肉”很寻常：一头大象倒毙在草原，当地人发现后鸣锣召唤，村民一拥而上，不需要多长时间，一只大象就会被分割到连骨架都不剩。在当地人眼中，杀死大象，改善伙食，远比环保教条有吸引力。

我们从这个角度就可以理解：为何不是其他国家，而是博茨瓦纳拥有最多的大象。除了自然环境适合大象生存，经济也是很重要的原因。独立后的博茨瓦纳，政治长期稳定，经济发展较快，如今跻身中等偏上国家的行列。这个国家的饥饿现象基本已被消灭，民众生活小康。很少有人再捕食大象，政府有财力建设保护公园，大象因此变得安全。

发展经济是保护动物最好的手段，这是无须过多解释的道理。大象被保护起来，数量增加，对动物保护主义者而言当然是好消息，但对当地人民来说则很头疼。一方面，他们受大象袭扰之苦，要为打击盗猎、管理象牙付出成本。另一方面，他们虽然拥有象牙资源，却得不到好处。

在大象政策上，博茨瓦纳政府摇摆不定。一方面，他们需要迎合国际舆论，以此打造博茨瓦纳开明进步的国际形象，吸引游客；另一方面，他们不断呼吁放宽象牙贸易管制。

在这个大象众多的国家，自然死亡的大象产生的象牙就有不少，却完全无法交易。出于避免刺激盗猎的考虑，各国无视博茨瓦纳的呼吁，就让象牙堆积在仓库。保护大象的国际组织经常深入博茨瓦纳，用无人机拍摄大象死亡的画面，指责当地政府疏于保护大象，有意牟取象牙暴利。如此“监督”，让当地政府非常难堪。

2009—2018年是博茨瓦纳前总统伊恩·卡马（Ian Khama）执政时期。这位总统是“禁猎派”，主张严格保护大象，颁布了严格的禁猎令。博茨瓦纳的大象持续增加，国际舆论对此高度评价。2018年4月，伊恩·卡马任期届满，副总统莫克维齐·马西西（Mokgweetsi Masisi）接任。马西西对禁猎令不以为然，他认为，博茨瓦纳人要用自己的方式解决大象问题，而不是听从国际安排。

当地政府很快出台报告：解除狩猎禁令，引入“常规但有限的大象捕杀”，将大象数量控制在“历史平均数据范围内”。“常规但有限的大象捕杀”，指的是商业狩猎。据了解，捕猎一只大象的费用在4万美元以上，这在当地算非常大的一笔钱。

农民将分享一部分狩猎收入。传统的旅游观光，将发展出“狩猎运动”行业。农民将成为狩猎产业的一员，也许是向导，也许是“大象保护人”。有了收入，村民就可以购置汽车和监控设备，以便更好地反盗猎。

博茨瓦纳政府表示，狩猎不会让大象数量大大减少。相反，对盗猎的打击将更加有力。过去源源流向邻国的大象财富，将回归博茨瓦纳。“商业狩猎”类似经济学的“确权”，过去公地悲剧下的大象，成为创造价值的“资产”。

我们还在担心当地人竭泽而渔，把大象猎杀到灭绝吗？当地政府和民众，有强烈的动力保护大象，防止种群出现危机。博茨瓦纳大象不会有灭绝的风险，当地人也将从中持续获益。

狩猎少女没那么坏

在这个流行娇弱病态美的时代，质朴强健的美女已是难得一见。

2016年，美国犹他州一位12岁的少女阿娅娜·戈尔丁（Aryanna Gourdin），因为在网络上发布大量捕杀野生动物的照片，引起了极大的轰动。这只是互联网上无数“观念战争”的一朵小浪花，但它背后的价值观和经济学知识，很值得一说。

阿娅娜的父亲在一家射箭产品制造厂工作，日常喜欢射击和狩猎，并且经常带着女儿出游。12岁的阿娅娜已经是一名老练的猎手，她猎杀过斑马、黑斑羚和角马，每有斩获，就在脸书分享她和猎物的合照。12岁的阿娅娜初显美貌，她手持猎枪，英气勃勃。在这个流行娇弱病态美的时代，如此质朴强健的美女，难得一见。

很多网友喜爱阿娅娜，默默给她点赞，却不敢发声，因为另一种观点聚集而起的声浪，足以淹没支持者。温和一点的评论是：“没有哪个正常的父亲会带着女儿以打猎为乐。希望她的父亲检讨，给女儿传递正确的思想。”大部分评论则是：“真希望有人扒了你的皮”“识相点自杀吧，姑娘！”“你死了才是对世界最大的贡献”。全世界网络喷子的恶毒都差不多。

阿娅娜不为所动，以理还击。她表示自己的猎杀完全合法，猎杀野兽也可以让生态保持平衡。面对汹汹的“劝退”民意，阿娅娜简单而坚定地回应：“我是一名猎人，无论人们说什么，我始终都不会放弃打猎。我热爱动物，同时也热爱打猎。”

我对阿娅娜的赞美引起了一位朋友的反感。他认为：“12 岁少女狩猎野兽，这本身已经骇人了。杀死动物，还兴高采烈举起猎枪，丝毫没有怜悯与愧疚，足见她的冷血。这样的女孩子哪有美感可言。网友的谴责可以敦促人们抵制这项野蛮运动，这也算一种进步啊。”

对于朋友的评价，我难以直接反驳，因为审美是很主观的事情。我当然不会荒唐到认为，敢动刀枪的女孩就一定很美。但在狩猎场上，我会感受到她刚健质朴的野性之风。

在狩猎这件事上，阿娅娜没有做错。她把照片发在个人主页上炫耀战果，收获支持者的赞美，也没有问题。对于心灵受伤害的人，适当的做法是关掉网页，而不是要求网站关闭阿娅娜的个人主页，更不是阻止她这样做。

商业狩猎有利于保护野生动物。狩猎不是普通人玩得起的游戏。在南非，杀死一只狮子通常要缴纳数万美元，哪怕猎杀几只羚羊和野猪也要花掉几千美元。狩猎者满足了血气偾张的欲望，狩猎场也获得了大量收入。这些钱足够政府在当地雇用一大批人，支撑起他们的整年开支，甚至可以用于购买汽车和武器，打击盗猎团伙。

狩猎场会不会竭泽而渔？很显然不会。野生动物是他们的资产，他们有强烈的动机使动物繁衍多样。他们会限定射杀数量，保护怀孕、尚未长成的野兽。一旦有人犯规，将会处以高额罚款，甚至会被驱逐。狩猎场还会干预动物繁衍，增加种群数量，好给当地带来人气。通过狩猎保护野生动物，这已经是公认可行的做法。

非洲黑犀牛曾是欧洲人最喜爱的猎物。2021 年，这种珍贵的大型动物全非洲只有 6000 多头，市场报价高达每头 30 万美元。动物保护主义者发现，黑犀牛的数量以每年 3% 的速度增长，有相当数量来自半野生的自然保护区。现在半野生地区的犀牛数量，甚至超过野生地区。

中国也有过商业狩猎的探索。自 1990 年起，新疆布尔津开始接待国际狩猎爱好者，以此筹集动物保护资金。青海都兰国际狩猎场也在 20 多年的时间里接待了国际猎人上千次，创造经济效益 2000 多万元。因为保护措施得力，偷猎现象减少，当地野生动物数量不仅没有减少，反而显著增加。只不过此后生态保护观念兴起，国内狩猎场都退出了历史舞台。

商业狩猎不仅不会消灭动物，对当地人而言还是福利。狩猎场不仅带来了就业，也提高了当地土地价值。狩猎场会大面积地租买土地，或是敦促当地人停止垦殖，或是给予当地人补偿。这也有利于环境恢复，提高民众的生活水平。在一些地方，由于法律保护，很多野生动物过剩，给农牧民造成了很大威胁。狩猎恰恰是减少野兽之害，同时还能赚钱的好方法。

遣责狩猎，甚至要求将其禁止，从纯粹审美的角度来看，也没什么好处。生活不只是精致柔软，还有粗野豪放的一面。心地善良，有所不为，固然很好；勇猛尚武，不畏野兽，同样值得珍视。狩猎不是滥杀，它讲究规则，不虐杀，不错杀，不杀怀孕和幼小野兽。这些规则包含着克制和道德，而拒绝狩猎运动，则其文化内涵就无法为人所知。

第七章

国家为何走向衰败和混乱

斯里兰卡的经济自杀

禁止化肥、农药的进口和使用，全面推行有机农业，无异于经济自杀。

斯里兰卡位于热带地区，物产丰饶。这里是亚欧和亚非航线的中间站，贸易条件便利。这个被马克·吐温（Mark Twain）称赞为“除了下雪，什么都有”的国家，却长期收入水平低下。最近几年，斯里兰卡经济的坏消息一直没有断过：物价上涨，债务到期，粮食减产。

到了2022年，斯里兰卡的情况愈加恶化：学校停止供应纸张，全国路灯关闭，公务员停止发薪，燃油不再供应。2022年7月，斯里兰卡政府宣布破产。大批官员辞职，民众上街抗议，上千人涌入总理官邸，大肆破坏，发泄愤怒。

冰冻三尺，非一日之寒。斯里兰卡“经济脆断”有直接的原因，而它原本就虚弱的体质，可以上溯到很久之前。斯里兰卡于1948年独立，受同时期独立的印度影响，大搞国有经济体制。国有庄园管理着茶业、橡胶、香蕉等作物，外来投资受到严格限制，有限的小制造业都是国产。

1977年，斯里兰卡实行经济改革，引进外资，发展纺织和低级工业，经济这才发展起来。这一步比印度早了十几年，也因如此，斯里兰卡的经济水平长期领先于印度，被称作“印度洋上的明珠”。但是，斯里兰卡的经济改革很不彻底，改革前的社会福利被保留了下来：免费医疗、免费教育和近乎免费的公共交通。我们很难想象，这是一个“穷国”提供的政府福利。

这套福利制度运行几十年，开支巨大，财政支撑不下去，政府就借外债：向国际组织借，向外国借，甚至向商业机构借。旧债到期，政府就借新债，财政收入的很大一块都用来还利息。

这种靠借债寅吃卯粮，维持表面繁荣的发展模式，明眼人一看就有问题。但国际社会对斯里兰卡的危机视若无睹，援助源源不断。

很大程度上，西方社会对斯里兰卡有很深的偏爱。这个全民虔信宗教的岛国，很符合西方左派对东方神秘国家的想象。纯净的海水，热闹的街市，人民虔信宗教，心灵平和。2014年，联合国发布“人类发展指数”榜单，斯里兰卡是南亚唯一被评为“高”的国家，总排名比中国还靠前（斯里兰卡排名72，中国排名91）。

斯里兰卡的首都科伦坡是一个美丽的旅游城市，可是它的人口只有60万人。斯里兰卡是一个有着2400万人口的国家，大部分人生活在农村，基础设施糟糕，生活水平极差。这样的国家能有多少经济韧性呢？西方社会并不真正关心。

2009年，为患20多年的泰米尔“猛虎”组织被剿灭，斯里兰卡迎来全面和平。当时，全球经济景气，斯里兰卡的出口商品价格上涨，进口的粮食、石油价格又不高，斯里兰卡的经济持续增长。一时之间，到处充满乐观的情绪。但这个国家深层次的问题，还是没有得到重视。

2019 年，为了赢得选举，新政府承诺一系列减税政策。这开启了斯里兰卡经济危机的连锁反应。

对一国经济发展而言，减税通常是好事。但斯里兰卡的减税政策一推出，国际评级机构便下调对斯里兰卡的主权信用评级。原因很简单：斯里兰卡政府本来就欠着大量外债，现在谈减税，却没有减少开支的方案，这势必会加剧财政赤字。外债可能还不上了，国外投资者要小心。

这个担心很快应验。2020 年初，全球新冠疫情蔓延，斯里兰卡受到冲击。侨汇和旅游业是这个国家主要的外汇来源，短期内供应上不来，怎么办呢？斯里兰卡政府祭出大招，开启进口管制。一开始，管制对象是奢侈品，比如豪华汽车、电子产品、家用电器、化妆品等，接着是“非生活必需品”，比如空调、服装，甚至卫浴、洁具都包含在内。斯里兰卡认为，禁止进口外国商品，是为了节约外汇。

至于本国企业和外企的外汇，自然是只让进、不让出。这种举措自然引起了恐慌，很多加工订单直接转到印度或越南，外汇收入进一步减少。斯里兰卡的侨汇也减少了，因为外汇要按照官方价而非市场价换成卢比，普通民众不愿意吃亏。

这些是新冠疫情掩盖下的经济衰退。相比疫情，斯里兰卡的经济管制，造成了更严重的后果。2021 年 4 月，拉贾帕克萨政府推出了一项史无前例的农业政策：禁止化肥、农药的进口和使用，全面推行有机农业。对农业立国的斯里兰卡而言，这无异于经济自杀。

为什么要推出这样的政策呢？直接原因也是节约外汇。当时，斯里兰卡的外汇储备只剩大约40亿美元，据说每年从国外进口化肥和农药，要花4亿多美元。慌不择路之下，把买化肥、农药的钱“省”出来，也算是一种思路。

究其深层原因，还是斯里兰卡政府长期迎合西方主流意识形态的结果。

长期以来，斯里兰卡的各路国际宣传，都是亲近自然、绿色环保，好似斯里兰卡真的是洞天福地一般。做做旅游宣传，这无可厚非，可长期宣传造成“政治正确”，却十分要命。有些政客执此一端，使宣传变成理念，理念变成政策。

斯里兰卡政府四号人物，即农业和灌溉部部长查马尔·拉贾帕克萨（Chamal Rajapaksa）就是此项政策的推动者。查马尔·拉贾帕克萨是斯里兰卡传统文化爱好者，大肆渲染化肥和农药对土地的危害，并将反对这一政策的农业专家称作“化肥黑帮”，声称这些人拿了国际化肥资本的好处。

查马尔·拉贾帕克萨教育民众说：“你们不理解没关系，我们会用半年到一年时间，用事实教育你们，有机肥料也能带来丰收，而且更健康，在国际市场上更有竞争力。”然而，仅仅不到半年，他就被现实狠狠打脸。斯里兰卡的当季农业发生了脆断性减产，水稻一下子减产50%。斯里兰卡这个水稻出口国家，突然要面临吃饭难的问题。

追求纯粹的有机农业，代价是粮食产量下降，养活不了太多人口。按理说这是常识，偏偏有人不信邪，在斯里兰卡做了一个“生动实验”。斯里兰卡是一个雨热充足的国家，环境优越，可是一停用化肥、农药，水稻立即歉收，害虫迅速啃啮茶叶。有机肥的成本是化肥的好几倍，但效果不好，污染更严重。所谓“绿色环保”，成了一场笑话。

粮食减产，导致斯里兰卡民众的吃饭安全受到威胁，恐慌情绪加剧。用于出口的大米和茶叶减少，外汇收入进一步缩水，财政危机加剧。西方国家看到这一系列操作，大受震撼，对斯里兰卡政府不再信任，再也不敢借钱了。

2021 年 11 月，斯里兰卡政府宣布，废除“禁用化肥、农药”的禁令。此时，外汇储备所剩无几，进口的化肥、农药数量有限，而且价格非常昂贵。由于政府没有补贴，很多农民根本用不起化肥、农药。半年时间里，很多农田被抛弃。政府鼓励开荒，却不提供费用补贴，因此农民兴趣寥寥。破坏生产容易，恢复生产真的很难，斯里兰卡的深刻教训足以写入经济发展史。

通货膨胀是失败国家的标配，斯里兰卡自然不会错过。2020 年经济危机出现后，斯里兰卡政府就以简单、粗暴的方式解决政府收入减少带来的赤字问题。短短一年时间，货币供应量增加了 40%。2022 年，斯里兰卡政局动荡，总理、部长和央行行长相继辞职，印钞机还在轰隆工作。这表明，斯里兰卡的财政和货币秩序已经荡然无存。

2022 年，斯里兰卡的物价全线上涨，许多生活必需品涨价数倍。从汇率来看，斯里兰卡卢比兑换美元的比值和 2019 年相比，接近腰斩。这是官方汇率比价，实际价格更低。两年时间里，斯里兰卡的人均 GDP 缩水一半，被印度轻松赶超。“印度洋上的明珠”，已经黯淡无光。

经历一年多煎熬，斯里兰卡民众忍无可忍，愤而上街，冲击首相官邸，造成政府瘫痪，总理下台，总统辞职。许多媒体用“斯里兰卡发生暴乱”这类标题报道此事。我倒是觉得它更接近我们所说的“起义”。说是暴乱，其实没有发生流血事件。

斯里兰卡将走向何方？我不知道，但有一件事情很确定：斯里兰卡需要真正的经济发展和深刻的社会变革。对斯里兰卡来说，靠着借债度日，维持表面繁荣的发展老路，已经走不下去了。

2019 年，斯里兰卡发生了一场伤亡惨重的恐怖袭击事件。袭击目标是外国游客，主谋是本国宗教极端组织。繁荣的科伦坡之外，是大量贫穷和不满的人群，他们享受不到政策的好处，对政府和外国人充满仇恨。对潜藏的此类危机，政府也是麻木不仁，毫无办法。

2019 年的恐怖袭击像一阵狂风，将斯里兰卡长期披着的温情面纱吹起一角，让外界吓了一跳。2022 年的大乱，将斯里兰卡的底色完全显现出来。现在政局恢复平静，斯里兰卡新政府也在和国家、社会协商，筹划偿还外债。外部帮助固然重要，斯里兰卡只有自身走出旧的发展模式，才会迎来真正的新生。

彩虹之国南非的堕落

南非政府压迫白人，侵吞他们的企业，这还远远不够。

2018年，南非国民议会通过一项议案，赋予总统行使土地改革的权力。所谓土地改革，就是政府可以无偿征用白人的土地。这是南非在堕落道路上的狂奔。对这样的论断，很多人不同意。他们会列举一些理由支持南非土地改革，比如白人在南非仅占人口的9%，却占有超过70%的土地；黑人占南非人口的79%，只占全国土地的4%，比印度裔还少。人口和土地倒挂太不合理，难道不应该改革吗？

这也是南非黑人普遍支持土地改革的理由。非洲国大党的激进派领导人朱利叶斯·马勒马（Julius Malema）呼吁，黑人应从“白人侵略者”手中夺回土地，如果通过法律途径无法满足，他们将诉诸武力。这基本上算是革命威胁了，只不过政府采取了相对“温和”的法律途径。

南非白人的土地多、人口少是原罪吗？很多人的直觉回答是肯定的。非洲土地上，白人不就是殖民者吗？他们的财产不是掠夺的结果吗？这种观念不只在非洲深入人心，就连许多欧美人也这样认为。“白人有罪论”是很流行的思潮。然而，在南非，情形没有那么简单。如今南非白人的土地并非来自掠夺，而是依靠开垦和继承。他们的祖先是南非的早期殖民者，也是最早建立起财产权的居民。

在欧洲白人到南非之前，这里的原住民是桑人、科伊尔人和班图人。虽然他们都是原住民部落，民族却大不相同。尤其是桑人，他们肤色不深，头发亦不卷曲，还有东方人早熟的皱纹，他们和非洲黑人有较大区别。欧洲白人初来此地，面对的是这样一群部落，他们时而交往贸易，时而战争杀戮。在当时的白人看来，非洲并不天然属于黑人，只是尚待开发的未知世界的一部分。

南非不像非洲其他地方那样炎热，这里属于地中海气候，适宜农业耕种，于是欧洲移民源源不断前来。16 世纪，欧洲清教徒登陆美洲，经过长期定居生活，形成本土化的美国人。与此同时，另一批欧洲白人定居非洲，经过长期生活，也有了鲜明独立的民族意识。

虽然祖先来自英、法、德、荷，但那已是几百年前的事情，现在他们是独立的布尔（荷兰语 Boer，“农民”的意思）民族，有自己的语言和风俗习惯，更有独立建国的愿望。他们甚至和英国人打了一仗，也就是布尔战争。布尔人视英国人为侵略者，大英帝国则从全球各地派兵来剿。最后，英国人带着巨大的损失，与布尔人签订和约，南非获得了自治。

这时候，谁能说得清楚谁是南非土地的真正主人呢？布尔人比原住民晚到这里，诚然也有掠夺殖民的历史，但是作为财产的耕地，则是布尔人开垦的产物。否认布尔人财产的合法性，相当于否认美国早期殖民者的权利，这显然不切实际。

在如今的南非，绝大多数黑人是几百年间陆续从非洲北方迁徙而来的。在英国人和布尔人的经营下，南非成为非洲富饶之地。20世纪，南非远离两次世界大战的炮火，经济发展迅速，大量黑人涌入南非寻找食物和工作机会，当地的人口结构发生巨大改变。

许多非洲人，还有包括欧美的左翼知识分子，带着反帝、反殖民主义的情绪，给布尔人扣上“侵略者”的帽子。严格来说，南非白人的祖先比很多南非黑人的祖先更早来到这里。

南非的历史问题非常复杂，无论站在哪个立场，都有扯不完的皮。给南非白人扣上“原罪”帽子，再加以掠夺，显然是“欲加之罪，何患无辞”。明智的选择，应当是承认历史，着眼于现实，尊重财产权的安排。这种看似对黑人不公平的历史结局，其实包含着合理性。

布尔人耕种土地已有几百年历史。他们经营农场，生产粮食，经验十分丰富。他们牢牢把握着土地财产权，并非出于偶然。虽然黑人人口占优，他们却迟迟没有储蓄投资的观念，也没有耕种土地的能力。哪怕获得一小块土地，他们也是经营不善。几经流转，土地最终还是到了白人手里。

经济学上有一个观点认为，初始产权在谁手里，长期来看并不重要。只要自由流转，产权总会落到最能使它发挥最大效率的人手中。即便黑人不擅长耕种，但他们可以学习，可以积累，只要能使土地发挥价值，经过几代人，总有土地流转到他们手里——毕竟黑人占有绝对人口优势。可事实是，不擅长经营土地的黑人，只好给白人和亚裔打工。对南非社会而言，这也是繁荣的路途。

废除种族隔离的南非新政府，显然缺乏耐心。曼德拉和他的伙伴们急于改造国家，想让黑人获得更多财产。在曼德拉时代，南非政府就推出《黑人振兴经济法案》(Broad-Based Black Economic Empowerment Act)，规定：在白人开办的公司中，黑人要占有一定股份；南非所有矿业公司，只要与国家项目有关，一定要有黑人持股。对于一个公司来说，雇用的黑人越多，资质就越好，就越能接到政府项目。

20 多年来，《黑人振兴经济法案》的条款越来越多，黑人在白人公司的应占股比例，一度高到惊人的 26%。2008 年，南非华人打赢官司，获得了等同于黑人的法律地位。可见，当时的白人企业主在南非处于何种地位。

当今世界各国，白人对黑人在制度层面的歧视，基本已经消失。白人主导的国家甚至会有“逆向歧视”现象（照顾黑人群体，给予他们更多好处）。像南非那样，黑人从制度层面剥削压迫白人，则是罕见的存在。自 20 世纪 90 年代起，白人企业家不断流失，南非制造业水平随之下滑。南非的医疗水平曾在国际上享有盛名，随着医师流失，这项产业也衰落了。

南非政府压迫白人，侵吞他们的企业，这还远远不够。白人手里规模庞大的土地资产，成了他们觊觎的对象。土地是南非白人的“祖产”，也是他们在这个国家的安身立命之本。自姆贝基时代起，南非政府就致力于“政府征收土地，重新分配给黑人”。只是由于刚刚废除种族隔离，为了照顾国际情绪，南非政府还要高唱“民族平等”的赞歌。

到了祖马时代，重新分配土地就成了公开的呼吁。如今的南非总统拉马福萨（Ramaphosa），以及未上台的激进派马勒马，都持这样的主张。无论哪一派上台，南非白人都躲不过这一劫。

南非的前途如何呢？我个人的看法比较悲观，这个国家正在“津巴布韦化”。

对于土地改革这种事，津巴布韦也做过。津巴布韦独立后，几十万白人占据全国75%以上的良田，数百万黑人占有25%的土地。为改变土地分配的“不公平”，穆加贝采取强硬手段，推进“土地改变”。数以千计的白人农场被国有化，数百位拒绝交出土地的白人被逮捕。

暴风骤雨过后，是灾难的呈现。在津巴布韦，黑人基本没有种粮的能力，更不要说经营大规模农场了。经政府之手分配的土地，大多被黑人官僚占据。他们掠走土地上的作物，留下满目荒凉。粮食减产，通胀横行，再加上西方国家制裁，饥饿很自然就发生了。

讽刺的是，当津巴布韦驱赶白人农场主时，它的周边国家莫桑比克、博茨瓦纳、赞比亚都伸开双臂，欢迎白人农场主前来定居垦殖。这些国家起先远比津巴布韦落后，十几年之后，它们的经济水平都超过了津巴布韦。在如今的撒哈拉以南非洲，博茨瓦纳是最有希望的国家，经历1994年大屠杀的卢旺达也正在迎来欣欣向荣的发展。

今天的南非，政局还算稳定，还有较强的工业生产能力。可这个国家的根基已经变差，就业、治安和公共医疗难以收拾。南非政坛上有太多如狼似虎的人物，他们贪婪无度，几乎不受制约。南非经济滑落的趋势很难改变。也许是温水煮青蛙，经济活力日渐消失，国家穷困潦倒，也可能是矛盾累积，最后爆发冲突。这个非洲大国的前途，前景黯淡。

我所知道的希腊危机

希腊作为发达国家，多年来经济停滞，民众生活水平没有显著提高。

中国是石材进口大国，其中一半流入福建的沿海小镇泉州水头镇。我有一位朋友在水头从事石材行业工作，经常出国跟单。他去过伊朗和意大利多回，但我们谈论最多的是希腊。地中海沿岸的火山喷发造就了全世界最好的大理石。从古希腊起，这些纹理优美的石头就被精雕细琢，用来雕刻人体，建造神庙，砌成宏伟的梁柱。现在这些石材进入中国，成为房地产业的材料。

朋友每次到希腊，都会落脚东部城市德拉马，并且每次都会住十天半个月，偶尔也到雅典这样的大城市逛逛。德拉马虽说是城市，但从人口规模来看，相当于中国的小镇。这里盛产石材，是希腊经济较落后的地区。

2015 年，我和朋友第一次交流，他说德拉马当地普通人的收入每月还不足 1000 欧元，而当时希腊最低工资标准是每月 700 欧元。

许多年过去，这两个数字上涨都不到 10%。

我向朋友询问他对希腊的观感，他的回答很简单：这里的人太懒散了。德拉马除了矿业之外，还有农业，很多家庭有小农场。他们的收入并不高，多数人月收入不足 1000 欧元，低于最低工资水平的大有人在，但这并不妨碍当地人日常惺忪懒散。

办公人员通常上午 10 点才上班，中午吃饭花费一两个小时，工作到下午三四点就下班。希腊位于欧洲南部，一到夏天就天气炎热，人们昏昏欲睡。上班族下午三四点回家，直到傍晚七八点出来。一杯咖啡或者一杯啤酒，人们能畅聊至深夜，这种情形很普遍。

在德拉马的中国人，大多是挤着廉价航班、万里迢迢到这里做生意的。他们生活勤劳而简朴，个个晒得皮肤黝黑。福建的老板也常到希腊来视察（中国很多公司购买希腊矿山的股份），与职员同作同息。他们看到这些安逸悠闲的希腊人，难免羡慕，觉得他们过的是神仙般的日子。可再一对比收入，这种羡慕就烟消云散了。

希腊是欧盟成员国，但多年来经济发展停滞，民众生活水平没有显著提高。在债务危机爆发的那几年里，绝大多数民众的收入都在缩水。在德拉马，原来人们的月薪可达 1500 欧元，缩水后的收入比中国职员收入低很多。几年过后，他们的收入有所回升，但当地中国人的收入上升得更多。

希腊人糟糕的工作态度，也频频引发中国人不满。有一回，国内传出一份单子，是各种石材种类、品相、价格的 Excel 详单，需要希腊方面盘查点货，填写单子回复。朋友说，一个勤快熟练的中国职员只需花一个多小时就能把这件事情办完。偏偏在岗的是希腊职员，下午三四点就不见了人影，此后这位职员连请了两天假，需要下周才回复邮件。请假、迟到、早退，有时一声招呼不打就不来，这在希腊人那里司空见惯。

中国公司在希腊的分公司、办事处、矿山，关键部门只用本国人，甚至连矿工都不愿多雇希腊人，而是雇来自马其顿、保加利亚的“黑工”。这些东欧人普遍比希腊人勤快，不会动不动就罢工，薪水也比希腊人低一大截。矿山工人的月薪只有400欧元到500欧元，就是放在国内看也算很廉价。

希腊是人均GDP为2万美元的发达国家，用其东部落后地区作观察标本，看起来很不厚道，但这也恰恰证明了福利主义的危害。

朋友说，在加入欧元区以前，希腊虽然比较落后，却已经是欧洲福利最好、国民最懒散的国家。加入欧元区以后，希腊获得了大量低息贷款，就不停地给国民派发福利。这种懒散风气就变得更严重了。希腊公务员的收入和福利冠绝欧洲，法定退休年龄也很早。日常的水电能源都有补贴，教育不用发愁，养老还有政府，人们为什么还要辛勤工作？

富裕的雅典有各种实质性补贴，贫穷地区的人收入则低得多，他们主要的福利是悠闲。每年七八月份，希腊有一个月的避暑假期。即便不是假期，夏天的工作时长也很短，每天只需工作4个小时，其他时间就是优哉游哉，晒太阳，无所事事。表面来看，希腊的人均GDP数据很好；实际上，国民却被福利主义腐蚀了，缺乏工作能力和热情。

这是朋友对希腊现象的一般观察。在我看来，他的观察比一般时事评论靠谱得多。希腊债务危机不是什么阴谋论，也没有“恶意做空”，更和所谓债权人排挤无关，纯粹是福利狂欢的后果。几十年来，希腊政府持续向民众派发福利，并在 2004 年雅典奥运会时期达到高潮。

加入欧盟之前，希腊就已经负债累累，财政赤字和政府负债均达不到欧盟要求。此后希腊政府大肆举债，并提高最低工资和养老金水平。欧盟一方面不断指责督促，另一方面也在纵容。2015 年，希腊左翼的齐普拉斯（Tsipras）政府上台，继续声称提高最低工资，同时以花言巧语和政治手腕化解来自欧盟的压力。

当时，希腊的政府债务占全国 GDP 的 170% 以上，总额大约为 3500 亿欧元，每笔到期债务动辄几十亿上百亿欧元。经过几年改革，2020 年，希腊政府的债务总量达到了 3700 亿欧元，占全国 GDP 的比重又有提高。以希腊政府的收入来看，它几乎没有还清的可能。

希腊政府和欧盟说得最多的，就是“紧缩换援助”，用微小改革获取更大额贷款。雪球会越滚越大，直至彻底还不起，再公开要求债权人“减记”，也就是公然赖账。能拖一天是一天，拖到下届就事不关己，这大概是希腊政府的真实想法。

“退出欧元区”曾是欧盟给希腊施加的压力，通过有限改革，这项压力后来被解除。其实，只要福利主义不改正，即使希腊退出欧元区，以独立货币应对债务，危机依旧存在，甚至会以恶性通胀作为结局。希腊人对危机并没什么很深的感受，歌照唱，舞照跳。希腊政府既无力解决问题，又要讨好选民，只能走一天看一天，彻底改革的动力不大。

朋友聊天时说到了一些段子，这些段子很能反映这种麻木心态。他说，很多希腊人已习惯借债生活，并不认为政府有什么错，反而责怪欧盟施压，继而迁怒德国人。对于德国的“补贴者”角色，他们也不以为然。有位经理说：“第二次世界大战期间，德国人侵略希腊，他们的借款就当是赔款，为什么要偿还？”这听起来像笑话，但希腊当时的总理齐普拉斯也说过类似的话。

朋友原来只是做生意，对意识形态毫无兴趣。多次出差希腊的经历，却使他的政治领悟力大大提高。他直言福利主义害死人，把希腊人折腾成懒汉。这个国家加入欧盟虽然获得了短期的好处，但长远来看则失去了变革的动力。

智利的大数据实验往事

最强大的计算机运算，也解决不了生产的复杂性问题。

1970 年，南美国家智利大选，呼声最劲的是社会党人阿连德（Allende），他是一位具有鲜明左翼倾向的政治人物。美国人几度策划阴谋活动，想阻止阿连德上台，但未能成功。在选民支持下，阿连德成为拉美第一个竞选上台的左翼领导人。

阿连德一上台就兑现承诺，对智利经济进行改造。当时，智利有许多大型铜矿，大部分铜矿掌握在私人和外国资本手中。铜矿是智利的经济支柱，怎能让资本家把持呢？于是，政府没收了许多铜矿及其他工业企业。这是阿连德改造国家的第一步。

那么，没收了大量企业后，政府如何运营呢？所有国有化运动都面临这个问题。一般的做法是，保留原有经营者，听从计划委员会指令，企业由私人经营向政府管理过渡。但阿连德别出心裁，想用最先进的管理学、最先进的技术手段直接管理企业。

这门管理学就是控制论，技术手段则是计算机。这是 20 世纪 70 年代最前沿的科学。当时没有互联网，计算机的功能就是计算，做复杂数据的处理。阿连德的导师是英国人斯塔福德·比尔（Stafford Beer），他是控制论的创始人。和阿连德一样，斯塔福德·比尔也是狂热的左翼人士。只不过他反感斯大林式的中央集权，倾向于用其他手段施行计划经济。

斯塔福德·比尔认为，中央集权的经济体制肯定行不通，市场经济难免有各种问题；企业家恶性竞争，带来无谓的内耗和资源浪费；要有一套信息机制，让企业协同供给，满足市场需求。斯塔福德·比尔想将毕生学问——控制论——应用在企业管理上，这就需要找一个国家做实验。1971 年，斯塔福德·比尔来到智利，成为这个国家的"总经济师"。

早期的经济控制论认为，计划经济要摒弃计划者的主观意见，采用客观标准衡量系统稳定性。正如人生病后有发烧、咳嗽等数据变化，经济建设同样如此，建造高楼需要多少砖瓦、人力，要有详尽的数据指标。数据采集下来，交给计算机处理，经济活动所需的资源，一目了然。

听起来是不是很科学？现代几乎所有企业都要用到数据，国民经济不就是更大一些的数据吗？不用担心大数据算不过来，因为大型计算机发明出来了。

阿连德的经济计划中包含很多科幻感的东西。企业和政府之间，搭建数字化的通信渠道，实时生产数据传输到控制室。控制室有一台超级计算机，写好软件程序，实时监测工厂生产状况。一群专家坐在中央控制室，随时根据数据做出经济调整。

当权者真诚地相信，像苏联那种大国采用数据管理也许做不到，而智利是小国，超级计算机足够处理信息，做得肯定比人好。苏联计划经济有一大缺点，就是官员篡改数据，误导决策。但计算机不存在这个问题，所有数据都是真实的。官员没有作弊机会，这杜绝了国家机器的腐化。一些工人被邀请去参观。这些人啧啧称奇，纷纷表示终于不受资本家剥削了。

然而，控制论看起来科学，超级计算机似乎先进，但都没有阻止阿连德政府的崩溃。阿连德执政 3 年，将智利几乎所有像样的企业都国有化。国有企业听从计划委员会指令，生产了太多的铜，国内市场根本消化不了，刚好还遇上国际铜价大跌，大量的铜变成了无用的垃圾。

智利的农场全都国有化，政府对农民规定了极高的工资。生活物资被消耗一空，生产远远不足。小麦产量减少 40%，进口缺乏外汇储备，物价飞涨，饥饿蔓延。政府试图用发钞解决问题，短短两年，通胀指数升了几百倍。控制论什么也控制不了。经济崩溃像火山一样爆发，所有人都无能为力。政府引以为豪的计算机系统完全无用。

为什么计算机会失灵呢？因为即便用当下最强大的计算机运算，也解决不了生产的复杂性问题。单单一项工业生产，就有上亿变动数据。工业之外有农业，生产者之外有消费者，国内市场之外有国外市场。这些复杂的分散数据，根本不是计算机所能处理的。私有产权消灭后，政府规定的价格完全失真，这些数据统计得再多，也无法反映市场变化。

还有一项数据是不可能测量的，那就是人的需求。人不是机器，人有感情，有意志，有欲望，有野心，每天都希望活得更好。每个人的主观需求和变化，根本没办法度量。在计划经济下，人的真实需求被压制扭曲，数据只不过是官僚的臆想妄定。

1973年，智利军方发动军事政变，时任陆军总司令皮诺切特（Pinochet）用飞机、坦克攻打总统府。据说阿连德用一把卡斯特罗（Castro）送给他的AK47步枪自杀了。阿连德失败了，连同他的超级计算机。倒是皮诺切特将军，在智利经济发展这件事情上取得了成就。

皮诺切特请了一位经济学家作为导师，他就是芝加哥学派的弗里德曼。1975年，弗里德曼花了6天时间访问智利，和皮诺切特有过几次谈话。皮诺切特服膺弗里德曼的观点，废除军事统制经济，实行市场化改革。

阿连德政府什么都管，而皮诺切特除了紧握枪杆子，几乎什么都不管：不要国有企业，退还国有农场，工会和社会福利的种种法律全都废除，那尊象征计划经济的超级计算机也被扫入历史的垃圾堆。人们如今已经看不到它的原貌，不过可以从一些历史资料中看到。经过20多年发展，智利从一个积贫积弱的山地穷国，跃升为南美洲唯一的发达国家，经济自由度居于世界前十。无论人们怎样攻击皮诺切特是独裁者，他在经济方面的成就都无人否定。

智利是弗里德曼“全球布道”的成功典范。幸运的是，弗里德曼对中国改革开放也有过有益的参与。至于英国人斯塔福德·比尔，现在有谁知道他吗？他那套控制论早已沉埋在学术垃圾堆里。计算机继续发展，诞生出互联网。今天的互联网已是自由与开放的象征。

近几年，随着大数据和人工智能的发展，一些企业家频频提到“实行计划经济”的可能性。计划经济的本质，不在于有没有数据。

取消私有产权，压制个人需求，将人抽象成劳动工具，听取计划官员指令，才是计划经济。计划经济下，商品没有价格，市场信号消失，生产活动不知从何进行，只能任由官员摆布。计划经济根本没有企业家什么事，大权独揽的官员才是主角。

事实上，在计划经济时代，不仅没有企业家，计算机、互联网、供应链这些建立在市场高度发达基础上的设备也会迅速退化，直至消失。真正的计划经济一旦施行，人们连吃饱饭可能都成问题。40多年前，计算机初露峥嵘，就有人想利用它控制经济。21世纪，人工智能刚刚崛起时，又有人做起计划经济的美梦。市场太容易被忽视，计划太容易被崇拜。对计划经济本质的批判，是市场主义者长期的工作。

印度 20 世纪国企往事

苏联给印度带来工业化，同时包括臃肿低效的体制。

印度是世界上人口最多的议会民主制国家，选民参与投票的热情比美国人还高。印度有三权分立，还有政党竞争制，总理轮番上台。单看政治配套，印度和欧美国家没什么两样，而且印度在国际事务上还站在欧美国家一边。很多人因此以为，印度也是高度私有化的资本主义国家。印度确实是资本主义国家，可是它的私有化程度还远远谈不上“高度”。

印度独立建国后，在很长时间里学习的是苏联的经济体制。20 世纪下半叶，苏联雄踞欧洲，成为与美国抗衡的超级大国。资本主义的政治经济学衰落，苏式经济体制成为思想潮流的宠儿。当时，从欧洲、亚洲、非洲再到拉美，苏联的经济学生遍及天下。在这些学生中，印度是优等生，其积极学习的态度不逊于当时的中国。

印度的国父尼赫鲁赞成议会民主政治，虽然对斯大林的政治体制不感冒，可对苏联的经济制度欣然向往。因为印度是落后的农业国，所以苏联“跨越式工业化”的路径太对印度人胃口了。尼赫鲁提出，要把民主制度和社会主义结合起来，走资本主义和共产主义以外的“第三条道路”。20 世纪 50 年代初，印度事实上抛弃了本国提出的不结盟政策，和苏联打得火热。

1951 年，苏联开始对印度经济援助，几经冷热，援助一直没有停止。中苏交恶后，苏联将印度视为遏制中国的盟友，其援助印度的力度加大，不亚于此前的对华援助。当时，苏联援助中国 156 个工业化大项目，援助印度 140 个工业化大项目。这个数字看起来相差无几，但考虑到苏联对华援助早就停止，而苏联对印度的援助持续了几十年，所以印度工业受苏联影响之深当超过中国。

在苏联的帮助下，印度建成生产能力达百万吨的钢铁厂，拥有自主品牌汽车。20 世纪 50 年代中期，印度自称步入世界十大工业国行列。一切从无到有，印度离不开苏联的帮助。除工业以外，印度还从苏联获取大量武器，从大炮、坦克到飞机甚至核武器，苏联的援助十分慷慨。

印度距离苏联看重的欧洲区域非常遥远，但这不影响苏联在南亚的进取：向北可以遏制中国，向东可以渗透东南亚，向西可以突破中东。因此，印度是苏联十分倚重的战略盟友。

印苏友好期间，大量印度私营企业被国有化，印度建立起高度计划的工业体制。在当时的国际环境，印度并不属于社会主义阵营，但也实行“五年计划”，一搞就是几十年，甚至在经济改革以后，这样的体制还在延续。2011—2016 年，这是印度的第 12 个“五年计划”。2016 年，莫迪总理上台，废除计划委员会。

苏联给印度带来工业化，同时也带来了臃肿低效的体制。在印度那样的炎热地区，员工迟到、早退、磨洋工，全都不是事儿，国企也不会随便开除员工。

虽然印度没有消灭私营企业，不过政府给予企业大量“指导”。当工人数量超过 20 人时，企业要建立工会。工人可以罢工，企业不能开除工人。当工人数量达到 150 人时，企业要提供小餐厅。当工人数量达到 250 人时，企业要建大食堂。企业雇用妇女时，除了要给她们福利，还要承办托儿所。20 世纪 80 年代，印度 80% 的就业就在少于 20 人的“非正式机构”。

公道地说，印度社会有深厚的平等主义土壤。即使苏联人不教，印度也很难达成自由市场化；苏联人来了，印度就变本加厉学起来。官僚主义注入这个国家深处，到现在还没完全消除。

19 世纪，英国人为了阻止沙俄势力南下染指印度，在阿富汗打了三场战争。不到 100 年时间，印度人就大开门户，将俄国人奉为上宾。数万英国军人血洒疆场，英国女王皇冠上的明珠，终究还是被俄国人以另一种方式摘取。

冷战时期，印度的政治和经济是分裂的。表面上，印度实行民主制度，搞多党竞争，全民普选。印度政客也扬扬得意，以“世界上最大的民主国家”自诩。实际上，这个国家的经济体制和苏联更接近。在印度，到处是国企，工人懒洋洋，几十年里几乎没有企业家。印度工业闭关自守，自绝于世界市场。

和苏联等国相比，印度的幸运在于：这个国家没有全盘公有化。在印度，私有制的根基没有被连根拔起，小工商业者还有生存余地，农村还有部分私有土地。印度还保留着自由民主的制度。他们的政治环境不算太残酷，这算是不幸中的万幸。

中国和印度在20世纪40年代末相继立国，当时印度经济水平比中国高一些。两国不同程度地施行计划经济，全都发展缓慢。幸好中国改革开放起步较早，不到几年就超过印度，把它甩在身后。一直到今天，印度都难望中国项背。

在这段时间里，一度比中、印两国还贫困的新加坡、韩国等国变成了发达国家。穷国和富国的转化，只需要一代人的时间。

表面看起来，印度获得苏联帮助，建立起健全的工业体系。实际上，这套系统没有带来现代化，反而给印度带来沉重的负担。印度是一个农业大国，工业水平很低，大量资源浪费，计划官僚横行。旧体制吸附一大批人，他们成为阻碍改革的主力。

相比印度，中国的幸运之处在于：改革开放启动较早，国企改革也比较坚决。20世纪90年代，中国一大批国企关停，大量人员释放到市场上，促成了新世纪初的繁荣。相比而言，印度由于政治体制掣肘，劳工团体强大，改革困难重重。

从瓦杰帕依（Vajpayee）到辛格（Singh），印度的经济改革一直没有停过。苦于旧经济制度基础深厚，甘地主义风气太盛行，印度经济改革的阻力非常大。阻力除了来自官僚系统，主要来自民间团体。借助选举制度，印度反改革派总是有机会上台，大搞福利主义和保护劳工政策。

最近几年，莫迪总理上台，以激进手段改革，印度经济才有了较快增长。这样的增长能持续多长时间呢？很不好说。在如今的印度政坛，老牌政党国民大会党（简称“国大党”，尼赫鲁所在政党）偏向保守，新兴的印度人民党（简称“印人党”，瓦杰帕依和莫迪所在政党）倾向改革。这样的分野并非必然，国大党也有改革派，此前积极推动改革的辛格还被称为“印度经济改革之父”。

近 20 年来，虽然印度经济改革有波折，但大潮流基本明确。这一点又和中国相似。中国和印度是世界经济增长的引擎，并非偶然。

顺便说一下，苏联援助印度，最终也没有领到什么情谊。20 世纪 90 年代，苏联解体，新建立的俄罗斯经历了一场可怕的通货膨胀，卢布贬值上百倍。这时候，印度趁机还债——当然是用新卢布的面值还钱。迫于内外交困，俄罗斯人忍了下来。自此以后，俄罗斯对印度耿耿于怀，两国关系一度闹得很僵。一直到最近几年，两国因为军事领域的合作，关系才有所缓和。

如今，印度经济总量早已超过俄罗斯，但在人均 GDP 方面，印度只有俄罗斯的 1/5 左右。而近年来，印度经济稳定增长，印度人均 GDP 超过俄罗斯还是很有希望的。

阿富汗（一）：从人间到炼狱

1979年圣诞节，苏联入侵阿富汗，一切美好都成为往事。

阿富汗位于亚洲的地理中心，古代印度诗人曾把阿富汗形容为“亚细亚的心脏”。只要占领阿富汗，以之为基地，向亚洲任何地方派兵，距离都差不太多。然而，现在的阿富汗贫瘠、落寞，已然是被现代世界抛弃的角落。

阿富汗的领土面积为64.75万平方公里。亚洲高山兴都库什山脉，从中国新疆向西延伸，将阿富汗从中间一分为二。阿富汗南方是气候条件较好的农业区，阿富汗第二大城市坎大哈就位于这里。再往南就是阿富汗和巴基斯坦的边境，这里是绵延的山区，国界并不清晰。

阿富汗南方主要是普什图人，有将近1500万人，这是阿富汗第一大民族。巴基斯坦境内还有2000万普什图人，他们构成巴基斯坦第三大民族。巴基斯坦普什图人比阿富汗普什图人还多，这在全球很少见，也影响到了阿富汗的局势。

阿富汗北方是荒漠化的草原，这里是中亚人的聚居地。塔吉克人和乌兹别克人最多，分别有500万人和200万人；土库曼人最少，大约有50万人。他们被统称为北方民族。北方民族各自的人口虽然不算多，但加起来也占到阿富汗总人口的近40%，足以和普什图人抗衡。中亚民族擅长游牧和经商，他们是阿富汗国内比较富有的民族。

阿富汗境内，值得一提的还有哈扎拉人，他们是成吉思汗西征留下的驻屯军的后裔，具有东方人的相貌、血统。哈扎拉人信仰伊斯兰教的什叶派，这与伊朗的主流信仰相同。哈扎拉人聚集的阿富汗第三大城市赫拉特，就紧邻伊朗边境，这里是伊朗对阿富汗施加影响的第一站。

阿富汗第一大城市是首都喀布尔，位于阿富汗东部、兴都库什山脉南麓，是各民族势力比较均衡的地区。无论通往东方的中国、北方的草原，还是南方普什图人的聚集区，喀布尔都非常方便。“喀布尔”这个词在中亚和南亚语言里本来就是“枢纽”的意思。

几大民族在这片土地上生活，既自成体系，又能借援外力，以独特和微妙的力量获取平衡，争夺全国话语权乃至统治权。各民族就这样成了“阿富汗人”。虽说国家屡经战乱，饱受征服者蹂躏，但各民族大体和睦友好。阿富汗人紧赶慢赶，基本能跟上世界潮流。

20世纪60年代的喀布尔，人口多达300万人，可以说是中亚地区首屈一指的大城市。城市中产兴起，青年男女拥有同等进大学的机会，甚至可以很便利地出国留学。大约一半阿富汗人能获得适当的医疗服务，新生儿死亡率在发展中国家中也较低。这个国家有自己的工商业，羊毛、地毯、纺织品行销世界。

虽然阿富汗农村穷，但是农民没有饿肚子的窘迫。阿富汗南部土地肥沃的地区，农业发展得很好。由于水源充沛，灌溉系统良好，坎大哈周边到处都是成片的绿地、阴凉的果园，盛产葡萄、甜瓜、桑葚、蜜桃、石榴。这些水果随卡车司机一路运往国外，出现在巴基斯坦和印度的市场。

1979 年圣诞节，苏联入侵阿富汗。当时，西方世界沉醉在圣诞节的温馨氛围里，苏联坦克在空降兵的配合下，轰隆隆地开进了喀布尔。阿富汗人一片错愕，很快就发起抵抗运动。战争给这个国家带来深重灾难，举两个例子就可知，一个是坎大哈，另一个是赫拉特。

坎大哈周边田野肥沃，盛产优质水果。战争爆发后，大量农村人逃往巴基斯坦，该地区水利荒废，果园荒芜。这里是平坦的沙漠，不易隐蔽，阿富汗游击队就利用成片的果园作掩护，牢牢控制着农村。苏联人成片地砍掉果树，将灌溉系统毁坏，双方大打拉锯战。

直到今天，坎大哈仍是全世界地雷密度最高的地区之一。苏联军队撤出后，难民重归故里，他们发现这片土地已不再适合种植水果，能种的唯有更耐旱和经济价值更高的罂粟。阿富汗成为全世界最大的鸦片种植国家。

赫拉特是中亚文明的摇篮，其富饶程度早在古希腊时期就已驰名欧洲。古希腊历史学者希罗多德（Herodotus）把赫拉特称为“亚洲的粮仓”。赫拉特还是波斯文明的结晶，诗歌氛围浓厚。最开始苏联人认为，说波斯语的赫拉特人拥有很高的文化水准，应该秉性温顺、厌恶战争。苏联在赫拉特建设空军基地时，却遭到抵抗武装袭击，导致苏联数百名军官死亡。

事件发生后，莫斯科大为震怒，300多辆坦克从土库曼斯坦大举南下，炸弹像暴雨一般，倾泻到这个古老的城市。赫拉特城在这场战争中损失了两万多人，还有数十万人逃亡到伊朗，成为难民。和坎大哈一样，赫拉特也是全世界地雷最密布的城市之一。城市的很多地区，至今仍是瓦砾遍地、弹坑密布，形如月球表面。

苏联入侵带来的最大灾难，是军阀蜂起。城市精英逃散一空后，阿富汗南方的农村部族，成为抵抗力量的中坚。阿富汗冲突是美苏对抗的前站，美国人以巴基斯坦为中介，向普什图人提供价值数十亿美元的援助，这些援助都是武器弹药，包括导弹。巴基斯坦训练了10万名普什图人参战。整个阿拉伯世界，包括埃及、沙特，全部有钱出钱，有力出力。

对于20世纪80年代的阿富汗，苏联只是表面上控制，实际上傀儡政权根本无法深入农村，无法建立起稳固的统治。苏联人越陷越深，不断流血，最终在苏联解体前夕狼狈撤军。苏联虽败，阿富汗却非胜者。这里留下了满目疮痍和遍地狼烟。历经10年战争训练的抵抗组织在失去共同的强大敌人后，很快走向内讧，变成唯利是图的军阀。他们武器精良，常年争战不休。

在阿富汗南方，巴基斯坦认可的普什图武装就有7股，他们接受巴基斯坦和美国援助，人多势众，兵强马壮，也经常内斗。阿富汗北方是塔吉克斯坦和乌兹别克斯坦联盟，他们比南方军阀团结且富有组织性。甚至人口较少的哈扎拉人，也有一支强大武装，控制着阿富汗中部巴米扬省。苏联人撤走后，留下的是一个虚弱的中央政府。

阿富汗北方军阀捷足先登，抢先进入喀布尔地区。几百年以来，喀布尔中央政府都是由普什图人把持的，现在居然落到北方人手上？南北矛盾滋长起来。阿富汗南方军阀出动部队将喀布尔团团围住，军阀争斗很快演变成大规模内战。战争规模之大、破坏之烈，甚至超过了苏联入侵。

1989—1994 年，仅喀布尔一地，就有超过 6 万人死于战争，一半建筑物被破坏。喀布尔也被称为“20 世纪末的德累斯顿”。阿富汗南方的坎大哈位于普什图族的势力范围，同样遭受了严重破坏。当地武装林立，军阀割据之严重，各派争夺之激烈，战争破坏之严重，超过全国其他地区。坎大哈城市内一切值钱的物品，包括电话线、电线杆、树木、工厂、机器，统统被清除，变卖到巴基斯坦。

塔利班就是在阿富汗陷入混乱绝境中诞生的。苏联撤军后，一部分阿富汗战士卸甲归田，回到故乡从事旧职。这里面有一批普什图族的知识分子，也就是当地的宗教学校老师。在中亚落后的教育条件下，仅受过初步宗教教育的人，很容易成为富有见识、宗教情感浓烈的学者。他们聚集在一起，讨论国家前途，人民苦难、军阀腐败尤其是本民族军阀内讧，都令他们十分气愤。

后来，当上塔利班政府卫生部部长的穆罕默德·阿巴斯·阿洪德（Mohammad Abbas Akhund）说：“我们在宗教学校读书，寻找救国救民的途径。国家状况如此糟糕，根本容不下安静的课桌。我和我的同学们无时无刻不在谈论国家的前途问题。”志同道合的普什图族学生建立组织，草拟了一份救国章程：建立和平环境、解除军阀武装、确保教法统治、捍卫领土统一和伊斯兰教地位。

这群人当中，奥马尔是他们的领袖。奥马尔本人非常神秘，西方国家的外交官都没见过此人的庐山真面目，也没有西方记者采访过他，甚至连一张清晰的新闻照片都没有。奥马尔的生平纪略十分模糊，只知道他出生在坎大哈附近一个典型的普什图族农民家庭。

奥马尔年轻时在坎大哈上学，苏军入侵使他学业中断，他被迫回村里成为当地“毛拉”。他开了一所伊斯兰学校，一边教书一边学习。苏联撤走后，他参与到反对当时中央政府的战斗中，多次受伤，其中一次创伤夺走了他的右眼，使他变成独眼龙。这是奥马尔最显著的标志。

据拼凑起来的纪录，奥马尔身材高大，体格强壮，喜欢和战友开玩笑，在小圈子内很受欢迎。他不喜欢抛头露面，不喜欢接见外宾，工作时沉默寡言。虽说履历平平，但奥马尔的性格太适合塔利班这类组织了。奥马尔对伊斯兰教有虔诚不二的信仰，战斗意志最为坚定，他被推举为塔利班的领袖也就自然而然。

1994 年春天，奥马尔和他的伙伴得到一个消息，一个军阀头目掳走两名农村少女，扯掉她们的头巾，并将她们强拉到兵营强暴。奥马尔召集 30 名手下，拿上 16 条枪，突袭军阀老巢，解救了少女，并将为首的施暴者的尸体悬挂在坦克炮筒上示众。一时之间，塔利班的民望飙涨。

塔利班第一次亮相战场，一共有多少人呢？从十几人到几百人，说法不太一致。毫无疑问，在阿富汗混乱的战局里，塔利班只是很小的角色，连军阀都算不上。就在 1994 年 11 月，名不见经传的塔利班，以迅雷不及掩耳之势突袭坎大哈，当地军阀落荒而逃。

塔利班一举占领了阿富汗第二大城市。随后几个星期，攻城掠地，席卷南部大部分省份，武装扩展到 1.2 万人，成为阿富汗最有实力的组织。到了 1995 年初，塔利班运动席卷阿富汗 12 个省份

（阿富汗一共有 32 个省），整个阿富汗南部全都落到塔利班手里。他们砸毁路障，整合军阀武装，很快就发起了西征北伐，大有席卷全国之势。

1995 年 3 月，塔利班军队发动了两场征讨，一支军队深入西部攻打重镇赫拉特，另一支军队深入东部喀布尔郊区。这个富有野心的举动引发了各路军阀的恐慌。他们意识到，塔利班绝不是普通的普什图军阀，他们的目标是统一阿富汗。

至此，阿富汗内战从争夺地盘的军阀大混战，演变成兼并统一的战争。军阀们将力量集中起来，对付这支后起之秀。塔利班在两座城市都吃了亏，死伤几千人，这才停止了狂飙的进军。1995 年底，经过充分休整的塔利班重新进攻喀布尔，他们势如破竹，扫荡了阿富汗中西部地区，并对喀布尔采取了富有耐心的围城战，围困时间整整 11 个月。到 1996 年 9 月，喀布尔被攻陷，塔利班宣布接管国家政权，对外自称是阿富汗唯一的合法政府，并派出军队追剿残余政府军和其他军阀。

塔利班完成从“起义军”到名义上全国执政者的转变，历时仅仅两年。后起之秀的塔利班，吃掉一众魑魅魍魉后，成长为阿富汗的“混世魔王”。只是当时所有人都没想到，阿富汗将迎来更深重的苦难。

阿富汗（二）：塔利班暴兴暴灭

塔利班到底还是死于命门——极端主义思想。

塔利班原本是阿富汗南方一个不起眼的学生组织，短短两年时间，就变成几乎统一阿富汗的全国性政权。它的发展为何如此迅猛呢？2000年，巴基斯坦记者艾哈迈德·拉希德（Ahmed Rashid）出版了一本畅销书《塔利班》，讲述了塔利班的秘密。他长年驻扎阿富汗，深入农村采访了解，记录了大量故事。在这本书里，我们可以看到早期塔利班迅速壮大的几个原因。

第一个原因，塔利班兴起之初，施行了一些受阿富汗人欢迎的政策。

阿富汗战乱十多年，几百万难民流亡国外，人心思治。当时的阿富汗军阀大多军纪涣散，抢劫财物、强暴妇女的事情时有发生。塔利班声称绝不骚扰百姓，每占领一地就收缴枪支，维持治安，饱受兵灾之苦的民众对他们十分欢迎。他们还采取了一些恢复生产的措施，比如修建道路，兴办医院学校。这些是其他军阀做不到的。

此外，塔利班曾严厉禁毒，每占领一处就铲平鸦片田，没收毒品。联合国前来调查，发现塔利班占领区的鸦片产量降至零。这给塔利班树立了良好的外部形象。塔利班执政初期，大量拆除国内的检查站，入境车辆只需交费一次，即可畅通无阻。

1995年底，一支50辆卡车组成的车队，满载中亚出产的棉花，穿越阿富汗境内，抵达巴基斯坦，完成联通中亚的历史使命。这个事件展示出塔利班治理的成效，为他们赢得了国际声誉。

第二个原因，塔利班早期成员英勇善战，军事实力颇强。虽然塔利班名义是“学生军”，但他们的领导团队都参加过抗苏战争，有丰富的作战经验和指挥能力。塔利班拥有全世界残疾率最高的领导层：最高领袖奥马尔是独眼龙，法务部部长和外交部部长也是独眼龙，坎大哈最高长官断了一只脚，喀布尔市市长也失去一条腿和两根手指。

这些人身先士卒，作战英勇，深受底层士兵拥护。轻取坎大哈对塔利班的成功，具有非凡意义。通过这一战，塔利班缴获十几辆坦克，多辆装甲车，还有6架苏-27战斗机和6架运输直升机等先进武器，塔利班一跃成为阿富汗实力最强的武装。

塔利班崛起，肩负着本民族“复兴”的希望，普什图人有意无意地都在促使它壮大。塔利班进攻坎大哈时，守军一哄而散。塔利班进攻贾拉拉巴德时，居民主动献出城池。早年西方给阿富汗人的援助，基本全落在了塔利班手里。

第三个原因，塔利班奉行极端的伊斯兰思想。塔利班领导者多是宗教学校老师，骨干成员多是学生。宗教精神对他们具有强大感召力。这能解释为何塔利班具有远大的政治抱负。

一位目睹过塔利班的法国记者写道：“前线作战的塔利班军队，就像一支流浪者队伍，肮脏不堪，衣衫褴褛，吃得不好，席地而睡。他们的军饷每月不超过 15 法郎。他们的精神状态很好，整天说说笑笑，摆弄火箭炮和机枪。他们或许是世界上唯一不抽烟、不在城市寻欢作乐的军队，约束他们的是宗教法规。”

扒开这层浪漫主义面纱，再往深里看，我们就会发现这些理想主义青年的真相。苏联入侵时期，大量普什图人逃至巴基斯坦，并在巴基斯坦度过童年和青年时光。巴基斯坦和阿富汗边境的学校是其成长环境，乡村“毛拉”则是他们的师长。这些日后的塔利班骨干，确实学到一些宗教知识，不过仅限于此。在自然科学、历史地理方面，他们的知识比较贫乏。

塔利班的领导层见过一个和平的、没有内忧外患的阿富汗。而在年轻战士那里，情况大不一样。他们是长年内战的受害者，几乎没接受过教育，对祖国历史和世界大势知之甚少。他们没有任何技能，像耕田、放牧、制作手工艺品这些父辈安身立命的根本，他们一窍不通。

塔利班的主力是流氓无产者，有限的社会关系只是身边的伙伴，有限的精神世界乃是一点伊斯兰极端思想。初期捷报频传，助长了宗教主义者的幻觉，他们以为有神助战，无往不胜。塔利班起兵后，大量巴基斯坦学生越境前来助战，这也是他们势如破竹的重要原因。

塔利班领导人是保守的乡村“毛拉”，政权骨干和底层战士则是文盲和半文盲，他们的精神世界只有极端和狂热，对文明世界完全蔑视。这些人治下的阿富汗，毫无意外变成了恐怖之地。

可以说塔利班政权残暴，但我们不好说杀害战俘、虐待囚犯这个方面，因为其他军阀也这么做。同在一片土地汲取养分的人民，文明程度大体是差不多的。谈塔利班之野蛮，是指他们观念之下的行动。也就是说，塔利班一旦执政，就一定会做暴行，比如极端迫害女性。

在人类正常的生产环境下，再轻视女性的思想，落到生活实处也会大为缓和。在普什图部落的日常生活中，女性也有一定地位，女性甚至被允许接受教育。不幸的是，塔利班是不事生产、专务打仗的组织，他们不需要女性。

大量塔利班士兵生活在没有女性的环境下，经过长年的极端思想洗脑，对女人变得格外憎恶和排斥。他们将女性禁锢在家，不许她们工作、上学和购物，还认为这是理所当然的。他们认为女性生来卑贱，只配鞭笞和殴打。塔利班治下的阿富汗，成为全世界迫害女性最严重的国家。

在此前的阿富汗教育系统中，70% 的教师是女性，她们失业后导致教育系统崩溃。除极少数医疗护理工作，喀布尔所有为女性提供服务的商业机构，比如美发店、美容店，全被勒令关闭。最极端时，宗教警察要求家家户户将玻璃窗挡住，以免外面人看到屋里的女性。

女性饱受迫害，男性也好不到哪里去。塔利班规定，所有成年男性必须蓄须，一时之间，假胡须成为阿富汗最大宗的进口项目。电影、电视、录像带、音乐和舞蹈，统统被禁。阿富汗人原本喜欢放风筝，现在风筝也在被禁之列。

塔利班反文明的最著名例子是毁坏巴米扬大佛。巴米扬大佛距今有 1500 多年历史，是世界上最大的佛像，被联合国教科文组织列为世界文化遗产。塔利班说炸就炸，没有丝毫怜惜。他们摧毁文明，制造野蛮，每周上演砍手、鞭打和石刑之类的公开行刑。

塔利班曾厉行禁毒。当政权稳定后，他们改弦更张，转而大力种毒，坎大哈周边农田种上了一眼望不到边的罂粟。他们解释道："毒品是西方卡菲勒的最爱，穆斯林和阿富汗人不吸这种玩意。"阿富汗供应了全世界 80% 的鸦片，战争所需的武器、军饷全都依赖毒品。

塔利班曾给阿富汗人带来和平的希望。一旦和平来临，他们便迎来了恐怖而漫长的占领。

说到塔利班，我们不得不提巴基斯坦。巴基斯坦先是对塔利班全力支持，后来遭受强烈报复。这看起来极为荒诞，我们分析其因果，又觉得事有必然。

巴基斯坦支持塔利班有战略上的考虑。阿富汗与巴基斯坦东北相邻，两国曾同属英国殖民地，拥有漫长的国境线。英国人划境时，将大片普什图人聚集的领土划入巴基斯坦，就连历史上阿富汗帝国夏都的白沙瓦，也划给了巴基斯坦。近代以来，两国长期因为领土争端龃龉不断。

南亚印巴相争，巴基斯坦想要"战略纵深"，以便开战后能有缓冲的空间。绵延的阿富汗山区成为巴基斯坦的理想之选。如果巴基斯坦不稳固和阿富汗的关系，它的后方邻居就会被印度拉拢过去，对其形成"包围"之势。控制阿富汗、巩固大后方，成为巴基斯坦朝野的共识。

巴基斯坦国内第三大民族是普什图族，而塔利班成员是清一色的普什图人，很多人甚至是巴基斯坦籍，平时就生活在巴基斯坦。这是巴基斯坦对塔利班有好感的重要原因。此外，他们有经济方面的考虑：苏联解体后，历届巴政府都想打通前往北边中亚的商路，以便发展贸易。

阿富汗的和平、稳定，符合巴基斯坦的利益。至于塔利班的成色如何，巴基斯坦人并不在意。反正他们是普什图人，两国关系紧密，这样便于控制。这是巴基斯坦的如意算盘。

巴基斯坦支持塔利班，最开始是武器支持，后来是资金输入。20 世纪 90 年代，巴基斯坦受国际禁运，自己的日子也不好过，但每年还将大笔资金投入阿富汗。塔利班的大量粮食、能源、武器由巴基斯坦支持，甚至飞行员也在巴基斯坦训练。塔利班被禁运，巴基斯坦也起了中介的作用。

除了看得见的物质援助，巴基斯坦还在国际舞台上扮演塔利班保护者的角色。塔利班占据喀布尔后，巴基斯坦是第一个承认其合法地位的国家。联合国谴责塔利班，巴基斯坦就为其辩护。联合国制裁阿富汗，巴基斯坦便一律投反对票。

巴基斯坦种下龙种，收获了虱子，企图遥控阿富汗政局的计划失败了。巴基斯坦派出的普什图人完全倒向塔利班，而塔利班也拒绝承认“杜兰线”，大肆宣扬大普什图主义，煽动“普族分裂势力”。这些造成了巴基斯坦西北边境的动荡——在当时情势下，巴基斯坦有苦说不出。

随着战事拉长，巴基斯坦卷入旷日持久的阿富汗战争，国家政治生活和社会面貌发生了巨大改变。腐败、枪支泛滥、暴力事件层出不穷，极端主义源源不断输入。阿富汗战争影响到了巴基斯坦国内稳定。

举个例子，1997 年，塔利班和北方联盟交战惨败，伤亡被俘五六千人，还丢掉了好几个省。关键时刻，奥马尔向南方喊话，巴基斯坦的边境学校大量停课，5000 多名学生驰援阿富汗，新鲜血液让塔利班转危为安。每逢重大战役，奥马尔就从巴基斯坦招兵，学生兵占到了塔利班兵力的三成，巴基斯坦俨然成了塔利班的兵营。

巴基斯坦为一己之私偏袒塔利班，代价是沉重的。巴基斯坦属于英联邦国家，出境签证原本畅通，自从和塔利班交好，就被列入危险国家名单。巴基斯坦国内宗教多元，有主流逊尼派，还有少数什叶派。在极端主义者看来，多元融合不可容忍，恐怖袭击就是不满的声音。

巴基斯坦政府曾毫不隐晦地说："我们创造了塔利班，通过它帮助阿富汗实现和平。巴基斯坦可以将自己的影响力扩展到石油资源丰富的中亚地区。"然而，塔利班没有带来和平，也不受巴基斯坦控制。他们以巴基斯坦为后背，成了极端主义的灯塔。

整个 20 世纪 90 年代，巴基斯坦的国际形象非常糟糕，甚至有人预测，这个国家将会"塔利班化"，变成像苏丹、索马里、阿富汗那样的失败国家。从当时的形势看，这样的警告并非虚言。

在阿富汗边境国家中，对塔利班最强硬的是伊朗。伊朗是什叶派国家，难以容忍邻国出现极端政权。塔利班曾绑架伊朗外交官，伊朗随即调集 20 万兵力，将实弹打在边境上，震撼效果可想而知。塔利班深知一旦开战，他们根本没有获胜的可能。塔利班对伊朗采取"小心翼翼挑衅"的态度，不敢大规模侵犯哈扎拉人和伊朗的利益。

除了巴基斯坦深度支持，塔利班的周边环境并不好。他们只获得巴基斯坦、沙特、阿联酋三个国家的承认。后两国支持塔利班，是出于两方面原因：第一，沙特、阿联酋和塔利班高层共享的宗教信仰，同属保守的瓦哈比派；第二，这两个国家都是伊朗的对头，交好塔利班可以牵制伊朗。

塔利班政权建立后，与其交往最深的盟友不是某个国家，而是基地组织。事实上，塔利班是普什图人的本土政权，而基地组织则是奥萨马·本·拉登（Osama bin Laden）建立的国际性恐怖组织。基地组织借塔利班站住脚跟，而塔利班通过基地组织张大其气焰。

本·拉登出身沙特，从小家境优越，是一个信仰伊斯兰瓦哈比教派的亿万富翁。基地组织由其在1988年一手建立，资格比塔利班老得多。基地组织早期的任务，是组织义勇军反抗苏联对伊斯兰世界的侵略——主要在阿富汗。

苏联撤退后，本·拉登将目标转向美国和伊斯兰的“腐败政权”，号召全世界消灭入侵伊斯兰世界的西方国家，建立纯正的伊斯兰国。本·拉登在哪里活跃，基地组织的重心就转到哪里。这是一个在中亚、中东活跃的国际性组织，依靠本·拉登的财力维持运转。

在和塔利班结盟前，本·拉登在沙特、巴基斯坦、苏丹辗转，找不到落脚地。据说有一段时间，本·拉登醉心于承揽建筑和道路工程，几乎忘了恐怖主义“本业”。一直到1996年，塔利班占领了阿富汗大部分国土，这重新给了本·拉登“干大事”的狂想。

基地组织寄生在阿富汗，受塔利班庇佑。本·拉登与奥马尔私交甚厚，几乎达到称兄道弟的地步。双方结盟之后做下的第一桩大事，就震惊了全世界。

1998年，美国驻坦桑尼亚和肯尼亚的大使馆同时遭到汽车炸弹袭击，造成224人遇难、4500多人受伤。美国很快锁定本·拉登，并要求塔利班交人。塔利班不予理睬，美国发射了导弹作为报复。要说到推翻塔利班，此时还谈不上——直到2001年震惊世界的“9·11”事件爆发。

“9·11”事件改变了冷战后的全球安全格局，来自伊斯兰世界的恐怖主义威胁，第一次受到西方国家高度重视。公道地说，塔利班不是这起事件的主谋。恐怖袭击的19名劫机者，全是中东阿拉伯人，没有一个具有塔利班背景。事件当天，塔利班政权还象征性地谴责了恐怖袭击。

直到现在，美国也没有本·拉登联合塔利班密谋策划的证据。更大的可能是，塔利班事前一无所知，他们当时正忙于国内兼并。“9·11”事件前三天，塔利班刺杀了北方联盟的领导人，国内统一在望，并没有节外生枝的必要。

美国人锁定“9·11”事件的主谋是本·拉登，要求塔利班把人交出来。塔利班不仅拒绝，还说与非穆斯林对话是对他们的侮辱。阿富汗驻巴基斯坦使馆发表了一份声明，说美国人应该提供证据，让他们自行在伊斯兰法庭起诉本·拉登。本·拉登发表讲话称，美国如果胆敢进攻阿富汗，将遭遇苏联式惨败。他号召全世界伊斯兰团结起来保护阿富汗。

塔利班被本·拉登绑架了。他们低估了美国人复仇的决心，高估了自身实力。由于苏联入侵阿富汗失败，“帝国坟场”的名号给了塔利班幻觉。“9·11”事件后不到一个月，美国便发动新的阿富汗战争。北方联盟在英美联军导弹的掩护下，发起反攻。一个月后，塔利班仓皇逃出喀布尔。

早期的塔利班，除了宗教观念极端外，其他方面很难被说具有恐怖主义者的特征。塔利班一开始是军阀，后来成为阿富汗执政者，其战略目标是成立阿富汗伊斯兰酋长国，努力融入国际社会。当时很多人说，塔利班的终极目标是成为新的沙特这样的国家。

塔利班到底还是死于命门——极端主义思想。塔利班克敌制胜的法宝，最终害惨了自己。塔利班拒绝对话，摆出强硬姿态，这符合其极端主义的行为模式。倘若奥马尔迫于压力交出本·拉登，塔利班也将陷于意识形态混乱局面，奥马尔自诩为“伊斯兰领袖”形象就会烟消云散。

再看另一边，巴基斯坦幸运地走出泥潭，成为“9·11”事件的获益者。倘若没有美军大举压境，以声讨恐怖主义的雷霆之势要求巴基斯坦表态，巴基斯坦国内就会有很多“亲阿富汗者”姑息纵容塔利班，塔利班还会继续坐大。幸而巴基斯坦时任总统佩尔韦兹·穆沙拉夫（Pervez Musharraf）搭上反恐这班车，迫使各派系抛弃塔利班，这个2亿多人口的国家才避免陷于全面混乱。

反恐战争打响后，塔利班作鸟兽散，大量逃往巴阿边境。很多人对巴基斯坦的反恐诚意抱有怀疑。这种看法错了：塔利班之所以往南方逃散，仅仅是因为那里是塔利班发祥地，在3000万普什图族人中，塔利班有很深厚的群众基础。巴基斯坦政府哪敢有什么庇护。

2011年5月1日，本·拉登在伊斯兰堡附近的住宅内，被美国海军陆战队击毙。美国政府也宣称：“巴基斯坦帮美国人找到了本·拉登，巴基斯坦反恐是有诚意的。”这些话引起了塔利班残余的恼怒。巴基斯坦成为头号报复目标，新仇旧怨交织，其西北边境的动荡至今没有平息。

塔利班崛起之初，巴基斯坦给予其太多援助，后来的苦果实属报应不爽。不管怎样说，巴基斯坦与塔利班完成了切割，在国际反恐战争中脱身，回归主流国家行列。即便20年后塔利班卷土重来，这也和巴基斯坦没什么关系。虽然后来的塔利班还很粗暴，不过种种迹象显示，他们比20年前务实了许多，更加渴望融入国际社会。当然，这些都是后话。

第八章

事关人类前景的新思考

日本养老困境

日本老年人利用政府权力获取资源，损害了年轻人的利益。

2016年，日本横滨市的一家医院，发生了一件令人毛骨悚然的杀人事件。2016年7月至9月，同一楼层有48人陆续死亡。调查发现，输液瓶被人动了手脚，掺入洗涤剂或其他成分。

出事的医院很小，一共有85张床位，几乎只接收老年患者，这里也可以算是老人护理院。遇害的也全都是老人，有些是前来看病的，还有些是因失去自理能力而长期住院的。临到晚年，住进老人医院，已经够凄凉了，还不免于杀身之祸，真是悲惨。

谁有作案的便利条件和技能呢？根据作案手法，日本警方很快就锁定，医院内一位名叫久保木爱弓的护士有作案嫌疑。在她所护理的病区，老人死亡率特别高。一些明显身体还硬朗的老人，经她照护不久，竟离奇死去。在强大的证据下，久保木爱弓很快供述，她确实杀人了。

久保木爱弓杀人的原因是，怕麻烦。她说，如果病人在自己上班时死亡，向家属解释起来很麻烦。她想让病人在自己值班外的时间死去，因此选择输液瓶注射的作案方法。久保木爱弓承认有20多人的死和自己有关，至于她实际杀了多少人，检方也搞不清楚，因为很多老人死后就迅速被火化了。

久保木爱弓入职这家医院还不到一年，就杀了那么多人，称她是史上最邪恶的护士，恐怕不为过。对于自己的罪行，久保木爱弓不以为然，反倒认为："这些老人反正快死了，让他们赶紧死，有什么问题呢？死了那么多人才案发，不正是说明没人关心他们吗？"恶魔的狡辩，总是振振有词。现在案件已经审结，是否对她处以极刑，在日本还需要漫长的等待。

故事说到这里，本来就该结束。不过，恐怖故事最让人胆战的是，它不是个案而是系列案件。系列案件表面毫不相干，深层原因竟如此相似。通过另一个案件，我们可以发现更多的线索。

就在日本横滨市这起"输液杀人"事件发生的两个多月前，日本神奈川县也发生了一起骇人听闻的凶杀案。一位年轻人趁着黎明前的夜色，持刀闯入福利院，大肆砍杀，一共造成19人当场死亡、20多人重伤，受害者全是老人。这是第二次世界大战后日本最严重的杀人事件。

凶手植松圣在这家福利院工作过，后来失业了，原因是他殴打被照看的残疾人。如此暴躁的脾气，他自然不适合在福利院干下去，只好回家。此后几年，植松圣一直不太正常。他给日本议会写信，要求政府杀死住在福利院的残疾人——当然不是谋杀，而是"合法"地杀掉。

植松圣不是随口发牢骚。他写了好几页纸，形成一个报告:“我的目标，是征得监护人的同意之后，对那些在家庭和社会中生活都极其困难的残疾人实施安乐死。”植松圣把这套疯狂想法称为“作战”，他表示如果存在法律问题，他会一个人承担。

官方收到信之后报警了。当地警方将他收押，并做鉴定，认定此人有精神病，发现他日常还吸大麻。经过一段时间的强制治疗，植松圣被认为“不具有危险”后才出院。

几个月后，植松圣就跑到福利院杀人。一番血腥砍杀后，他步行2公里向警方自首，面带微笑地说:“老年人、残疾人对社会没有用，他们没有存在意义，浪费人力、物力，浪费政府公帑。我实在看不下去，就把他们割喉了。”这个变态杀手扬扬得意，还说受害人家属应该感谢他。

杀人狂心理变态，极端冷血，这一点毫无疑问。这些家伙疯言疯语，理直气壮，直指日本社会的一个严峻问题。表面看起来，日本老年人的待遇很好，但厌老憎老的社会心理在潜滋暗长。

麻生太郎是日本内阁的财政大臣，是政坛有名的大嘴。他也曾抱怨:“(老年人)应该心虚，希望他们能快一点死，不这样考虑的话，问题无法解决。”这种冒天下之大不韪的话一出，自然遭到政坛和媒体的一致抨击。不过，可能有不少日本年轻人在心里默默点赞。因为麻生太郎的话，确实戳中了日本社会的痛处。

日本是全世界老龄化最严重的社会。65岁以上人群占全国总人口的1/4，未来这一数字将达到1/3，其中80岁以上的老人也占很大的比例。他们疾病多发，很多需要看护。在日本，年轻人逐年减少，老人普遍长寿，社会压力可想而知。

养老是很多日本家庭的负担，最沉重的是“介护”（照看）。“介护”很辛苦，通常需要全职。一些人会专门辞职照顾家人，更多人是把老人送到养老院。久病床前无孝子，何况非亲非故的陌生人？由于经济不景气，福利院薪水并不高，憎恨、打骂、虐待的情况就难免发生。在日本，“介护杀人”已成为不鲜闻的词语。

很多人说，日本已是老龄化社会，政府应增加投入，改善养老。事实上，日本已是世界上养老条件最好的国家。老年人拥有丰厚年金，收入可观，日本一多半的储蓄掌握在65岁以上的老人手里。日本高龄者的医药费、住院费，政府负担90%，社会保障资金的60%以上投放在养老行业。在这两大凶案发生的2016年，日本公共养老金投资亏损率是3.8%，亏损额达到512亿美元，其规模有多大可想而知。

日本经过多年的投票博弈，国内逐步形成老人利益集团。据统计，日本选民投票率最高的是65—69岁选民的群体，其次是60—64岁和70—74岁的选民。他们的投票率全部高过80%。这些人都指望养老金过活，谁会支持一个削减福利的政党呢？

与此对应，日本年轻人本来就少，投票率还低，通常只在40%至60%之间。人口结构的天然弱势，如何掀得动养老改革！不管哪个政府上台，老年人福利都有增无减，“三大经费”（养老费、医疗费、护理费）年年递增。2015年，在日本法务省的推动下，日本将选举权年龄从20岁降至18岁。这项改革旨在推动年轻人和老年人争选票，推动改革。考虑到“老人选票”的巨大优势，此种做法收效甚微。由于老人把持着票仓，日本政府在福利议题上改革乏力。

福利不是天上掉下来的，日本老人利用政府权力获取资源，损害了年轻人的利益。日本政府增加税收，搞通货膨胀，发行国债，加强管制，经济环境不断变糟。最近 20 多年，日本经济不景气，错过互联网浪潮，年轻人不要说创业，连就业都变得不容易。与此同时，养老行业却在政府的扶持下蒸蒸日上，成为日本最大的产业。

花钱不能解决全部养老问题，很多工作还是要由人来完成。日本生育率之低，在世界上已居于前列。年轻人被负担压得喘不过气来，自顾尚且不暇，哪里还敢多生孩子。这样循环下去，日本经济只会越来越差。

日本政府为老人提供了近乎无限的养老资源，造成大量浪费，给社会带来沉重负担。当老人成为特权集团，当养老成为公共开支最大的产业，他们想不招人恨都难。体会最深的，大概就是每天和他们接触的护士、护工。他们收入本来就不高，还承担着繁重的压力。躺在病床行将就木的老人，每天还从政府那里获得不菲的收入。

这就是日本政府养老面临的窘境，老人也正是在此背景下沦为完全意义上的“负担”。正如前文提到的“输液杀人”事件，长期照看的医生、护士甚至家属，对老人死因已然漠不关心。

日本变迁：从昭和到令和

日本不婚率越来越高，超过三成适婚男女独处，对结婚和性缺乏兴趣。

古代东亚文化圈受中国影响很深，各国大多有使用年号的习惯。近代以后，日本成了世界上唯一使用年号的国家，并一直延续至今。2019 年 5 月 1 日，伴随着日本明仁天皇退位，德仁天皇登基，日本进入令和时代。此前延续了 31 年的平成时代，正式走入历史。

赶上世代变迁，很多人难免感慨。不只是日本人，也包括年轻一代的中国人。20 世纪 90 年代，中国经济崛起，新世纪互联网浪潮开启，大量中国游客亲身感受日本文化。这些事情都发生在日本平成时代，构成了当代中国人对日本的基本感知。

日本平成时代还有许多因素让人留恋。纵观日本近现代史，平成时代第一次没有发生战争。正如庾信在《哀江南赋》中所述，“五十年中，江表无事”，30 多年的平成时代也是如此。日本经济的高光时刻就发生在这个时期。1995 年，经济泡沫破灭后，日本陷入停滞期，但日本社会仍保持稳定。

平成年间，日本发生过 7 级“阪神大地震”和 9 级“3 · 11 大地震”，有过海啸与核泄漏，这些事情都不算小，但日本人的生活并没有受太大影响。

对于平成世代的美好，新出生的日本年轻人有发言权。这一代年轻人出生在优渥的环境里，物质和精神需求很容易得到满足。日本年轻人进入学校，赶上日本文部科学省实施新的“学习指导纲领”，大量课程内容被削减，学业变得极为宽松。

与第二次世界大战后辛勤付出、默默奉献的“团块世代”相对应，新一代日本人被称作“宽松世代”。不过，“宽松世代”走出学校，面临的是并不宽松的职场环境。大公司盛行年功序列制，没资历、没能力又不肯吃苦的年轻人，想要往上攀升实在困难。年轻人在父母口中听多了大公司的辉煌，等他们走上职场，大公司衰相已现。

日本正式进入“银发社会”，生育率低，老龄化高，创业公司非常少。年轻人压力大，并且很难找到好工作。在优渥而出头无路的时代里，一种自我安慰的情绪悄然滋生。既然努力那么辛苦，为何要努力呢？自己活得精彩就好，何必和别人比呢？“佛系”情绪在当下中国只是少数现象，但在承平日久的日本，“佛系”是常态，甚至成为年轻人的主流文化。

这种观念之兴起，既是迷茫，也是颓废。在经历泡沫破灭的日本，消极的氛围弥漫，加之课业很少，娱乐业大发展，年轻人沉浸在互联网世界，自得其乐。网上有个词称呼这样的年轻人叫“平成死宅”。对“平成死宅”最不满的，是他们的祖辈和父辈，也就是昭和时代人。

昭和是裕仁天皇的年号，从1926年到1989年，横跨超过60年，是日本有史以来使用最久的年号。大致来说，昭和时代的人分为战前和战后两代人。

战前昭和一代人勇武好战，贵死贱生，以忠君报国自许。这种愚昧狂热的“昭和精神”给亚洲和日本民众都带来了深重的灾难。战后的“昭和精神”，表现出来的是艰苦奋斗的开拓精神。在战后废墟上，日本企业家和工人创造了神武景气、岩户景气、奥运景气和伊奘诺景气等经济神话。

目前，昭和是日本历史上为期最长的年号，两代人有相似的精神气质：积极进取，昂扬亢奋。以第二次世界大战结束为界，他们的做法完全不同：前者体现为忠君报国，征服杀戮；后者表现在工作和创造上，以服务企业和家庭自豪。结果也完全不同，前者差点毁灭国家，后者缔造了繁荣。

如今，我们去看昭和文艺作品，就会发现“昭和精神”的气质在战争前后也有明显差别。

第二次世界大战前的年轻人，孤愤癫狂，充满军国主义情绪。三岛由纪夫是战后文艺家，他的思想停留在第二次世界大战前，精神亢奋，性格孤僻。他最终于政变失败后剖腹自杀。后昭和时代，日本男性阳光平和、积极健康，日本女性明媚灿烂、落落大方。高仓健、山口百惠、足球小子，都是这时期人们的偶像。《灌篮高手》这部风靡于1995年的体育动画片，更像是昭和气质的最后残留。

“昭和精神”过去了，如今的日本年轻人对国家的前途漠不关心。平成男儿无意应征入伍，以致政府不得不用“萌化”形象来征兵。很多老派人士忧心忡忡：连军队宣传页都是“娘娘腔”，这个国家还有未来吗？“平成废物”的说法，就是源于人们对日本军队的观察。

年轻人不尚武好战，对和平来说是好事。只是它背后的冷漠逃避、消极颓废，是很坏的东西。年轻人不只是不想当兵，还不想学习，不想工作，不想结婚，不想生孩子。“逃避是可耻的，但是有用”，这样的观念正从电视剧走向现实。

《低欲望社会》的作者大前研一感慨，如今的日本年轻人没梦想、没干劲，甚至连起码的人生欲望都在减弱！日本不婚率越来越高，超过三成适婚男女独处，对结婚和性缺乏兴趣。在这样的氛围下，生育率如何提升？日本经济只能在泥潭里越陷越深。

平成世代即将结束，中国旅日作家唐辛子写文赞美：平成世代，没有战争，没有集体议题裹挟，每个人都做“独一无二的花”，难道不好吗？这听起来确实美好，但背后的真实危机是怎样粉饰都无法回避的。一个年轻人不断失去活力的社会，怎么能称作健康？

关于日本经济停滞的经济学著作非常多，政界也开出各种药方。其中，施行最猛烈的是“安倍经济学”。和很多人的赞美不同，市场派一直对日本经济政策持批评态度。

安倍经济学的本质是凯恩斯主义，通过货币扩张、鼓励消费来拉动内需，刺激经济发展。很多人把日本视为“通缩”的代表，其实从日本央行资产规模来看，日本社会的通胀一直没有停止。通胀不过是将危机后延，正如饮鸩止渴。

以养老金注入股市为渠道，日本央行正悄无声息地对日本市场进行国有化。据日经计算，2019 年日本央行已是 49.7% 的日本上市公司的前十大股东之一，该比例在2018年还不到40%。此外，日本央行已经买走了超过四成日本国债的数额。

日本新年号“令和”一词出自《万叶集》，其原文“初春令月，气淑风和”，恬淡怡人，充满了“平成风气”。一个美好的日本，一定是由勤奋进取的国民建设而成的。

害怕难民的欧洲人

很多欧洲国家面对流氓难民时，过于温柔了。

承平日久的富庶之地，突然跑来一群语言、风俗与信仰都不同的人，本地居民厌恶、害怕是很自然的事情。不要说他们来自动荡区，夹杂着恐怖分子的身影，就是一群叫花子，也让人忧心忡忡。这些排斥并非全无道理。

可是若要说新移民是坏人，则未免太过于狭隘和武断了。从经济状况来看，新移民身无长物，接近于赤贫，非常需要接济。对他们置之不理，或者拒之门外，总是不太人道。

这种矛盾心态，正是欧洲民众对于来自叙利亚和北非难民的态度。最坚定的拒绝者，偶尔也会动恻隐之心；而最友好的接纳者，听说移民犯下罪行，也难免会感到彷徨无措。全球化时代，人们遇到外国移民的机会在增多。在心头掠过不安的同时，我们如何看待他们带来的冲击呢？

首先要认识到，移民不是危险品，源源不断的人口是宝贵的资源。凡自由繁荣之地，无不是开放胸怀，海纳百川，欢迎各路流民、难民、逃亡者以及闯荡漂泊者。无论上海、香港还是深圳，城市的繁荣总伴随着人口的不断迁入。美国迈阿密在20世纪60年代以前还寂寂无闻，古巴报复性地向美国几次倾泻“垃圾人口”，反而成就它成为美国第四大城市。

这个观点在饱受移民冲击的欧洲，也是成立的。欧洲接受的移民，大多来自战乱的叙利亚，或贫穷绝望的北非和西亚，他们被称为“难民”并不为过。即便如此，涌入欧洲的难民若是得到良好处置，也是生机勃勃的劳动力。欧洲国家大多迈入老龄化，每年都在接收年轻移民。德国的移民政策一向宽松，每年会吸收数万难民。

害怕难民太多，以致改变本国的民族构成？就目前来看，情况还没有那么严重。即使欧洲边境百万叙利亚人都涌入欧洲，这一数字也不到欧洲人口的1%。多年来，欧洲接收的难民，早已超过这个数。2015年，欧盟出台了一项“难民摊派”计划，德国将一次性分到3万多名难民。这看起来不少，其实也只占德国人口的几百分之一。说难民将改变人口结构，并带来深刻危机，就有点夸大其词了。

既然如此，欧洲人害怕难民的情绪，为何如此浓厚呢？原因很清楚：接收难民简单，吸收融化太难；财政负担是小，信仰碰撞是大。一群拒绝归化的难民，很容易变成肘腋之患。对难民忧心忡忡者，许多不是应激反应，而是对欧洲文明抱着长远的忧虑。这个难题和欧洲福利主义有很大关系。福利主义激化矛盾，削弱了欧洲融化异己的能力。

难民涌入后，政府忙不迭地安置、抚慰，送吃送住。以人道标榜的政府福利，吸引了许多非难民投奔。据一位在德国的华人叙述，德国政府的难民政策，从一开始的济困演变成后来的扶贫，从解决人道危机转向了大派爱心。

2015年，德国在接纳难民潮时还流传着一个故事：有德国移民局的公务员向本地的叙利亚居民发信询问，是否还有家属需要接纳和帮助。想不到过了一段时间，这户人家就把全家四十几口人全接到慕尼黑，领取政府的社会救济金，住在政府提供的房子里。

这并不是公务员在大发圣母心，根本原因在于政府的行事逻辑。默克尔政府宣称要拥抱难民，公务员只能照章办事。他们不断接纳难民，直到摊派名额被填满。相比逃难者，公务员当然希望本土叙利亚裔居民把亲属接过来，这样既便于管理，也不易出差池。至于他们是不是真的难民，谁会在乎呢？反正花的是政府的钱。

不加甄别地吸收难民，将整个家族接来居住，只能让难民更加抱团，更不愿融入本地社会。时间一长，德国出现穆斯林社区。不愿被寄生、抱有民族情绪的德国人面对封闭社区，很容易心怀不满，发生族群冲突事件就很难避免。吸取德国的教训以后，英国政府宣布：在接收难民时将优先考虑孩子和孤儿。小算盘的背后，是不是有聪明、稳妥的考量呢？

由于第二次世界大战时期的特殊经历，人道主义在德国一直是“政治正确”的旗帜。前来投奔的难民少有面黄肌瘦的人，几乎都是青壮年劳动力。他们跑来吃德国政府的财政饭，营房扎进社区，占用体育馆和学校，本地人显然不满意。长期隐忍之下，仇恨情绪很容易被煽动起来。短期内可怜难民是可以的，但长期来看，普通人还是更在乎切身利益。

最好的做法是什么样的？政府不提供福利，由企业和个人接纳。

企业挑选和拒绝的权利受法律保护。一个人想在欧洲立足，就需要找到工作。工作是鉴定一个人是否诚实可靠的好方法。一个人长期找不着工作，不是品行不端、能力不济，而是根本不愿融入本地社会。一个人有了稳定的工作，就有了长期稳定的利益，他会珍惜当下。有鉴于此，欧洲各国政府经常排查长期无业的难民，从中搜寻危险分子，这不能说是歧视。

如果政府不提供福利，那么难民闹事怎么办？我们要相信，慈善团体会给予难民短暂而必要的帮助。慈善团体的财力虽然有限，无法长期维持，却足以让难民度过艰难时期。企业选择性地雇用难民也没有问题。如果难民不愿找工作，或长期找不到工作，就以闹事相威胁，那么政府只能以法律相待，直至将其遣返。

欧洲人若被宽容的幌子绑架，放弃最重要的自由原则——财产权，就等于放弃了文明根基。难民如果希望留在欧洲，就应该努力融合，寻找工作，而不是强迫他人供养。如果他们坚持己见，无法融入新社会，那么政府可以要求他们离开。现在欧洲国家普遍做不到这一点，因“政治正确”形成一些僵化法律，阻碍了财产权的筛选功能。

难民之中可能有恐怖分子，这很正常。对于一个淡化宗教观念，想要安居乐业的难民群体，恐怖分子掀不起多大风浪。据媒体报道，隐藏的恐怖分子可能达难民总数的1%。欧洲政府显然比中东国家更有能力对付这些蟊贼。

欧洲国家不可能拒绝难民。人道主义的旗帜还在飘扬，欧洲还是人类文明的高地，扶危济困乃道义之所在。欧洲只有保持开放，才可能有活力。福利主义是很糟糕的政策，无法使好人安居乐业，也无法使坏人离开，并且损害了本地人的利益。

欧洲人需要基于财产权和法治的精神，确立移民原则：自立更生者和文化融入者留，寄生政府和拒绝归化者去。面对异己文化的移民，政府既要给胡萝卜，也不该放弃大棒的威慑。唯有这样，欧洲才不会文化沦陷。

越南移民的悲歌

越南也是拥有悠久传统的移民输出国。

2019 年 10 月 23 日，英国埃塞克斯郡一个工业园的货车冷柜内，发现 39 具偷渡者的尸体。一时间，媒体震惊。

2000 年 6 月，英国港口城市多佛就发生过类似的惨案，一辆原本用来运输西红柿的冷藏车内，居然藏匿着 60 名偷渡客。警方发现时，现场只剩下两位幸存者。多达 58 人死亡的“多佛惨案”，也是英国现代史上最惨痛的移民死亡悲剧。

这一次，警方很快就查明，在埃塞克斯郡的“死亡货车”上，遇难人员都是越南人。这 39 人一共来自 24 户家庭，他们大多来自贫寒的乡村。悲剧背后是希望的破灭和无尽的哀伤。

和中国一样，越南也是拥有悠久传统的移民输出国。截至 2022 年，越南本土人口有 9800 多万人，海外越侨有 400 多万人，其比例和中国差不多。有些人漂洋过海，在发达国家刷盘子、打黑工；有些人早已融入发达国家主流社会，成为不可忽视的亚裔族群。

在这些越南移民中，美国的越侨占比将近1/3，其余分散在世界各地。比如柬埔寨、法国、中国、俄罗斯、加拿大和澳大利亚，这些国家都有10万以上越南人。他们离开祖国的时间和背景大不相同，大体上可以分为三个阶段。

第一阶段是越战结束前，即1975年以前。这一时期，时间跨度最长，移民成分最复杂。其中，既有法国殖民时代第一批睁眼看世界的越南上层人士和知识分子，也有不少底层越南劳工。他们历尽人间苦难，漂泊在外，扎下根来，成为老一派越侨——类似晚清以后陆续出海的中国移民。无论原来身份是贵是贱，只要来到异国他乡，他们就都是新移民。这期间的越侨，规模还不算特别大。

越战即将结束时，大量在越南南方生活的越南人沦为战争难民。他们在西方国家的援助下离开越南，在当地站稳脚跟。这时候出国的越南人，距现在将近50年了，两代人的漫长岁月，足够他们融入当地社会。战争移民的规模相当大，成为越南旧移民的主流。

两拨越南移民看起来毫不相干，却有一项共同特点：他们是海外越侨的“西派”，对西方世界怀有亲近的情感。尤其是20世纪70年代这一批越南移民，他们被迫出逃，有亡国之痛，因此对当今越南政府怀有深深的恨意，同时又希望祖国走上开放道路。“西派”越侨是连接传统越南和现代世界的纽带，同时是一股牵引力，牵动着越南走向开放。

第二阶段是越战结束后一直到越南革新开放。这一时期，有恐惧改造的工商业者，更多是忍受不了饥饿的平民。他们四散逃亡，有的奔往美国、澳大利亚等发达国家，也有很多逃往中国。最著名的当数中国香港的越南船民。20世纪70—90年代，超过20万越南人乘船来到中国香港，滞留不走，给香港特区政府造成了经济和管理上的负担。小部分船民留港和遣返，大部分转往其他国家。

除此之外，还有大量政府公派到东欧国家的人员，他们滞留当地，不愿回国，也成了侨民。俄罗斯、波兰、捷克和匈牙利也有数以万计的越南人，他们的人数不容忽视。

第三个阶段是越南革新开放后。这一时期，许多越南女子远嫁中国，希望改变个人和家族命运。很多人不再寻求移居海外，希望赚钱，帮助家庭改善经济状况。出国打黑工，是当代越南一股兴盛的民间潮流。

时至今日，在中国大陆工作的越南侨民大部分是越南华裔，民众很少注意到他们。在日本和韩国，分别有5.4万和4.5万越南人在打工。在中国台湾，这个数字接近10万，越南人是仅次于印尼人的第二大外来劳动力群体。前往美国打工的越南人，几乎包揽了这个国家全部的美甲工作岗位。在加拿大和澳大利亚，这种情况越来越普遍。

英国货车惨案的39名越南人，很多来自同一村庄。至于英国到底有多少越南人，没有详细的统计数据。从越来越多的越南超市、餐馆和商铺来看，这一数字应该是数以万计。记者到越南村庄采访发现，当地人对惨剧除了悲伤，并无惊讶的神色。对于偷渡到英国打黑工，当地人认为这再正常不过。这场悲剧不会动摇越南人到海外打工的信念。

越南人后浪推前浪的出国史，包含了许多惊心动魄的故事。对于这些故事蕴含怎样的民族性格，西方人很难明白，但中国人很能感同身受。深受儒家文化影响的中国人、越南人和韩国人——这群来自东亚的移民，有很多相似之处。

首先，他们移民的目的非常纯粹：希望凭借个人奋斗，过上美好生活。这群东亚移民很少寄望当地政府的帮助，比如安排工作、施与福利，他们甚至不希望打扰当地政府，只想在同乡的帮助下，从最底层的工作做起，悄悄融入当地社会。

只要有一碗饭吃，他们就可以生活。哪怕赚再少的钱，他们也能存起来。他们把钱寄给家乡的亲人，帮助他们改善生活。越南的侨汇每年位居世界前列，2018 年达到 159 亿美元，位居各国之首。这些钱都是他们一点一点攒下来的。

发达国家有“唐人街”“小西贡”这样的社区，东亚移民住在这里，既不关心宗教事务，也没有意识形态藩篱，只是为了讨生活。谁家的孩子跻身精英阶层，他们就会搬离，融入主流文化。伊斯兰文化在欧美是张扬的，更是封闭的。相比而言，东亚移民“存在感不足”。他们行事低调，观念保守，这是多么难得的品质。

东亚移民大多具有坚韧不拔的精神。中国人和韩国人的故事就不多说，越南人在这个方面也不遑多让。他们会凑出全家十年的收入交给中介，在异国他乡白手起家。可想而知，他们在最初的几年将付出怎样的艰辛。

东亚移民深受儒家文化影响。他们以家庭为本，普遍重视教育。他们先打黑工，再做小生意，一路上省吃俭用，把孩子送进名校。他们对当下困境极端忍耐，对家族未来充满乐观。用两代人的奋斗实现阶层跃迁，这是他们传颂的故事。在其他移民那里，我们很少看到如此务实进取、雄心勃勃的群体。

21 世纪以来，中国经济高速发展，劳动力价格提升。农村人想赚钱，便到一线城市找份工作，只要勤奋踏实，就能赚到原来两三倍的工资。所以，人们到国外“淘金”的诱惑力下降了。但是，越南还没发展到这个程度，偷渡对越南人来说还是很常见的。漂泊海外，殒命他乡，希望这39名越南死难者是越南移民悲歌的绝唱。

移民艰辛，偷渡危险，最重要的原因还是要归结到欧美国家的移民政策上。东亚劳动力在移民和海外务工的优先顺序里并不靠前。发达国家的政府没意识到：这样一群疲惫穷苦和渴望新生活的东亚移民，是多么难得和优秀。

东亚移民低调务实，勤奋工作。他们从事着最脏、最差的工作（包括分拣垃圾和清理下水道），提供最基础的服务，付出甚多，所求甚少。相比这些年大闹欧美、坐地索要福利的中东难民，他们不求政府发放福利，只求一点宽容空间，好能赚到点钱。希望发达国家能高擎灯火，宽容相待，减少无谓的悲剧。

东南亚劳务输出大国

更廉价、更有活力的劳动者在参与生产服务，所有人都将受益。

2019 年 10 月，缅甸多家中文媒体发布了一则新闻：缅甸实皆省政府将与中国机构合作，在几年内向中国派出 2 万名缅籍劳工，供给中国 8000 多家制鞋厂。首批 200 名劳工将先培训 6 个月语言，再派往中国，基本工资初定为 3000 元 / 月。

我们从这则新闻可以看到，平均中国每家工厂分不到 3 名员工，并且劳工还要接受 6 个月的语言培训。很多细节匪夷所思。中国主流媒体都未确认这个消息，但这个话题在东南亚的华文自媒体那里传播得很广，其背景很值得一说。

缅甸是东盟输出劳工最多的国家之一，规模达 400 多万人。截至 2022 年，缅甸有 5400 多万人，其劳工输出的比例真的算很高了。2018 年，缅甸有 55 万海外劳工通过官方渠道向国内汇款 9 亿美元，还有更大规模的地下汇款和个人携带。缅甸的劳务输出收入已经超越旅游业，劳务输出成为这个国家最大的非商品创汇方式。

缅甸劳工有一半在泰国，小部分是合法输出，大部分是非法的——漫长而松弛的泰缅边境使两国人民穿行十分便利。一年时间，泰国遣返了 6 万多非法缅籍公民。相比泰国境内百万缅籍劳工，这个数字显得无足轻重。

中国境内也有大量缅甸非法劳工，经常将其遣返，从几个人、几十人到几百人，每个月都有这样的新闻。云南瑞丽的缅籍劳工多达 10 万人。在日本和韩国，缅甸也是劳工的输出国家。

缅甸劳工输出为何火爆？当然，穷是主要原因。截至 2022 年，缅甸人均 GDP 只有 1100 美元左右，比柬埔寨和孟加拉国还低，在亚洲几乎垫底。它周边有泰国、中国这些中等收入国家，更有新加坡、韩国和日本等亚洲富国。缅甸历经多年战乱和封锁，现在实现和平，励精图治，政府大力鼓励劳务输出，以创造外汇。

还有一个重要原因：缅甸劳动力虽然廉价，却不像越南和柬埔寨那样有高速发展的制造业来吸收劳动力。这个国家的左派经济政策相当浓厚，阻碍了缅甸劳动力的自我消化。

2018 年，缅甸政府将最低工资上调了 1/3，达到每天 4800 缅元（约 23.5 元），相当于每月 14.4 万缅元（约 682 元）。这在中国人看来不算高，但对缅甸大量中小企业来说，则具有摧毁性的力量。这个贫困的国家几乎没有什么基础设施，公共服务水平远逊于其他国家，政府一再人为地提高工资水平，如何吸引国外投资者呢？

到国外打工，是缅甸民众获得收入、改善生活水平的重要出路。别国吸收缅甸劳工，既能帮助缅甸，也有利于发展自身的经济。中国许多地方面临着劳工短缺、劳动力昂贵的现象。对中国来说，放宽对缅甸的劳工政策，允许他们来华务工，是一个可以考虑的现实举措。

未来十几二十年，中国劳动力数量将剧减，劳动成本上升已成定局。这损害了中国制造和服务业的竞争性，也使居民消费成本居高不下。中国需要更多商品和服务，需要更多人参与生产。引进外籍劳工，就是进口劳动力，增强本国的经济实力，这和进口其他的经济要素没有什么区别。凡主张自由贸易者，都要意识到这一点。

目前，缅籍劳工在中国的收入水平因地而异。在中国云南边境城市，非熟练工每个月还赚不到1000元，熟练工的月收入能超过2000元。这对很多缅甸人来说，已经很有吸引力了。在中国的发达城市，非法缅籍劳工的月收入能到3000多元，这个工资水平对中国工人来说一般，但对他们来说是高薪。缅籍劳工输入，将缓解中国国内部分企业缺工难、工人贵的问题。

不过，我们可以预料的是，主张引进外籍劳工，将在国内遇到强烈抵制。第一个理由是：中国还有很多穷人，他们的收入水平很低，为何不先解决他们的就业问题？国内确实还有不少低收入的人。这些人要转化成劳动力资源，为企业所用，并不容易。当地政府要动员，企业要搜罗招募，再对他们加以培训，这些都需要高昂的成本。

相比而言，一群雄心勃勃、吃苦耐劳、渴望工作的外国劳动者来说，成本则低得多。虽然发达国家也有穷人，但发达国家的很多企业还是愿意雇用外国人，其间的道理是相似的。而外国人参与生产以后，财富会溢出，将创造出更多的机会。

生产越多，资本品越丰富，潜在的就业机会就越多，这是经济规律决定的。外国劳动者不是抢占工作岗位，而是在创造岗位。只要把这种情形想象成国内的劳动力流动，我们就不难明白。

第二个理由是：引进廉价的外籍劳工，将对中国普通劳动者的收入造成冲击。这样的担忧是现实的，同时也最需要澄清。没错，本国劳动者收入会降低，饭碗会被抢——因为他们的竞争对手更便宜、更拼搏。但对经济整体来说，这是好事。

更廉价、更有活力的劳动者在参与生产服务，所有人都将受益。如果执意保护本国劳动者，那就意味着其他人被“绑架”，无法再享受物美价廉的东西。这种保护政策是自私的。

正如我一再强调的，引进外籍劳工和进口原材料、进口商品没有本质区别。

中国企业家把工厂开在海外，再把产品卖回国内，这不单是进口其他廉价资源要素，其实也是在进口劳动力——在海外雇用劳动者，为中国人工作。同样的道理，进口商品也是在输入商品，那些是凝结着国外资源和劳动者心血的商品。进口商品到本国，会对国内市场造成冲击，导致相关劳动者收入减少甚至失业，这些情况很普遍。

如果为了保护本国劳动者就业，就反对“进口劳动力”，那么是不是要反对企业家出海投资，或者拒绝商品进口呢？其间的逻辑是一致的。世界上有很多国家的劳动者结成团体，他们确实在抗议进口商品，阻拦企业向海外投资，抵制引进外籍劳工，要求对进口商品和劳工征收特别税。这些都是贸易保护主义行为，我们理当反对。

引进外籍劳工，在经济方面的好处早被反复论证，我们需要考虑的是政治问题，也就是如何使外籍劳工很好地融入中国经济，从而不造成负面影响。我们可以借鉴的方式有很多：建设大型工业园，有利于日常管理；吸收外籍人士归化，需要可操作的流程；简化跨国婚姻手续，处理跨国民事纠纷，需要外交合作。这些都是当下需要推进解决的问题。

中、缅两国山水相连，文化并不陌生。缅甸人到中国工作，倘若语言培训良好，沟通没有障碍，要想融入中国社会，没有太多困难。缅甸经济发展需要中国这样的好邻居，中国要想舒缓劳动力缺乏的困境，也可以从缅甸那里获得帮助。对于这样的前景，我们应当持开放的心态。

第九章

塑造现代社会的思想力量

源自萨拉曼卡的道统

> 允许收取利息就是保护商业，鼓励人们投资，这有利于财富增加。

经济学是一门事关自由的学术。为了追寻自由传统，中国人经常到老庄、杨朱那里寻找，除了“无为”“贵我”等只言片语和简单发挥，很难找到系统的阐述，更没有发现凝练的经济学理论。有关经济学现象的飞鸿雪爪，都湮没在浩繁的卷帙里。

相比较而言，古希腊文明记录着系统的经济学观念。现代经济学发源于西方，亚当·斯密（Adam Smith）的《国富论》被认为是经济学的起点。历史学家不断上溯发掘，往往有令人惊喜的收获。萨拉曼卡学派的发现，就是这项发掘工作的巨大成果。

萨拉曼卡学派出现在16世纪的西班牙，以萨拉曼卡大学为中心。这是世界上历史最悠久的大学之一，起初只是神学修道士的静修冥想之地，后来成为经院哲学派的重镇。宗教研究和哲学思辨是学者的日常主业，经济学也偶尔涉猎。

当时，由于美洲金银的开掘运回，欧洲以西班牙为起点，出现了一波涟漪似的价格上涨现象。这种现象引起了修道士们的兴趣，他们开始研究价格。

价格如何产生，并受哪些因素支配呢？什么样的价格合理，什么样的价格有罪过呢？当时社会对物价的认识和现在很多媒体的认识差不多。人们普遍认为，价格就是成本加上合理的利润，超出“合理”之限就不是“正义价格”。

萨拉曼卡学派的学者则认为，价格和成本无关，它由供需状况决定。只要没有垄断和诈骗，自愿交易形成的价格就是正当的。这种观念不是灵光一现，而是有着清晰的论述。

“那些试图以贸易或生产中的劳动、成本或风险来测量正义价格的人，都犯下了极大的错误……因为正义价格取决于货物、商人和货币的充足或短缺……而不是来自成本、劳动与风险。”关于萨拉曼卡学派，这段文字经常被引用。

之所以先说价格，乃是因为对价格的不同理解，往往是学派的分水岭。

在萨拉曼卡学派以后200多年，亚当·斯密被公认为是自由市场的支持者。关于价格的认识，亚当·斯密继承了经济学家威廉·配第（William Petty）的思想。他们认为：两样东西之所以交易，乃是它们所需劳动时间相等。这种相等东西就是“价值”，配第称之为“自然价格”。

亚当·斯密在《国富论》所举例子，不是别针就是钉子，通过比较“制造时间”来论述交易和分工。这或许方便人们理解自由市场的好处，却开启了“剥削论”的后门。卡尔·马克思（Karl Marx）

的价格理论源于亚当·斯密，他以劳动价值论为武器，对资本家的“剥削”大加挞伐。

萨拉曼卡学派对价格的理解，摒弃了成本和劳动，完全归结到供给和需求。这和现代的经济学已经非常接近。萨拉曼卡学派的学者由此推论，西班牙通货膨胀仅有一个原因：金银太多了。据说，他们给西班牙帝国提出了遏制通胀的建议，可惜史载不详。

萨拉曼卡学派同时提出，利息是由人的时间偏好引起的。假设事物不变，人们总倾向于当下而非未来拥有产品。借债产生的利息就是用于补偿借贷引起的偏好损失。这个观点和奥地利学派关于利息的解释不谋而合。

利息并非传统观念所认为的贪婪象征，罪恶渊薮，更非“剩余价值”剥削，它根植于人类行为的规律。允许收取利息就是保护商业，鼓励人们投资，这有利于财富增加。在视利息为罪恶的中世纪，这样的理论堪称空谷足音。

这个 17 世纪的神学院同时提出了很多古典自由主义的观点，例如保护人权和私有财产，反对奴隶制和掠夺战争。他们在西班牙帝国初兴时代提出这样的观点，无疑是非常具有挑战性的。

为什么中世纪的神学院会有一支自由主义学派呢？或许是有更古老自由思想的启发，或许只是运气。在神学笼罩的中世纪出现这样的学术传统，令人诧异。

我们现在所认识到的萨拉曼卡学派，大多来自约瑟夫·熊彼特（Joseph Schumpeter）的《经济分析史》和默里·罗斯巴德的《亚当·斯密之前的经济学思想》。萨拉曼卡学派影响了一批古典重农学派思想者，例如理查德·坎蒂隆（Richard Cantillon）和杜尔哥

（Turgot）。他们放任自由的经济观念又深深影响了萨伊（Say）和巴斯夏（Bastiat）。

到奥地利学派崛起时，前辈的光辉已经湮没无闻了。但是，自由的道统如草蛇灰线，传承不息，寻求人类自由和社会繁荣出路的真理，总会在一些大脑里存活。

现代世界的思想能量

> “边际革命”是经济思想史的划时代事件。

亚当·斯密是公认的现代经济学鼻祖，他最为人所熟知的是自由贸易理论，其观点依据是分工理论，有强大的理论和事实作基础。亚当·斯密发表《国富论》后，自由贸易随着英国军舰走向世界各地，成为此后一个多世纪的主流。

仅就这一点来说，亚当·斯密就是一代宗师。但也有人不以为然，比如发起“边际革命”的经济学家杰文斯，美籍奥地利裔经济学家熊彼特，以及20世纪最奔放的奥地利学派学者罗斯巴德，他们反而推崇坎蒂隆。

坎蒂隆是一位出生在爱尔兰、活跃在法国的经济学家，他在当代世界几乎不为人所知。这样一位名气不是特别大的学者，何以被多位学者推崇，甚至被颁予“经济学之父”的头衔呢？首先，我们来看看他的作品。

我们都知道亚当·斯密以《国富论》立世，而坎蒂隆也写了一本书，即《商业性质概论》，其出版时间比《国富论》早40年。这本书覆盖了当时经济学的所有话题，比如价值和价格理论、货币理论、利息理论、贸易理论，非常系统和完整。

坎蒂隆不像亚当·斯密那样热情洋溢，文笔出众，不过他也是对外贸易的鼓吹者，甚至认为对外贸易比国内贸易重要。坎蒂隆有重商主义的倾向，主张对外贸易要有盈余。他本人也深受重农学派的影响，主张国家以保护产权为首业，尽量不干预经济。

坎蒂隆代表了18世纪早期欧洲经济学家的最高水平。他在很多领域都有特别的见解，比如通货膨胀领域。

坎蒂隆发现，当市场上的货币增加时，物价就会增长。物价上涨不会同时发生，而是涟漪似的传播。离钱近的行业，在物价上涨之前就会得到这笔钱，占了便宜；离钱远的消费者，由于收入上涨抵不上物价上涨，成为通货膨胀的受害者。

坎蒂隆最早准确描述了通货膨胀现象，这种涟漪似的物价上涨，也被称作“坎蒂隆效应”。可惜货币理论是古典经济学的边缘领域，现代经济学关于通货膨胀的谬论实在太多，坎蒂隆的观点还没传播开来，就湮没无闻了。直到20世纪商业周期理论提出，人们才对通货膨胀有了正确认识。

坎蒂隆还是企业家概念的提出者。他认为，在市场经济中，企业家有别于一般的受雇佣者。后者领取固定薪水，听命行事，对市场的变动浑噩无知；而企业家是市场的主角，他们承受市场的不确定性，承担风险，判断趋势，是经济效率由低转向高的关键。

在企业制度还不发达的18世纪早期，坎蒂隆就正确指出市场的不确定性以及企业家精神的实质，这非常难得。坎蒂隆能有这样的认识，大概和他的身份有关。

坎蒂隆的副业是经济学（当时，经济学普遍是副业），他的主业是金融和投机。当金融骗子约翰·劳（John Law）在法国大搞通货膨胀时，坎蒂隆识破了他的骗局，做空当时狂热的股票，大发横财。坎蒂隆死于一场纵火谋杀，幸好他的作品早已发表，这才避免了他被世人遗忘。

亚当·斯密深受坎蒂隆影响，在贸易观点上，向前迈出了一大步，名垂千古。除此之外，亚当·斯密的经济学思想基本没有超越坎蒂隆。这也是有些经济学家为坎蒂隆愤愤不平的原因。

当然，介绍坎蒂隆的思想不是想说亚当·斯密徒有虚名，而是强调在斯密以前，经济学界早有先贤。除了坎蒂隆，还有杜尔哥、魁奈（Quesnay）这样的重农学派学者。这个表面迂阔、保守但内核自由、市场的学派，给了坎蒂隆和亚当·斯密丰富的营养。

亚当·斯密之后，经济学全面兴盛起来了。在英国，大卫·李嘉图（David Ricardo）是亚当·斯密的继承者，他主要的贡献是提出比较优势理论。

李嘉图指出，一国生产者即使各方面生产能力优于（或弱于）邻国，只要自由贸易，双方也仍然能获利。人们在与对方比较绝对优势的同时，也在比较己方的能力。哪怕自己各方面能力都很突出，也能发现对方的相对优势。

打一个比方，编写软件和做园丁这两种事，比尔·盖茨干得都比邻居出色，不过他雇邻居做园丁，而自己专注于写软件，比事事亲力亲为要划算。

比较优势理论道出了市场优越之处：没有绝对的弱者，每个人都能在合作中找到自己的相对优势。穷国在发展经济时，没有必要担心样样不如别国。即便任何方面都不如，穷国也有相对优势的机会。哪怕生产力再差的国家，只要对接到贸易体系里，也会找到合作的机会。一旦经济发展起来，相对优势就会转移。中国经济发展的产业变迁，已经证明了这一点。

比较优势原理非常精妙，没受过经济学训练的人，往往一时难以理解。经过李嘉图一番论述，自由贸易差不多是经济学中被雕琢得最完美的理论。

亚当·斯密之后，欧洲最值得一提的经济学家是两位法国人。较早的是萨伊，较晚的是巴斯夏。之所以称赞这两位学者，是因为此后一两百年，他们代表了法国经济学家的最高水平。

萨伊最有名的理论是“萨伊定律”，但这个理论一直被人误解。萨伊提出，供给创造需求，也就是卖者创造买者。只要有生产，消费从来不是问题。重要的是保护生产，而不是鼓励消费。

这些对当时流行谬论的批驳，似乎是对100多年后凯恩斯学说的提前回应。因此，凯恩斯学说一开篇就是对萨伊的批判。萨伊是那个时代声望最大的经济学家。李嘉图认为，萨伊是真正的亚当·斯密思想的继承者，他的成就超过一切“大陆经济学家思想的总和”。

巴斯夏深受萨伊影响，虽然对经济学的原创贡献不多，但其政治理论建树颇为可观。巴斯夏的《论法律》论述了政府和法律的本质，剖析了经济干预的危害，这本书可以视为欧洲大陆版的《政府论》。巴斯夏还写了一些经济学小品文，其最伟大的作品是《看得见的与看不见的》，不仅在当时传播广泛，也被后世视为经济学的名作。

在相当长的时期里，法国学者总被视为欧陆理性主义的代表。他们无视人类经验，热衷于中央计划和管制，是自由的敌人。萨伊和巴斯夏，以及杜尔哥和魁奈，都是法国人，都是市场经济的信奉者。法国经济学界也有自由的传统，“大政府”并不必然属于法国。

19 世纪后期，经济学出现了两种发展趋势。

第一，传统的亚当·斯密经典理论衰落。不是该理论有什么错，而是人们听惯了“自由放任”的陈词，实在是厌倦了。经济学在呼唤更新潮、更时髦的理论。德国人弗里德里希·李斯特（Friedrich List）的“保护幼稚产业论”其实早被亚当·斯密和李嘉图驳倒，如今却大行其道。自由贸易理论衰落，直接导致了自由主义的式微。

第二，经济学在精深的道路上，并没有停止前进的步伐。从坎蒂隆到亚当·斯密，再到李嘉图，古典经济学一直没有解决价值理论问题。价格的尺度是什么，价值的本质是什么，古典经济学一直说不清楚。坎蒂隆视土地为财富之母，将土地产出和劳动视为价值的尺度，亚当·斯密也是劳动价值论者。李嘉图也持类似观点，不过他自己也很难理解：在地窖贮藏三四年的酒，付出的劳动不过寥寥，为何价值那么大呢？

直到 19 世纪 70 年代，困扰经济学许久的价值理论，才得到圆满回答。价值不是商品的内在属性，而是源于人的主观评价。一件商品的价值，并不取决于它的种类，而是其个体在边际上获得的主观评价。价值是主观评价，而不是客观属性。这就是著名的“边际革命”，是经济思想史的划时代事件。亚当·斯密之前就留下的经济学遗憾，至此被修补完整。

卡尔·门格尔（Carl Menger）是边际革命的发起者之一，同时是奥地利学派的开山祖师。他的著作《国民经济学原理》一出世，就为这个学派树立起学术范式，影响了一大批门生。20 世纪上半叶，欧根·冯·庞巴维克（Eugen von Böhm-Bawerk）、路德维希·冯·米塞斯（Ludwig von Mises）、弗里德里希·冯·哈耶克（Friedrich von Hayek）等经济学家崛起，在货币理论上深耕，经济学前沿发展在不断进步。

20 世纪大部分时期，反市场的逆流不断翻涌，但自由市场理论兴灭继绝的火种都没有熄灭。一直到今天，这些没被遗忘的 19 世纪思想，仍为现代社会运行提供着思想的能量。

苏格兰人对人类文明的贡献

文明世界的准则规律，不是被发明的，而是被发现的。

人类文明进程的演进非常奇妙。自公元前3000年人类文明萌芽，世界各地文明的发源地开始演进，整体速率差不多，不同文明的前沿大体保持一致。在公元前600年到公元前200年，甚至出现著名的“轴心时代”，文明古国的翘楚们隔空璀璨，倘若当时可以交流，他们一定会惺惺相惜。

几千年文明演进，固然有古希腊、古罗马这种耸然而起的山峰，但它们存在的时间太短暂了，文明的进程几乎没有改变。古代东西方最强盛帝国的经济水平和技术发展程度，其实差距不大。纵向来看，中国富庶的宋朝人口仅比1000多年前的汉朝多了约1倍。这种情况在西方也差不多。

人类文明的发展曲线，几乎是一路平坦。到了近代两三百年前，发展曲线像高山一样突然崛起。这座山峰的发源地在欧洲，它带动人类文明拔地而起，从而进入光辉的现代社会。身处现代社会的人们，应该感到无比幸运。仔细观察这座山峰，我们又能发现，苏格兰人发挥了重要的作用。

17—18 世纪，法国启蒙运动还处于兴盛前夜，苏格兰思想者就发明了一整套观念，比如私有财产、法治、言论自由、宗教自由和契约神圣，这些都是文明社会的观念基础。

从历史学家的角度来说，这些观念可以说是重新发现。因为在世界其他地区，它们早就零星存在，只是在 18 世纪的英国才如此清晰、系统和自觉。主流知识分子不仅普遍接受这些观念，还主动思考、阐述和弘扬。这是此前没有过的现象。

18 世纪的法国启蒙运动，弘扬人类理性，强调人类平等，等等。思想家们以理性和平等为武器，奋力批判君主专制，批判贵族特权和等级社会。他们希望借助人性的理性和勇气，构建美好世界。自由、平等和博爱是法国人引以为豪的国家精神。

在苏格兰启蒙运动中，我们会看到迥然不同的思想特色。从很早的时候，英国王权就逐步受到限制——签订《大宪章》的 13 世纪是一个重要节点。王权并不绝对，贵族尚有尊严，民间契约发达，自由气息强劲，这是英国有别于欧洲大陆的地方。在知识领域，英国思想有经验主义传统。他们重经验甚于理性，经常使用财产权观念，在英国传统社会有丰富的资源。

在自由和平等之间，他们重视前者。平等作为相对抽象的价值，一直没有扎根英国土壤。即便是对政府理论相当激进的约翰·洛克（John Locke），他的论述重点也是财产权。他主张私人财产先于政府存在，应当限制政府权力，并把保护财产权视作政府合法性的标志。约翰·洛克的理论影响了北美独立战争。

比起托马斯·霍布斯（Thomas Hobbes）、约翰·洛克这些英格兰思想家，苏格兰人更为温和，他们不太关注专制和革命，更多是探讨市场和道德。以亚当·斯密为代表，苏格兰思想家在经济学和道德哲学上的成就，成为英伦思想的重要部分。苏格兰启蒙思想改造了英国，影响了美国，还传播到了全世界。

从文明史来看，苏格兰启蒙思想的产生是一个幸运的偶然。但放在当时情境，这场思想运动诞生在苏格兰又并非意外。15 世纪起，苏格兰就相继建立起圣安德鲁斯大学、格拉斯哥大学、阿伯丁大学和爱丁堡大学，这些都是按照欧洲大学的模式来建的。

不同的是，苏格兰地处英国北境边陲，苏格兰民族对英格兰王权有反抗的传统，王权对大学的影响相对较小。很多欧洲学术泰斗，云集苏格兰的大学。苏格兰和欧陆大学长期互动，吸收着欧洲文明的营养。苏格兰地处边缘，这里的大学较少受社会动荡的影响，人们能有更多时间沉静思考，也能对欧陆激荡的学术浪潮有反思。

18 世纪，苏格兰的学术氛围领先于欧洲各国，爱丁堡被称为“北方雅典”。苏格兰涌现出哲学家大卫·休谟（David Hume）、经济学家亚当·斯密，还有托马斯·里德（Thomas Reid）、弗朗西斯·哈奇森（Francis Hutcheson）这样研究道德情操的教授，甚至连改进蒸汽机的詹姆斯·瓦特（James Watt）也曾在苏格兰的大学任教职。苏格兰众多大学有很多学术协会，学术讨论的氛围非常良好。

文明世界的准则规律，不是被发明的，而是被发现的。当这么多杰出的大脑聚集在一起研究和讨论时，真理总会浮现。亚当·斯密重写了经济学，大卫·休谟重写了道德哲学。他们之间互有批评，外界对他们的抨击也很多。我想，这正是在砂砾里淘金的过程。

欧洲大陆从来不缺乏杰出的大脑。在某些方面，他们的思想甚至比苏格兰人还先进。比如：西班牙萨拉曼卡大学的修道士，在经济学方面的造诣令后辈叹服；法国有坎蒂隆这样杰出的经济学家（准确地说坎蒂隆是爱尔兰人，他在法国活跃，其学思特色富有大陆色彩，常被归到法国经济学家行列），还有萨伊、巴斯夏这样的聪明人；甚至后来奥地利还有门格尔、米塞斯这样的大宗师。

无奈，由于缺乏良好的学术环境，这些人在欧洲的存在如吉光片羽，显得那么孤独，他们对现实世界的改善也难起大作用。

从这个方面来说，英国和苏格兰的存在是多么宝贵。他们有安静的学术环境，能持续吸收欧洲思想精华，真理最终在这里汇聚。思想是要靠大学传播的。欧洲的自由思想在苏格兰启蒙并形成思想运动，并非意外。

苏格兰人比欧洲大陆的思想家更早走出神学藩篱，倡导人文主义。和欧洲启蒙运动相比，苏格兰的知识群体显得更加温和、细腻。我们看书单就知道了，亚当·斯密的《国富论》《道德情操论》，大卫·休谟的《人性论》《道德、哲学及文学随笔》，威廉·罗伯逊（William Robertson）的《苏格兰史》，亚当·弗格森（Adam Ferguson）的《文明社会史论》，托马斯·里德的《从常识原则探讨人的心灵》，弗朗西斯·哈奇森的《道德哲学体系》，以及卡姆斯勋爵的《人类历史纲要》。这些著作都洋溢着人文主义的情怀。

现代社会的基本原则，像私有财产、法治、自由贸易和契约神圣这些原本就有的思想资源渐成系统，成为主流。英国在18世纪和19世纪的强盛，有赖于这套思想成为国家政策的主导，亦有赖于英国在世界的积极进取。这些思想传播到世界各地，诞生了以美国为代表的英语文明。我们今天生活的世界，都建立在这些原则之上。

在自然科学方面，苏格兰的科学家和发明家也非常伟大，他们同样对现代世界做出了巨大贡献。蒸汽机、火车、自行车、电话、轮胎、青霉素、电视、冰箱、ATM、克隆技术等，都凝聚了苏格兰人的智慧。不过，和思想的伟力相比，这些只是附属产品。

不要感到意外，人类历史每一次飞跃从来都是偶然。在历史长河里匍匐周转、停滞不前，才是几千年历史的常态。苏格兰人开启的近代化催化了这一切。短短两三百年，人类进入了高速运转的现代社会。

古典自由主义的遗产

> 我们生活所依轨的制度和法律，都是政治思想的结晶。

我在社交媒体上常用的个人标签是“古典自由主义者”。这个词偶尔让读者费解。“自由主义”很常见，加上“古典”却不常见，仿佛是给烈马套上羁縻的绳索。很多人认为，“古典自由主义者”应该没那么偏激，而是温柔、敦厚吧。

事实上，“古典自由主义”和“当代自由主义”并不相同，甚至很多时候站在对立的两面。前者认同个人的人身和财产权利，以及引申的言论自由、企业经营自由，等等；后者则往往敌视企业，主张政府加强对市场的管制。普通人一看到这些政治学词汇，往往就头大：“这些虚头巴脑的词有什么用？过好自己的生活就可以了，这些观念离我们的现实生活都很远。”

每次听到这些“主义无用论”，我就会忍不住向他们介绍这些观念。我们生活所依附的制度和法律，都是政治思想的结晶。靠谱的政治哲学，正是普通人“过好日常生活”的保障。

“我们就生活在一个古典自由主义的时代，虽然其主张还未得到彻底贯彻。”听到这样的说法，你大概会惊讶：“这不是开玩笑吧？！”下面我举一些例子。

古典自由主义的早期敌人是神权。它反对宗教对人性的束缚，提倡人的尊严和价值。这些思想运动在欧洲持续几百年，取得了辉煌的胜利。

几千年以来，人类的很大部分群体，长期匍匐在某些神的脚下。一直到近代，世俗主义以人的权利为武器，对神灵进行祛魅。这个浪潮从欧洲发端，直至席卷世界各地。

除了极少数政教合一的国家，现今大多数国家的人已经享受到世俗生活的丰富多彩，不再受神的“压迫”。这正是古典自由主义者所积极主张的。

古典自由主义的第二个敌人是国王，也就是专断任意、不受约束的权力。

古代各国，王权至高无上。无论是西方的大帝、国王，还是东方的法老、皇帝、天皇和苏丹，他们都是“君权神授”，生而高贵。他们可以专断地宰割臣仆的生命和财产，这是其地位所决定的。

英国哲学家约翰·洛克是最早的古典自由主义者，他写了一本薄薄的小册子《政府论》。这本书的核心是论述个人权利的正当、政府侵犯的邪恶，进而提出限制政府权力的思想。这些思想不是洛克发明的，他也是从传统社会微末的自由思想中归纳、总结，并加以发扬光大的。

18 世纪的启蒙运动和美国独立，很重要的精神资源就是来自洛克。《独立宣言》写满北美人民对当时英王暴虐的谴责。和当代政府的作为相比，英王乔治不过是想增加一些税收，谈不上过分之处。可英王权力的任意性，以及北美人民在议会缺乏民意代表，都让美国先民难以忍受。美国建国者就是一批古典自由主义者，他们谋求独立，想要摆脱英王的专断统治。

启蒙运动和美国独立，一文一武，都对王权造成了沉重打击。到了近代，无论国王怎样不甘心，他们大多接受“王权受约束”的观念。这种观念传播随着欧洲人的足迹，逐渐传播到世界。“权力受限”的思想普及开来，最高统治者这才低下了高贵的头颅。于是，代议政府、议会、国会、杜马、苏维埃出现。“权力受限”至少在形式上，成为政府的主流。

另外，法院也出现了，还是独立运作的。不管名义上还是实质上如此，至少表面逻辑很清楚：政府不应是最高裁判者，也要遵守法律，依照法律的原则办事。权力受限是法治的起点。要想保障司法参与者得到公正对待，程序正义就是必要的。现代司法文明，全都肇基于此。

当代社会即使是统治权力最专断的国家，也保留了议会和法院。相比古代国家公开的残暴和野蛮，现代国家增加了许多“虚伪”，就是最荒唐、暴虐的政府也要顾及合法性的面子。“君权神圣不可侵犯”已然崩塌，“人民”才是权力的合法来源。这些正是古典自由主义者的主张。

古典自由主义者的核心主张是保护私有财产。无论言论自由还是限制政府权力，最终都要落实到保护人身和财产权利上。自然合理的推论就是，政府应当尽量不干预商业。因为政府的过度干预，通常意味着侵犯私人权利，进而带来经济的灾难。

这种道德主张得到了经济学的验证。亚当·斯密论证了分工和自由贸易的好处，结论是政府应当最大限度地保障市场的自由。米塞斯则证明了，所谓“资本主义危机”并非市场失败，而是政府垄断货币、大搞通货膨胀的结果。通胀既是掠夺，也是市场“繁荣—萧条”周期性变化的根本原因。米塞斯认为，要终结这个危机，就要限制政府发行货币的权力。

“如果货物不能通过国界，士兵就得越过国界”，这正是古典自由主义的名言。如今，我们得以享受和平，仍是托自由贸易的福。自由贸易使不同地区的人得以紧密合作，互惠互利，从而消弭争端。这些政治经济学思想，正是古典自由主义的遗产。

21 世纪的今天，虽然现实还有很多阻碍，但自由贸易的观念大体上已经深入人心，足以支撑起一个大致和平的世界。我们得以享受繁荣生活，乃是托市场体制和企业家的福。企业家的权利受保障，得以发挥聪明才智，从而创造消费者喜爱的商品，这些都需要有制度作底盘。

古典自由主义在近代普及施行带来了财富大爆发。20 世纪上半叶的两场战争，归根到底，就是缘于这套思想被抛弃。在这期间，国际贸易中断，几乎所有政府都打着国家和民族的名义，肆无忌惮地侵犯个人权利。正是吃了这两场战争的苦头，各国这才反思矫正，迎来半个多世纪的和平。

如今，各国面临的各种麻烦，比如军事冲突、贸易争端和国内政治经济问题，大多和这些原则被抛弃有关。“古典自由主义”这个政治名词，现在已很少人谈，但它的分支遗产，比如言论自由、法治精神、自由市场、财产权利和企业家精神，都有很强的生命力。从这个意义上说，这项政治观念仍和我们息息相关，值得我们去阐述和发扬，从而捍卫我们的生活。

经济学的元命题分歧

奥地利学派开辟了新的经济学范式，展示出独特的逻辑魅力。

现代主流经济学的基本假设是理性人：每个人的经济行为，都是力求以最小代价，获取最大的好处。这句话看起来没有什么问题，可是作为一门学科的元命题，这项假设的漏洞太大了。质疑者总能抓到痛脚，予以痛击：人不总是理性的。

就算最理性、最平和的人，也会陷入莫名其妙的非理性；人并不总是聪明的，愚蠢者实在太多；人并不总是自私自利的，因为我们随处可见利他的高尚举动；市场上存在信息不对称，行动人并不总能获取最大利益。这些说法都在反驳“理性人”假设。

于是，很多经济学家，尤其是心理学家，提出自己的理论，以此修正“经济学缺陷”。比如：2001 年，研究行为经济学和信息不对称的乔治·阿克洛夫（George Akerlof）获得诺贝尔经济学奖；2002 年，心理学家丹尼尔·卡尼曼（Daniel Kahneman）获诺贝尔经济学奖。这些都是对传统经济学的反动。

阿克洛夫写过一本小册子《钓愚》，专讲消费者之愚，商家利用一点伎俩就把消费者耍得团团转。卡尼曼有一本书叫《助推》，讲人类行为的大部分被直觉主宰，旁人只需一点伎俩，就可以改变行为的方向。这些理论以更高的姿态，指出传统经济学的不足。

随着行为经济学的发迹，一大堆心理学名词随之普及。比如，锚定效应、晕轮效应、刻板效应，统统进入经济学周边，以此证明人的行为非理性。

股市是行为经济学家最爱的市场，这里汇集了所有的人类非理性。大牛市来临，所有人像疯了一样，变成无可救药的乐观主义者；一旦股灾降临，人们又变得瑟瑟发抖。股市里充斥着假消息，堪称“信息不对称”最经典的实验场。

行为经济学所说的股票市场的非理性，难道不是正常现象吗？信息不对称从来都是市场常态。

关于经济学的元命题，行为经济学自以为抓住了古典经济学的痛脚。可是，其纠正漏洞百出，难以说服人。就像一筐螃蟹倒在地上，所有螃蟹都想挣脱而出，可它们互相缠抱，谁都没办法出来。关于这个问题，我认为奥地利学派解决得最好。

奥地利学派抛开“理性”和“非理性”的说辞，直接把经济学的公理定义为：人的行为是有目的的。人的行为，就是指人的有意识、有意志、有目的的行为。前面那句“人的行为是有目的的”，虽然多少有些同义反复，但都指向同一个事实起点。

这句话为什么被奥地利学派奉为公理呢？经济学家米塞斯提出，像膝跳反应、说梦话之类的非人类意识行动可归为生理反应范畴，其他人的有意识行为，都是使自己摆脱不适，进入重新满足的状态。

这是经验可以证明的问题，逻辑上也说得通：如果人的行为没有目的，不能使其摆脱不适进入新舒适，那就没有行动的必要。

这几句是关于行为学公理的简单解释。站在行为学公理的高度，重新审视“理性人假设”，我们会发现：“理性人假设”要想真正成立，应该抛弃“最小代价”“最大利益”之类的说辞，回归至简。也就是说，人的行为都在满足其目的，只要行动，就意味着是理性选择。

行为学公理放弃了对人的行为动机的研究（那是其他学科的任务，比如心理学），只是确定人的行为本身，进而研究其后果。它框定了经济学的研究范畴，并提出经济学的研究任务。人的行为都有其目的，但行为本身并不一定能达成目的，而要符合客观规律。

大部分人吃饭是因为肚子饿，也就是吃饭可以解决肚子饿的问题，这就是行为达成目的。有人跳出窗户想飞到空中，但其做法违反物理规律，因此其行为无法达成目的。经济学不做物理学研究，它是研究行为和目的的科学（也称“手段与目的”的科学）。

小到分工提高效率，大到自由市场比计划经济优越，都是基于人类行为的推演，而不是现象的总结。

在日常生活中，很多行为模式的结果显而易见，犯错也容易调整；但是，很多行为模式的结果需要很长时间才能应验，结果往往非常惨烈，比如计划经济。人类是智慧动物，应当运用知识预见结果，而不是通过经验得到教训。

在经济学的元问题上，奥地利学派开辟了新的经济学范式，展示出独特的逻辑魅力。在相当长的时期里，奥地利学派几乎湮没无闻。近几年，在经济学的各个领域，这门学派以其独特的解释性，获得了很多学人的喜爱，显示出勃勃的生命力。

大英帝国兴衰背后的思想潮流

民族主义在摧毁殖民体系方面，发挥着巨大作用。

大英帝国是世界史上最大的殖民帝国，其统治面积曾达到3400万平方公里，鼎盛时期超过300年。大英帝国之兴衰，从各个层面来说都足以写成几本书。经济学家米塞斯说，观念决定历史。社会思潮起落，决定国运的走向，而大英帝国的崛起伴随三股思潮的盛行。

第一种思潮是帝国主义。很多人在谈“帝国主义”这个词时，通常使用列宁的概念：帝国主义是垄断资本主义的高级阶段，其表现是瓜分世界。其实，欧洲列强早在地理大发现时就存在瓜分世界的现象，那时列强的心态就是帝国主义心态。

帝国主义是一种强烈的文明中心主义。它是一种精神状态：高度文明、自信，积极进攻囊取，在已知世界范围内，积极拓展中央政府的权力，将野蛮地区纳入帝国文明。所有的强盛帝国，无论是古罗马还是近代欧洲，都有强烈的帝国心态。

近代欧洲人深信，欧洲是文明世界的中心，白人有责任对旧世界宣教，并在新大陆殖民。人类历史上的两大日不落帝国——西班牙帝国和大英帝国，都出现在这个时期。欧洲人的自信很大程度源于宗教自信。自欧洲人在西班牙击败穆斯林以来，基督教迎来数百年未见的勃兴之势。近代自然科学兴起，以及完成地理大发现，都增进了欧洲人的自信。

帝国主义在欧洲崛起，英国是其中的佼佼者，并且与欧洲列强相斗。英国斗完荷兰斗西班牙，斗完西班牙再斗法国。英法七年战争后，欧洲列强无力和英国在海上相争，便拱手把第一殖民帝国的位置让给了英国。温斯顿·丘吉尔（Winston Churchill）说，七年战争后，“英国在欧洲之外成为海上和陆上的主人”。

这种赤裸的帝国主义话语，被当时平民子弟和精英阶层视为理所当然，并为之感到骄傲。他们把欧洲以外的旧大陆视为未开化之地，把黑人和东方人视为未开化民族。居高临下的帝国主义心态，驱使殖民帝国不断扩张。英国开拓能力最强，最后由其完成“日不落”的构建。

第二种思潮是自由主义。这种思潮促使大英帝国崛起。如果说帝国主义和殖民主义使英国进取开拓，那么自由主义则是英国实力的源泉。自由主义是一系列观念的组合：保护财产权、宗教自由、信仰自由、法治精神等。由于这套思想的贯彻，英国工业革命有制度保障，企业家的投资和创造得到保护，经济发展才得以实现。

英国是自由思想的源头，并且将其贯彻得最为彻底。工业革命也最早在英国发生，在其鼎盛时期，英国的工业生产能力超过了其他国家的总和。

第三种思潮是贸易主义。说起来贸易主义是自由主义的应有之义，不过我还是要把它单独拿出来讲。对英国而言，贸易实在太特殊，太重要。早期英国的贸易并非全是自由贸易，它是掠夺和贸易的杂交，是自由贸易和重商主义的糅合。英式贸易主义的特点是：国家的一切军事和外交行动，都以保障贸易为目的。

为此，英国建成了空前强大的海军，在海外巡逻运兵。英国海军行动的原则概括起来无非几点：占领和保障贸易据点，保障贸易通道顺畅；运兵平乱，攻击阻碍贸易的国家。北美独立以后，英国海军在保障贸易方面的功能更明显。海军之存在，并不为扩张领土，而是为保障贸易，能打则打，不能打则退。大英帝国不是刻意扩张领土的结果，而是各贸易据点扩张连片，才成就显赫的帝国。最典型的是印度，东印度公司在印度经营了100多年以后，瓜熟蒂落，最终由大英帝国接手。

说完大英帝国之崛起，再说大英帝国之衰落。大英帝国的衰落恰恰是这三种思潮的衰落，也就是其反面思潮兴起的结果。

首先是民族主义。19世纪以来，民族主义在全世界兴盛起来：各民族要意识觉醒，当家作主，本民族统治本民族，这样才有合法性。不仅被统治的人这样想，就连宗主国的人也接受这一套思想，把殖民地视为罪孽的存在。

民族主义浩浩荡荡，冲击着旧殖民体系。欧洲人如果放弃优越意识，就很容易产生投降心态。如果殖民地想独立，那么宗主国对其最多压制几个回合。一旦流血三尺，则魂飞魄散，该退让的全部退让。1961年，26个非洲国家相继独立，非洲人不断反抗暴动固然重要，欧洲人撒手不管也是主要原因。20世纪的欧洲人和他们的祖先相比，是完全两种心态的民族。

我们从印度的独立进程也能看到思想的力量有多强大。以印度人的经济能力、武器水平和组织能力，他们就是再过 100 年，恐怕也没有实力从英国人手中挣脱。“非暴力不合作运动”的厉害之处，不是激发印度人的反抗意识，而是捏准英国人的软肋，狠狠敲打，进而激发起他们的愧疚之情。相比印度人的反抗，英国人自己动摇更具有决定性作用。

20 世纪初期，民族主义成为潮流，英国人早就接受了这一点。甘地几度被殖民当局关押、起诉，但他仍然可以跑到伦敦访问，并且受到空前热烈的欢迎。甘地的访问火车一抵达伦敦，帝国的印度事务部官员就给他当司机。汽车刚到旅馆，就已有几百人伫立在雨中，翘首等候。甘地下榻的旅馆大厅，聚集了来自政府、教会、工会、新闻界等 1500 多人。

甘地在访问伦敦期间，不仅参与国会的圆桌会议，还和对手辩论。他会见纺织工业人士，宣扬他的“土布主义”：印度人只穿印度人手工纺织的土布衣服，英国人机器织造的衣服就不要运到印度倾销了。这种显然损害工人利益的演讲，居然大获支持。工人阶级对工厂发起罢工示威，支持甘地的主张。

英国工人这么做，显然不为利益，而是出于道义上的支持。由于观念转换，他们真诚地认为：英国的殖民统治实在太不人道、太不合理，甘地则代表了良心和正义。

甘地深谙此道，因此每次浩浩荡荡地带着信徒进行“非暴力不合作运动”时，总会通知记者到场。英国警察打人越凶狠，他们就越不顾一切地往前冲，最后被打得头破血流，遍体鳞伤。唯有如此，他们才能激起英国民众的同情，以及英国民众对殖民主义的痛恨。

这种以自戕自虐来博取他人怜悯的做法，很让丘吉尔厌恶。丘吉尔曾说，甘地是他见过的“最脏的人”，所谓“非暴力不合作运动”令人作呕。然而，事实证明，甘地的这一套做法非常有效。第二次世界大战结束后，大英帝国在印度的统治摇摇欲坠，甘地稍一挥手，喊出独立口号，蒙巴顿勋爵便顺坡下驴，拍拍屁股走人。在许多英国人眼里，印度独立让他们如释重负。

民族主义在摧毁殖民体系方面发挥着巨大作用。民族主义者也热衷把“独立”和“自由”放在一起谈。似乎只要国家得到独立，民族就得到自由。历史证明，这并非必然。

在很多国家，殖民者的退出没有带来和平。国家独立，往往意味着新的混乱。民族意识的觉醒和炽盛，则开启了大屠杀。甘地本人就是死在极端民族主义者手中的，不过，这丝毫无损于民族主义的流行。如今，民族主义仍发挥着极大的威力，它抑制着强国侵略，庇护着小国暴君。像英国这样的殖民大帝国，当然要被剥得干干净净，只剩本土一隅。

其次是国家主义和平等主义。进入20世纪，节制资本，反对剥削，提高工人待遇，保护罢工，这些思想在英国枝繁叶茂地生长。虽说英国还是资本主义世界的重镇，但自由市场观念节节败退。

限制资本家，并对其征收个人所得税、累进税和遗产税，这样的政策不断出台。最低工资法等平等主义主张不断获得胜利。

第二次世界大战还未结束，丘吉尔就被赶下台，工党党魁克莱门特·理查德·艾德礼（Clement Richard Attlee）接管国家。英国建立起庞大的国企部门，横跨重要的工业和公共部门。管制政策不断出台，福利主义流行，制约了经济发展的活力。英国病体怏怏，被讥为“欧洲病夫”。直到撒切尔夫人上台改革，英国才算止住了衰颓的趋势。

最后是保护主义。保护主义是20世纪盛行的贸易思潮，虽在英国没成为主流观念，但在世界范围兴盛，导致英国贸易环境变得糟糕。以美国为例，20世纪30年代，美国政府据《斯姆特－霍利关税法》，大幅提高进口关税，造成美国进口商品锐减。此法一出，各国报复性反应，纷纷提高关税。一时之间，全球贸易减少1/3以上。

这样的全球环境，对贸易立国的英国打击非常大。保护主义之下，萧条和仇恨蔓延，加剧了各国的政治危机。主张仇视外国并为本国争取“生存空间”的政党，趁势鼓噪上台。多位历史学家认为，两次世界大战都和保护主义有关，尤其是第二次世界大战，保护主义简直是战争的催化剂。

战后国际政治的主导者，已让位给美国和苏联这样的超级大国。这两个国家都是大陆型国家，国内铁路纵横，内部市场发达，对国际贸易不甚重视。苏联不用多说，美国看似继承了英国衣钵，实则有很深的保护主义倾向。

英式贸易自由、简单，不附条件。而美国人擅长设置各种门槛和附带条件，用高关税和禁运制裁他国。大势已变，全球贸易进入“附条件的自由贸易”时代。

第二次世界大战以后，随着众多殖民地独立，大英帝国瓦解了。如今，英国面积基本只剩下本土的24.41万平方公里，其人口有 6700 多万人，海外领地无足可观。但是，英国经济实力还是很强的，其经济总量排名世界第五，仅次于美、中、日、德。由于历史传统和经济实力，英国的国际影响力不可小觑。英国脱离欧盟的举动，也表明这个国家还保有某些独特性。